suhrkamp taschenbuch 2439

Wolfgang Koeppen, geboren am 23. Juni 1906 in Greifswald (Pommern), wurde 1962 mit dem Georg-Büchner-Preis ausgezeichnet. Bekannt wurde Wolfgang Koeppen durch die Romane *Eine unglückliche Liebe,* 1934, *Die Mauer schwankt,* 1935, und die nach dem Kriegsende erschienenen Romane *Tauben im Gras,* 1951, *Das Treibhaus,* 1953, *Der Tod in Rom,* 1954. Die darauf folgenden Arbeiten sind Reiseberichte und Essays: *Nach Rußland und anderswohin,* 1958; *Amerikafahrt,* 1959; *Reisen nach Frankreich,* 1961. Der Prosa-Band *Jugend* erschien 1976. Aufsätze: *Die elenden Skribenten,* 1981.
Diese Aufzeichnungen mit dem Untertitel »Empfindsame Reisen« führen nach Spanien, Holland, England und in die UdSSR.
Unmöglich die Vorstellung, der Autor orientiere sich an einem Reiseführer. Er absolviert kein Bildungspensum, sondern hält sich offen für das Erlebnis, für die »Zufälle« des Augenblicks und sieht gerade das, was wahrzunehmen das präparierte Reiseabenteuer verhindert. Er durchschaut die Fassaden: »Die Herren fragten mich sogleich, was ich für Wünsche habe, was ich sehen wolle, und ich sagte Moskau, und die Herren fragten, und was weiter, und ich sagte, Rußland, und die Herren schienen von mir enttäuscht zu sein.«
In seinen Reiseberichten nicht weniger als in seinen Romanen und Erzählungen erweist sich Koeppen als minuziöser Beobachter, dessen sprachliche Potenz hinter der Schärfe des Wahrgenommenen nicht zurückbleibt. Wie wenige zeitgenössische Autoren versteht er es, trotz kritischer Analysen Atmosphäre und Lokalkolorit zu vermitteln.

Wolfgang Koeppen
Nach Rußland und anderswohin

Empfindsame Reisen

Suhrkamp

Umschlagfoto: Stephan Erfurt

suhrkamp taschenbuch 2439
Erste Auflage 1995

Druck: Nomos Verlagsgesellschaft, Baden-Baden
Printed in Germany
Umschlag nach Entwürfen von
Willy Fleckhaus und Rolf Staudt

1 2 3 4 5 6 – 00 99 98 97 96 95

Inhalt

Der Reinfelder Mond

In Reinfeld in Holstein ist Matthias Claudius geboren, in dem Pfarrhaus aus moosverwachsenen Backsteinen, unter den hohen Linden, in ihrem Sommerduft, am Ufer der träumenden Teiche, und der Mond steht wie 1740 über der Gemeinde. Wie ist die Welt so stille und in der Dämmrung Hülle so traulich und so hold, als eine stille Kammer, wo ihr des Tages Jammer verschlafen und vergessen sollt!
Der Mond ist aufgegangen. Reinfeld war ein Ort, zu verschlafen und zu vergessen. Matthias Claudius studierte in Jena Theologie, verwarf die Gottesgelahrtheit, hielt sich an die Rechtswissenschaft, entwurzelte, lebte, ein zorniger junger Mann, in Kopenhagen, wandelte, ein Gescheiterter, ein Träumender, in Reinfeld am Ufer der Teiche, gab unter dem Namen Asmus in Wandsbek eine poetische Zeitung heraus, enttäuschte als Redakteur in Darmstadt, ließ des Asmus, des Wandsbeker Boten omnia sua secum portans erscheinen, sah die Schullehrer sich des Werkes bemächtigen, wurde strenger Revisor einer Bank und starb als grämlicher Pietist.
Der Mond ist aufgegangen. Reinfeld war auch noch nach dem ersten Weltkrieg ein Ort, zu verschlafen und zu vergessen. Man verschlief hier die Revolution von 1918, verschlief den verlorenen Krieg, verschlief Weimar und die Republik, vergaß aber nicht die gute alte Zeit der Spitzen der Gesellschaft, der Hierarchie und der Uniformen, und so kamen auch nach Reinfeld die neuen Fahnen, meinte man auch in seinen Straßen marschierend zu erwachen, durften sich die verbogenen Kreuze und die Sirenen wie fette Unglücksvögel auf seine alten Dächer setzen, und bald sah man vom Ufer der träumenden Teiche das türmereiche Lübeck brennen, von Osten eilten Flüchtlinge, der zweite Weltkrieg wurde in Reinfeld noch lange weitergeführt, um jeden Meter ummauerten Raum, um jedes Bett in der stillen

Kammer, und so wurden Verhältnisse offenbar, die jahrhundertelang unter Schindeldach und Lindenlaub und zwischen Urväterhausrat verschlafen und vergessen, doch nicht gestorben waren, Haß, Gier, Neid, die Habsucht und die Herzensträgheit.

Der Mond ist aufgegangen. Selbst in Reinfeld war der zweite verlorene Krieg nicht so leicht zu verschlafen, aber vielleicht gelingt es, ihn zu vergessen. Auch ich ging und träumte noch am Ufer der Teiche, aber aus dem Fenster des überfüllten Lichtspielhauses wehte schon das Lautsprecherlied der echten falschen Gefühle. Vor der Plakatwand der blühenden Heide schob es sich ehrpusselig und gemein. Ich sah wie die Teiche abgelassen, wie sie ihres poetisierenden Wassers entblößt wurden. Ich sah die schuppenschimmernden, nach Luft schnappenden Karpfen gefangen, verloren in dem schlammigen Grund. Die freiwillige Feuerwehr spielte zum Karpfenfest die alten Märsche. Ich aß im Hotel Stadt Hamburg den fetten Karpfen, dessen Los ich beklagte, mit Sahnenmeerrettich wohlzubereitet, er schmeckte auch mir, und am Tisch erinnerte man sich der Versammlungen, der Fahnen und der großen Zeit.

Der Mond ist aufgegangen. Eine neue große Zeit wird ihre Begeisterten und ihre Mörder finden.

Der Mond ist aufgegangen. Der Chor sprach zu Oedipus: Morgen, Kithairon, erfährst du's, – morgen abend, da leuchtet der Vollmond.

Ein Fetzen von der Stierhaut

Italien, so sagt man, ist ein Stiefel; aber die spanische Landkarte gleicht einer ausgebreiteten Stierhaut. Im Stier sieht der Spanier die Gaben, die er vor allem bewundert: Kraft, Schönheit, Mut und alle Symbole der Männlichkeit. Der Spanier fühlt sich als Stier. Aber der Stier hat keine Chance. Er betritt den goldenen Sand der Arena. Soviel Erwartung, soviel Bewunderung, soviel Möglichkeit betäubt ihn. Seine Hufe scharren, er schnaubt durch die Nüstern, seine Flanken beben, die Muskeln des Nackens spannen sich, das gefährliche Haupt ist zum Angriff gesenkt, und wie blind rennt er gegen die Windmühlenflügel der roten Tücher und sieht nicht den Tod, der haarscharf daneben steht.

Hier ruht die eine Hälfte Spaniens; sie starb durch die andere Hälfte. Das ist ein Grabspruch. Der Grabspruch eines spanischen Satirikers. Mariano José Larra wurde nur achtundzwanzig Jahre alt. Er erschoß sich im Lande der vielen Denkmäler des Cervantes, des Don Quijote und des Sancho Pansa.

Spanien ist ein uraltes Land. Spanien ist ein sehr junges Land. Hier ist alles Vergangenheit und hat alles Zukunft. Spanien ist Morgenland und Abendland. Spanien ist ein Reich am Rande des Kontinents und doch ein Reich in der Mitte der Welt, denn es eint Europa und Südamerika und vielleicht sogar Rom und Mekka.

Spanien ist ein Staat großer Geschichte mit völlig geschichtslosen Flecken in seiner Landschaft. In Spanien herrschten jahrhundertelang die Kalifen. Sie hinterließen Moscheen, die man zerstörte, Gärten aus Tausendundeinenacht, die verwahrlosten, Kinder, deren dunkel glänzende Augen noch heute wie ein blankes Messer und wie eine Nacht voll Schwermut den Fremden anschauen, und den langen arabischen Gesang, den man zuweilen wie Psalm und Koranruf und bannende Beschwörung in einer Schenke der Altstadt hört. In Spanien regierten die katholischsten aller katholischen Könige. Sie eroberten ein Weltreich und ließen es aus ihrer Hand gleiten. Und die Söhne der Konquistadoren sind die Invaliden des Bürgerkriegs. Der Enkel des Großen Kapitäns öffnet die Tür deines Taxis. In Spanien wurde Maimonides, der Platon der Juden, geboren, und in Spanien kam es zur ersten großen Verfolgung und Austreibung der Juden. In Spanien stand die Wiege des heiligen Ignatius von Loyola, und im 19. Jahrhundert galt Spanien, neben Rußland, als die Heimat der Anarchisten. Nirgendwo wurde die Mutter Gottes inbrünstiger angebetet, und nirgendwo brannten so hell die Scheiterhaufen der Inquisition. Ein Land ältester Kultur ist von der Zivilisation noch weitgehend zu erschließen. Von der spanischen Erde aus wurde die Neue Welt entdeckt, und die Reisenden der American Express Company fahren, steril verpackt und geschützt gegen Armut, Schmutz und Bazillen des historischen Kompost, im gläsernen Käfig der Super-Pullman-Autocars durch Isabellas Reich, die Columbus aussandte, einen neuen Weg zu Indiens Schätzen zu finden. Spanien gehören die Säulen des Herkules und die goldenen Äpfel der Hesperiden. Aber in Gibraltar sitzt der britische Gouverneur, und in Tanger wohnen die Händler. Eine strahlende Sonne bescheint die Fluren. Ein zuweilen mörderisches Klima schlägt den Menschen nieder. In Madrid, der künstlichen, der durch königlichen Befehl geschaffenen Hauptstadt inmitten der Stierhaut, im Herzen Kastiliens herrscht drei Monate Winter und neun Monate die Hölle. Die Erde ist verdorrt, der ausgetrocknete Boden des Flusses ist von der Sonne wie zerschnitten, die weißen Steine im aufgerissenen Strombett scheinen im Strahlenglast der Hitze zu schmelzen; doch bald kommt das Wasser in tödlichem Lauf, es steigt über die Ufer, es reißt Wehre und Brücken und überflutet alles Land.

Ungewöhnliche Grausamkeit, erstaunliche Großmut, berechtigtes Mißtrauen, gerechtfertigtes Vertrauen, grelles Licht, tiefe Schatten, unsagbare Armut, protzender Reichtum, fruchtbare Täler, vegetationslose Wüsten, Wein, erloschene Brunnen,

Andalusiens süße Sinnlichkeit, Aragonien und Kastilien in brennender Askese, jungfräuliche Bräute am Traualtar, junge Dirnen auf den Straßen, ehrwürdige Universitäten, die größte Zahl von Analphabeten in Europa, kräftige Männer, die ruhen, kleine, blasse Jungen, die ihnen die Schuhe putzen, Schlösser mit Gobelins und Aubusson-Sesseln, Wohnstätten aus Lehm und verrosteten Dosen, Luxusrestaurants, acht Gänge zum Lunch für die alten und neuen Reichen, für die Jeunesse dorée, für die Besucher aus Hollywood, aus Detroit und Essen, ein getrockneter Maiskolben zu Mittag in der Hand des Bauern, ein Wunderautomobil von der Ausstellung in Paris, ein müdes Eselchen vor einem ächzenden, überladenen Karren, Bedürfnislosigkeit und verschwenderische Feste, Beharren in toter Tradition, Picasso, Braque und Salvadore Dali, aufflammende Leidenschaft und langwährende Apathie, die Fülle der Märkte und hungrige Augen, – das alles ist Spanien.
Die Regierung weist auf das befriedigte Land. Ist Spanien zufrieden? Es ist ruhig. Auch Bomben sind ruhig, solange der Funke nicht in die brisante Seele schlägt. Mißtraue noch deinem Hemd, sagt ein spanisches Sprichwort. Die Regierung kennt das Wort. Karabinerbewehrte Posten wachen vor mancher Tür. Überall stehen Polizisten. Patrouillen durchstreifen das Land. Die Vigilancia hat viele Augen und Ohren. Aber der Besucher Spaniens sollte sich das Wort vom Mißtrauen nicht zueigen machen, damit er nicht zu spät erkenne, daß er vertrauen durfte.
Das christliche Spanien hat prächtige Kirchen – mit maurischen Wandelgängen, mit muselmannischem Ornament und mit aller Düsternis des dunklen Erdteils. Hinter den Pyrenäen beginnt Afrika, sagte der Botschafter Ludwigs XIV. in Madrid, aber der Spanier fühlt sich als der vornehmste Verteidiger Europas. Spanien ist das einzige Land, in dem zweimal zwei nicht vier ist, behauptete der Marschall Wellington, als er in Spanien und mit den Spaniern gegen Napoleon kämpfte. Auch den Marschällen der Legion Condor, den Marschällen der italienisch-faschistischen Regimenter, den Marschällen der Internationalen Brigaden im Bürgerkrieg ist die Rechnung nach Adam Riese nicht

aufgegangen. Heute hat Spanien amerikanische Luftbasen und Flottenstützpunkte, und amerikanische Marschälle studieren die spanische Mathematik. Ein amerikanischer Matrose hat mehr Geld in seiner Hand als ein Kapitän der noch immer stolzen Armada. Der US-Luftwaffengefreite fährt im eigenen Wagen zum Dienst und Rendezvous, während der hohe Beamte aus dem Luftfahrtministerium die keusche Braut zu Fuß nach Hause führt. Die Gelder des Marshallplans erschüttern das Preisgefüge des Landes. »Willkommen Mister Marshall!« heißt ein in Cannes ausgezeichneter Film des spanischen Regisseurs Berlanda. Bei aller gebotenen Vorsicht vor Zensur und anderen Übeln macht er sich über den amerikanischen Einfluß seine ironischen Gedanken.

Schwindelerregend, unwahrscheinlich hoch, klar und blau ist der Himmel über Madrid, und wie Champagner schmeckt die Luft, wenn sie am Abend der kühle trockene Wind von den Guadarramabergen bewegt. Wer in Spanien war, sehnt sich nach Spanien zurück. Doch welcher Fremde möchte in Spanien sterben?

In München, auf dem Bahnhof, angesichts des überfüllten Zuges, vor den reservierten Abteilen der Fußballfreunde und der Sparvereine, vor den betreuten und hochmütigen Kollektiven der Reisegesellschaften in jeder Preislage fragt sich der unzeitgemäße Individualist, der seine Fahrkarte voll bezahlt hat und dafür von allen Eisenbahngesellschaften Europas schlecht behandelt wird, ob er nicht klüger täte, zu Haus in seinem Bett zu bleiben und den Don Quijote zu lesen, statt wirklich nach Spanien zu reisen. Aber die Grecos? Aber Goya? Und die Stiere! Und Spanien ist doch anders! Und Spanien ist billig. Und die Fremden haben Spanien noch nicht entdeckt. So viele Märchen! Betroffen lauscht der Individualist den Gesprächen seiner Zugnachbarn: sie alle wollen gleich ihm nach Spanien fahren.

In Zürich regnet es. In Cellophan gehüllte Damen füttern graue Möwen. Auf einem Stein am See begegnet Ganymed vor dem gelobten Alpenpanorama und den Landhäusern der belohnten

Neutralität seinem Adler. Dieser Ganymed ist ein Kind. Der Adler ist klein und wirkt zutraulich wie eine kleine und zutrauliche Möwe. Der Gott verführt hier bürgerlich.
An der domestizierten Limmat gibt es seit Jahrzehnten das Café der verlorenen Generationen. Hier plante Lenin das Sowjetreich. Er schätzte Gemütlichkeit und das Schachspiel am Abend. Traurig scherzten die Dadaisten. Joyce träumte sein Dublin. Man hat das Lokal renoviert. Nun blitzt und blinkt es: Gestänge der Barhocker, Metallbeschläge der Theke, die zischende Espressomaschine, es ist ein Operationssaal hirnlicher Geburten, sterile Stühle aus Stahl und Gummi stehen unter der Straßenmarkise, Nässe hängt über dem Fluß und über der Altstadt, zwei alte Dirnen frieren, und Dädalus verbirgt sein Unbehagen unter dem gemütlichen Dufflecoat.
In Genf ziehen weiße Wolken über Calvins strengen Himmel. Auf Reisen sieht man sich plötzlich vor die Wirklichkeit der Ansichtspostkarten gestellt. Man erschrickt etwas. Die berühmte Fontäne springt wirklich aus dem See. Der Geist von Genf waren diesmal junge Mädchen. In Rudeln blühten sie auf den Brücken. Das Unkraut der Diplomaten gedieh in Limousinen. Im Café de Paris verhandelten Agenten die Welt.
Die letzte französische Eisenbahnstation vor der spanischen Grenze auf dem Wege nach Barcelona ist Cerbère. Ein häßlicher Bahnhof, tiefste Provinz, aber doch wie von Rousseau gemalt, und so schenkt der Bahnhof noch einmal das Bild des freundlichen Frankreich. Ein Kellner in langer Schürze, die wie ein Brautgewand seine Beine umschließt, baut ein kleines Café auf dem Bahnsteig auf. Schon kommen die Gäste. Arbeiter, die wie Philosophen aussehen, Politiker in blauen Monteuranzügen. Der Abbé ist unrasiert und schiebt ein Fahrrad. Das Bicyclette und der Bartschatten geben dem geistlichen Herrn das Aussehen eines asketischen Rivalen der Radrennen, und weil Spanien nahe ist, denkt man an Greco. Ein Mädchen trinkt einen weißen Schnaps. Über dem Mädchen hängt ein Plakat der Destillerie Marie Brizzard. Auch das Mädchen könnte Marie Brizzard heißen. Sie trägt das Haar lang und strähnig und jetzt

am Morgen feucht. Die Luft ist mild. Sie ist voll bürgerlicher Freiheit. Die französischen Grenzbeamten sind in ein Gespräch vertieft, das einmal am Boulevard Saint Michel begann.
Ein Tunnel führt nach Spanien. In der Finsternis des Tunnels erklärt sich der Name Cerbère als von Kerberos herrührend, dem vielköpfigen, schlangenhaarigen Hund, der niemandem den Einzug in das Haus des Pluto wehrt, aber den Austritt keinem gestattet.
Eine andere Sonne scheint jenseits des Tunnels. Ein anderes Licht dringt durch die Fenster. Wir sind in Port Bou. Wir sind in Spanien. Die Luft ist scharf und rauchig. Sie riecht deutlich nach Schwefel. Da Spanien ein frommes Land ist, fragt man sich, ob der Teufel um seine Grenzen streicht. Genau genommen ist man am Ende seiner Reise. Hier wollte man hin. Hier ist man nun. Es stimmt wie alles Erreichte melancholisch. Der Zug, der einen herbrachte, fährt nicht weiter. Kein Zug aus Europa fährt weiter. Das ist der erste von vielen möglichen Vergleichen Spaniens mit Rußland, die sich dem Reisenden aufdrängen. Hier wie dort endet die europäische Spur. Die spanischen wie die russischen Bahnen fahren auf anderer Breite. Hohe Berge blicken ernst auf den Bahnsteig hinunter, auf dem die Fahrgäste Vögeln gleichen, die den Käfig wechseln. Die Berge sind wie Berge aus der Mythologie. Götter mögen auf ihnen wohnen; Menschen nicht.
Die Unruhe der Passagiere, die vielen Verordnungsschilder, der unverkennbare Ernst der Landschaft, alles weist darauf hin, daß dies keine gewöhnliche Grenze kurzer Formalitäten ist. Diese Grenze ist fremdenfeindlich. Spanien wirbt um Besucher, aber an seiner Tür spielt es verschlossenes Paradies. Die Reisenden drängen durch eine Unterführung. Sie drängen in den Saal der Kontrollen. Es ist die große Stunde der Reiseleiter. Sie sammeln ihre Schafe und fordern Gehorsam. Die Verheißungen der Prospekte verwandeln sich in die Heeresdienstvorschrift. Sie gibt auch in diesem Fall dem Massenmenschen den Glauben an den Endsieg, und mutig drängt er die paar Alleinreisenden gegen die Wand. Die Amtsstube riecht nach Stem-

pelblau, nach Schweiß, nach Polizei, nach Mißtrauen und Beaufsichtigung. Es ist kein angenehmer Geruch. Ob Herden- oder Einzelvisum, wir demütigen uns alle vor einem kleinen Schalter, in dessen Rahmen der ernste Beamte wie das Muster einer vorbildlichen Paßphotographie aussieht. Er prüft unsere Ausweise, er prüft die Grenzkontrollkarten, er rügt ihre Ausfüllung durch den Reisenden, der vergessen hat, hineinzuschreiben, daß er männlichen Geschlechtes sei und nun die Angabe nachholen muß. Die Schlange vor dem Schalter stockt. Sie murrt, aber sie beißt nicht. Wir alle sind eingeschüchtert. Wir wollen nach Spanien hinein; selbst um den Preis der Freiheit. Sehr martialische Polizisten stehen müßig herum und mustern uns mit dem durchdringenden Blick erfahrener Unteroffiziere. Vielleicht sollte man den Schalter des Beamten mit Blumen bekränzen und so sein ernstes Brustbild in das freundliche Porträt eines Hochzeiters verwandeln. Marion meint, man könne auch versuchen, durch die Beine der Polizisten zu schlüpfen, am Boden wie ein Hahn zu krähen und die Arme wie Flügel zu schlagen. Marion ist jung; sie glaubt noch, daß Amtspersonen lachen können. Im übrigen ist man in Spanien und klug genug, es wie Don Quijote zu halten, ein sonderbarer Hidalgo unter echten zu sein, den Unsinn gegen den stolzen Sinn zu setzen, Mitleid in erhabene Pose zu retten, den Geist gegen die Materie, die Poesie gegen die Prosa, das Ideal gegen die Wirklichkeit auszuspielen und, wo es immer geht, blindlings gegen Windmühlen, Weinschläuche und das Übel des Schafsinns zu kämpfen.
So wird man registriert und aufgenommen und darf auf die andere, die richtige spanische Seite des Bahnhofs gehen. Hier erklärt sich, warum die Luft so schweflig brennt. Die spanischen Lokomotiven rauchen wie die Essen des Hephaistos. Die Waggons sind mit fettem Ruß wie mit einer Schmiere bedeckt.
Ich war erregt. Wir hatten die Prüfung bestanden. Wir waren in Spanien zugelassen. Die Lokomotive schrie hysterisch auf, und der Zug setzte sich ruckend in Bewegung, schlängelte sich langsam durch die Berge, die hinter einem Schleier von Rauch und Ruß eine Landschaft des Weltanfangs bildeten oder auch

schon des Weltunterganges. Der Zug fuhr wie über einen erloschenen Mond. Götter waren auf den Bergen nicht zu sehen. Die Berge waren zu ernst für die Götter. Die Berge waren kein Olymp, sie waren kein heiterer Parnassos.
Aber der Ernst und die Schwermut der spanischen Berge, der Ernst und die Schwermut der vegetationslosen Landschaft, der Ernst und die Schwermut noch in den Tälern üppiger Fruchtbarkeit mit grellgrünen Kaktusfeigen und flammendroten Blüten, der Ernst und die Schwermut der kalkweißen Häuser im grellen Sonnenlicht, der Ernst und die Schwermut der verbrannten apokalyptischen Städte auf den Bergkuppen, der Ernst und die Schwermut in den Augen der spanischen Kinder, sie und die Schatten, die Schatten in den dunklen spanischen Kirchen, die Schatten in den dunklen spanischen Zimmern hinter den geschlossenen Jalousien, dies und die Laute der Städte, der ewige Ruf der blinden Losverkäufer, das Tappen des Stokkes dieser Unglücklichen auf dem Pflaster der Straße, das dürre Klappern der Dominosteine in der Hand der Männer am Nachmittag zur Zeit der Siesta in den Kaffeehäusern und in den Hotelhallen, das ist Spanien, ein unvergeßliches Land.
Auch die Bahnhofshalle von Barcelona liegt unter einer Schicht von fettem Ruß. Nur der Triebwagen aus hellem Aluminium, der Barcelona mit Madrid verbindet, ist von der Schmiere befreit. Er sieht wie ein frisch gebadeter Delphin aus und ist der Stolz der spanischen Eisenbahn; aber glaube ja nicht, daß du, wenn du eine Fahrkarte hast, den Delphin benutzen darfst. Du mußt dich, wie immer bei der spanischen Eisenbahn, erst irgendwo anstellen. Du brauchst eine Zulassungskarte, einen Ergänzungsfahrschein und viele Stempel. Und Geld brauchst du natürlich auch.
Auf den Bahnsteigen hocken hingekauert die armen Leute, für die der Delphin – vorbehalten den Reichen, den Mächtigen, den Beamten, den Kaufleuten und den wohlhabenden Fremden – ein Traum bleibt. Sie sehen wie Bauern aus, wie die Bilder armer Bauern aus dem Mittelalter. Und wieder drängt sich ein Vergleich mit Rußland auf. So wie diese Menschen, die mit

unendlicher Geduld eines Zuges harren, der sie mitnehmen möchte, müssen Tolstois Bauern ausgesehen haben, und es ist wohl gar nicht ein Zug, auf den sie hier mit ihren Bündeln warten. Sie sind Entwurzelte aus einer Zeit, die vergangen ist. Sie sind Fremde in dieser unfreundlichen rußigen Halle, in der sie sich untergestellt haben. Vielleicht warten sie auf eine Zeit, die noch nicht angebrochen ist.
Die Straße vom Bahnhof in die Stadt ist häßlich. Sie hat nichts vom Glanz der Méditerranée, nichts vom Liebreiz der Mittelmeerstädte mit Palmenalleen und buntgestreiften Marquisen über malerischen Hafenschenken. Ein schwüler Wind weht grauen Sand auf. Die Straße führt durch zwei schwarze Fronten geteerter Schuppen. Das könnte eine Straße in einer tropischen Zweckstadt sein. Salpeter oder Guano könnten hier verladen werden. Erst auf der Plaza Colon, einem großen runden Platz vor dem Hauptbecken des Hafens, ist man in Barcelona, ist man am Mittelmeer, befreit man sich von dem Gefühl, in einer Kolonie zu sein, statt im Mutterlande der großen Entdeckungen. Von einer hohen Säule blickt Columbus, hier Colon genannt, auf seinen Platz. Das Hafenbecken erinnert in seiner Form an den Vieux Port von Marseille, aber es fehlt ihm jeder malerische Reiz. Das Haus der Hafenbehörde ist im preußischen Kasernenstil erbaut. Man würde sich nicht wundern, hier Preußens Gloria zu hören. Der Hafen wirkt leer, und merkwürdigerweise lockt hier die See, die See hinter der Mole, nicht in die Ferne. Es gibt nichts mehr zu entdecken. Jedenfalls nicht auf dem Meer. Die Karawelle des Columbus liegt am Pier vertäut. Eine Nachbildung des Originals, für irgendeine Filmaufnahme hergestellt. Vielleicht ist der Film gedreht worden, und ich habe ihn nicht gesehen. Vielleicht ist die Filmgesellschaft bankrott gegangen, ehe der Film fertig war. Die stolze Karavelle ist elend gestrandet. Wenn ich Columbus wäre, ich stiege von meiner hohen albernen Säule, vom wackligen Erdball unter meinen Füßen herab und ginge in die Stadt, ginge die freundliche Rambla entlang und tränke einen Schnaps.
Die Matrosen der amerikanischen Mittelmeerflotte, die ein

paar Tage später nach Barcelona kamen, hielten es so, und bald entdeckten sie ein paar Schritte weiter das Dancing Colon, wo man keine neue Welt, aber alte Freuden findet. Ein Spezialarzt bot sich mit einem Schild auf seinem Balkon an, auch zu jeder Nachtstunde die Leiden der Venus zu heilen.

Die Ramblas, die Straßen, die vom Hafenbecken zur Stadtmitte führen, sind eng, sie sind alt, sie sind menschenfreundlich. In der Mitte gibt es eine Allee unter Bäumen. Stühle standen da. Man sitzt und träumt, und sogleich weiß man, man ist in einem alten Stadtstaat, in einer Polis. Männer stehen im Gespräch, Männer sitzen in Gruppen unter den Bäumen. Sie debattieren. Ihre Gesten sind ausdrucksvoll und doch von gemessener Würde. Dieser könnte Demosthenes sein. Jener Kleon, der Gerber. So bildeten sich einst Parteien. So wurden Tyrannen gestürzt. Aber das Gespräch der Männer von Barcelona bewegt sich fern der Politik; sie schwenken die Radsportzeitung in der Hand, sie erörtern die Fußballspiele, und die Polizisten der Hauptwache, vor dem Portal karabinerbewehrte Posten, hokken wie die Katze unter den Mäusen neben ihnen auf den Stühlen und genießen den Schatten. Die Uniformen der Polizisten sind abgetragen, ihre Schuhe grob. Sie wirken wie arme Angestellte, die sie sind, und könnten jedermanns Sympathie gewinnen. Aber in ihren Gesichtern, die sich jetzt jovial geben, hat sich für ewig ein unangenehmes Machtbewußtsein eingegraben.

Bei der Wahl unseres Hotels vertrauen wir dem Zufall. Wir suchen kein international gerühmtes, kein von Landsleuten empfohlenes Haus. Wir wollen in Spanien bleiben. Dies hier sieht spanisch aus: ein schmales Café öffnet eine breite Front zur Rambla. Sägemehl bedeckt den Boden, die Wände sind schwarzgeräuchertes Holz, an dem die Photographien von Stieren dumpf tragischen Antlitzes hängen, es duftet nach verbranntem Kaffee, riecht nach geschwefelten Fässern und verschüttetem Wein, ausgebeulte Rohrstühle stehen altersschief auf der Straße, die Marmortische mag ein Knabe mit Zeichnungen bedeckt haben, Pablo Picasso, fünfzehnjährig, Schüler der Akademie und das Leben eines Gottes und Zauberers in

Frankreich vor sich, und die Gäste des Hauses sind Caballeros, Stierkampffreunde, Spanier, die kein Geld haben. Zwei kleine Jungen sind die Portiers und balgen sich um unsere Koffer. Die Treppe knarrt. Der Wirt sitzt schwarzgekleidet, einen schwarzen Schlapphut auf seinem Kopf, in einem fensterlosen Raum des Zwischenstocks unter einer sterbenden Glühbirne vor einem einladenden Geldschrank und hinter einer amerikanischen Rechenmaschine, die ihre metallenen Zähne fletscht. Das sollte gegen den Wirt mißtrauisch stimmen. Es nimmt aber für ihn ein, daß er nur spanisch spricht, und vielleicht schützen der Beton des Geldschrankes und der Stahl der Rechenmaschine ihn nur vor den Exzessen seiner angeborenen Großzügigkeit.
Unser Zimmer ist dunkel. Es ist schön, weil es dunkel ist. Es ist angenehm kühl. Die Jalousien sind geschlossen. Nur durch die Ritzen flimmert das heiße Licht in den Raum. Wenn wir hinter dem Fenster stehen, haben wir gestreifte Sträflingskleider an. Wie Sträflinge beobachten wir durch die Jalousie den Schutzmann, der vor dem Hotel den Verkehr regelt. Dieser Schutzmann ist weiß gekleidet, und ein prächtiger Tropenhelm schmückt und behütet ihn. Er ist ein schöner Mann. Er weiß es wohl. Seine Bewegungen sind elegant und etwas geziert. Er könnte Narciss heißen.
Auch der Speisesaal ist verdunkelt wie unser Zimmer. Kristallüster brennen. Welche Pracht aus den Gründerjahren! Zusammen mit dem Sonnenlicht, das durch die geschlossenen Jalousien flimmert, geben die brennenden Lüster dem Raum etwas Tropisch-Impressionistisches, so als habe Manet ein Speisezimmer in Kalkutta gemalt. Diesen Eindruck verstärken noch die drei Ventilatoren, die von der stuckverzierten Decke herabhängen und sich surrend im Kreise drehen. In Sekundenabständen trifft ein scharfer kühler Luftzug den Gast und fordert ihn auf, die Fremde zu empfinden.
Wir hatten unser Obdach gut gewählt. Keine Reisegesellschaft bedrängte uns, mauerte uns ein in ihre heimatliche Nestwärme, in Vereinsmeierei und dummen Gruppenstolz, versetzte uns durch Geschrei, Gequietsch und Gelächter, durch die Pene-

tranz ihres Witzboldes nach Rüdesheim, Küsnacht oder Atlantic City. Wir waren und blieben in Spanien. Neben uns speiste eine spanische Familie. Die spanische Familie hatte urspanische Kinder. Die kleinen Mädchen hatten schmale, in Schleifen geschnürte Taillen und trugen weit von der Hüfte abstehende steife Krinolinenröcke, die ihnen die rührende Würde der untersetzten Prinzessinnen des Velasquez gaben. Ihre kleinen Brüder waren ernste, sehr gesittete Kavaliere. Zu unserer anderen Seite saß ein Neger. Auch er war ein Spanier, auch er ein Hidalgo. Vielleicht war er ein Abkömmling der Kalifen aus Cordoba. Aber die Kalifen waren keine Neger. So war er vielleicht ein hochmütiger Rechtsanwalt aus Tetuan, ein Deputierter aus Ifni oder gar ein Staatssekretär des Außenamtes in Madrid, der natürlich stolzer sein mußte als alle seine stolzen Kollegen, und gekleidet war er wie aus der Bondstreet in London.
Ich bin neugierig. Die erste Mahlzeit in einem fremden Land entscheidet, ob die Gegend einem gefallen wird. Die Kellner, alle im Frack, treten in einer Brigade an, aber sie scheinen mürrisch zu sein. Das Besteck wird uns ungeordnet auf den Tisch, es wird uns wie vor die Füße geworfen. Wir fragen uns betroffen, was wir dem Kellner getan haben. Erst später begreifen wir, daß dieses Hinwerfen des Besteckes spanische Sitte ist. Der spanische Kellner vermeidet, anders als sein italienischer Kollege, jede Servilität, und fast grob betont er seine Unabhängigkeit, was ihn sympathisch macht, auch wenn man seinen spanischen Stolz mit Unfreundlichkeit verwechselt.
Man kann nicht nach der Karte essen. Es gibt das Gedeck. Das Gedeck besteht aus fünf Gängen, und jeden Gang darf man aus vier verschiedenen Gerichten wählen. Die Speisekarte ist handgeschrieben. Die Schrift ist kunstvoll verschnörkelt, so daß man sie nicht lesen kann. Wir ahnen nicht, was uns geboten wird, und der Kellner ist ein Schnellsprecher. Er schießt die Namen der Speisen wie mit einem Maschinengewehr in unser Ohr. Wir wissen nicht, was wir essen, aber es schmeckt uns gut. Unter den Vorspeisen gibt es große grüne Tomaten, die wir ein morgenfrischer Garten sind, und hellrote kleine Krebse wie aus ei-

nem Aquarium exotischer Zierfische. Der zweite Gang sind die Tortillieras, flache Eierkuchen mit Gemüse, Fleisch oder Fisch im Teig, die zu jedem spanischen Essen gehören. Dann gibt es Calamares, in blauer Sauce gedünstete Tintenfische, die modrig wie der Grund des Meeres riechen, und zarte grüne Bohnen zu einem milden, ungesalzenen Schinken, der auf den Schneebergen des Landes, den Kälteräumen der Spanier, getrocknet wird. Nun kommt erst das Fleischgericht, Nieren in Jerez-Wein, und dann noch Postres, der Nachtisch, eine große vollreife Melone von Kürbisgröße. Wir sahen die Melonen vom Zug aus auf den Feldern liegen. In den Regionen der Trockenheit schien die große, grüne Frucht alle Feuchtigkeit der Erde und der Luft in sich aufgesogen zu haben, und kühl und rein schenkte sie den gespeicherten Saft nun dem Gast.

In unserem Zimmer gucken wir wieder durch die Ritzen der geschlossenen Jalousie. Der schöne, weiß gekleidete Schutzmann ist verschwunden. Sein Platz ist verlassen. Warum sollte er auch noch da stehen? Es gibt keinen Verkehr mehr. Die Straße liegt verödet da, wie in Deutschland eine Geschäftsstraße am Sonntagvormittag. Die Rolläden vor den Geschäften sind herabgelassen. Es ist die Stunde der Ruhe, die Zeit der Siesta. Nur der klagende Ruf einer Frau unterbricht weinerlich die Stille. Es ist der Schrei der blinden Losverkäuferin, die unter unserm Fenster sitzt. Vom Morgengrauen bis lange nach Mitternacht preist sie das Glück an.

Im Konversationszimmer gibt es rote Plüschsessel wie aus Großmutters guter Stube. Wenn man artig auf ihnen sitzt, bekommt man ein steifes Kreuz. Der vornehme Neger hat sich mit dem Oberkörper in den Sessel wie in ein Bett gelegt; sein Unterkörper schwebt frei in der Luft, von den Füßen, in eleganten, schwarzweißen Schuhen, leicht gestützt. Er schläft mit offenem Mund und zeigt sehr gesunde Zähne. Auf dem Stuhl ihm gegenüber schläft sehr steif und aufrecht die Mutter der spanischen Kinder. Ihre Hand hält einen Fächer, der halb entfaltet in ihrem Schoß ruht. Das gibt es also: die Siesta, schlafende Damen und Neger und Fächer.

Der Vater spielt mit einem anderen Spanier Domino. In der stillen Stunde klappern die Dominosteine auf der Marmorplatte des Tisches wie Totengebein. Ein Ventilator summt. Die alte Nummer von »La Codorniz«, einer satirischen Zeitschrift in meiner Hand, knistert im Luftzug. Die verblichenen, schlecht gedruckten Seiten zeigen gewaltsame und grausame Szenen eines makabren Humors. Der Witz ist oft surrealistisch, weniger in der Zeichnung als in der Gesinnung, und man versteht ihn nicht ohne weiteres.
Das Hotel ist nun Dornröschens Schloß. Vor seinem Geldschrank schnarcht der Wirt. Träumt er vom Stier? Träumt er, ein König Midas zu sein, der die Reisenden in Gold verwandelt, oder Prokrustes, der sie schlachtet? Die kleinen feindlichen Kofferträger schlafen Schulter an Schulter auf einer Stufe der Treppe. Sie haben nun richtige Jungengesichter. Hungrige Gesichter leider. Sie sind zwölf oder dreizehn Jahre alt, und vielleicht sehnen sie sich im Schlaf nach einem Amerika, das noch zu entdecken ist.
Alle Häuser in Barcelona sind zu dieser Stunde gegen die Sonne wohlverteidigte kühle Burgen. Es ist gemütlich in den verdunkelten Räumen, gemütlich und wohltuend entspannend. Vielleicht ist Pan über das Mittelmeer gekommen mit seinem Hirten-Zauber-Stab und der alten Weisheit der Muße. Aber um fünf Uhr erwacht Merkur. Der Straßenlärm setzt mächtig ein. Die alten Tramwagen klingeln. Die Automobile rattern. Die Zeitungsverkäufer erheben gewaltig ihre Stimmen. Die eisernen Rolläden der Geschäfte werden rasselnd hochgestoßen. Die Siesta ist vorüber, und wie überall versucht man, den Kunden zu übervorteilen.
Die Rambla ist nun eine Geschäftsstraße mit Läden rechts und links, mit Schaufenstern, mit offenen Magazinen, mit Büros in allen Stockwerken, deren Jalousien vor den Fenstern jetzt gelüpft und wie grüne Palisaden schräg gegen die Sonne gestellt sind. Der Chef spielt im Schatten den Häuptling im Kral, Stenotypistinnen üben unverdrossen Angebot und Nachfrage, und der parfümierte Schweiß ihrer vergewaltigten Trägheit ver-

mählt sich, allmählich die Sinne des Direktors betäubend, der warmen Luft, und der Ventilator wird angestellt, schwingt und surrt, daß die Konten nicht durcheinandergeraten; ein Erlaß des Kardinal-Primas von Spanien verbietet bloße Beine, nackte Arme und jede Betonung der weiblichen Brust. An manchen Balkonen sind Palmenwedel befestigt. Sie sind geweiht und sollen das Jahr über, von einem Palmsonntag bis zum anderen, die Wohnungen und Läden vor Gespenstern, vor Einbrechern, Gerichtsvollziehern, Polizisten und Falangisten schützen. Die Stühle unter den Bäumen der Mittelallee sind alle schon wieder besetzt. Es sind Männer, die da sitzen: Männer, die auf diesen Stühlen ihre Geschäfte tätigen und die mit den anderen Männern in den Cafés und auf den Terrassen der Cafés in reger Handelsbeziehung stehen. Ladungen von Schiffen, die noch in weiter Ferne auf gefährlichen Wogen schwimmen, werden hier verkauft, und die Ernten der Orangen werden noch in der Blüte beliehen. Senor Lopez hat seit Jahren sein Office unter diesem Baum, hier weiß ihn seine Kundschaft zu finden. Wenn er mit Senor Alvarez verhandeln will, spart er das Telephon. Er winkt zur nahen Kaffeehausstuhlreihe hinüber, und der Geschäftsfreund weiß, daß die Aktien steigen. Derweilen kommen kleine blasse Jungen, kommen kleine blasse Greise und putzen den Männern die Schuhe. Die Schuhputzer sind Meister ihres Faches. Aus den Utensilien eines kleinen Holzkastens, aus Flaschen und Dosen zaubern sie mit mancherlei Bürsten, Lappen und Tricks den Glanz der Nagelneuheit über die ältesten Schuhe, und Lopez wie Alvarez sind wieder, was sie immer sein wollen, Caballeros, Kavaliere, Reiter, deren Fuß niemals in den Staub der Straße tritt.

Neben der schattigen Allee bewegt sich auf den beiden Fahrstraßen der endlose Zug der Automobile, uralte Wagen, meist französischen Ursprungs, und die klapprigen, immer überfüllten, mit Menschentrauben behängten Straßenbahnen. Hier ist die Blumenrambla. Verkaufsstände unter bunten Schirmen wie auch in unseren Straßen, aber die Blumen enttäuschen. Vielleicht war es nicht die Jahreszeit für Blumen. Die Blüten in den

Ständen waren blaß, sie waren farblos, sie dufteten nicht. Die Chrysanthemen sahen aus wie aus Stroh. Greller waren die Farben auf dem Vogelmarkt. Auch er ist ein Teil der Rambla. In Käfigen hängt schreiender Urwald in Barcelonas schwüler Luft, lebt im bunten Gefieder der Sittiche und der Papageien: Nervöser Flügelschlag, funkelnde Augen voll Verzweiflung und Wut, böse zänkische Schnäbel. Ein Mann bot kleine weiße Hunde zum Kauf an. Einen hielt er im Arm, die anderen steckten in den Rocktaschen seiner alten Jacke und blickten mit rosigen Schnauzen und großen Augen neugierig in die Welt.

Die Kirche an der Rambla sieht von draußen wie eine Festung aus. Innen ist sie düster wie eine Grabkammer. Wahrscheinlich empfindet man in Spanien den Schatten als die köstlichste und wohltuendste aller Gaben. Aber in dieser Kirche ist es nicht einmal kühl, und nichts erquickt hier. Man steht einem strengen, ja merkwürdigerweise einem nüchtern protestantisch anmutenden Christentum gegenüber. Die römische Heiterkeit fehlt völlig. Auch der Schmuck fehlt, auch Kunstwerke fehlen. [Aber die Kirche war im Bürgerkrieg zerstört und vielleicht sind auch ihre Kunstschätze vernichtet worden.] Ein paar kleine, wie zufällig und ohne Sinn aufgestellte Figuren ähneln Rasenzwergen im Schuppen eines Gärtners. Keine Blumen freuen am Altar, und die Kerzen vor dem Kreuzbild brennen wie zu einer Totenfeier.

Die Markthalle liegt dicht neben der Kirche. Auch sie ist düster und sonnenlos. Schwache Glühbirnen schweben über den Ständen in einem fahlen Zwielicht. Hier wird nicht, wie in den Markthallen von Florenz und Paris, eine Messe der Lebenslust gefeiert. Es ist, als mißbillige die Kirche nebenan selbst hier noch die Freude am Fleisch. Das ist ganz unlateinisch. Alles wirkt wie in unreinen Farben gemalt, und die Fliegen sitzen wie schwarze Flecken auf den geschlachteten Tieren. Sogar die Fische haben in dieser Halle ihren Glanz verloren, das Leuchten des Meeres, und große graue Katzen hocken bewegungslos wie satte Götzen der Unterwelt auf den Verkaufstischen. Auffällt, daß alle Stimmen in dieser Halle gedämpft klingen. Kein

Marktgeschrei ist zu hören, kein südländisches Handeln, kein beredtes Anpreisen der Waren. Es ist ein Totenmarkt.
Die Rambla endet auf einem großen Platz, der Plaza Cataluna. Dies ist das Herz Barcelonas, schnellschlagend, weiträumig, und etwas zu groß. Da sind auch die Tauben des Marcusplatzes, die Verkaufsstände mit dem Taubenfutter, die Straßenphotographen und die Fremden mit der eigenen Kamera, die ihre Bildersammlung von Europas taubenfütternden Kindern erweitern. Breite Alleen führen von der Plaza Cataluna in alle Richtungen bis zu den Bergen vor der Stadt, die man von hier wie bleiern graue Gewitterwolken am Rande des Horizontes sieht. Ein Licht wie in Pompeji vor dem Untergang. Die großen Hotels stehen hier, die Reisebüros und ihre Autobusse für die Stadtrundfahrten. In spiegelblanken Schaufenstern liegen Waren, wie man sie in Paris, in London und in Düsseldorf kaufen kann: sie sind hier so teuer wie dort. Es ist das Viertel der Amerikaner. Es ist das Viertel der Reichen, hier wohnen Günstlinge des Regimes, hier betteln die Krüppel des Bürgerkrieges, denen niemand eine Rente zahlt, falls sie auf der falschen Seite, der Seite, die unterlag, gekämpft und Arm und Bein gelassen haben. Hier flaniert auch die Jeunesse dorée und spielt Champs-Élysées oder Sunset Boulevard, und die Häuser sind etwas größenwahnsinnig und haben nichts von der Gemütlichkeit, nichts von der Originalität und Freiheit der Rambla.
Schnell geht die Dämmerung in die Nacht über. Die Schwüle läßt die Dunkelheit wie eine schwere Decke über die Stadt fallen. Die Straßenbahnen wetterleuchten die Rambla herauf und hinab. Unter den Bäumen, die bewegungslos in der trägen Luft stehen, schieben die Promenierenden in zwei kompakten, sich reibend begegnenden Strömen stadt- und hafenwärts. Eine Wolke aus Schweiß und Duft, in der es elektrisch knistert. Nun sind auch Frauen zu sehen. Die jungen Mädchen tragen Schuhe mit hohen Absätzen, tiefausgeschnittene schwarze ärmellose Pullover, schwarze enge Röcke. Ihr Gang ist wiegend, sehr weiblich: es soll etwas verkauft werden, was nur einmal zu haben ist.

Auf den Stühlen der Geschäftsleute hocken jetzt Matronen. Breithüftig, prallschenklig, beklemmten Atems unter der schweren Brust sitzen sie, Tyranninnen und Sklavinnen zugleich, wie Alpbilder des Hauswesens da, Schwestern des Sisyphus, ewige Schmutzaufräumerinnen, sieglose Kämpferinnen gegen den Hunger. Ihre Gesichter glänzen vom Öldampf des Herdes, und auch das schwarze oder graue Haar glänzt fettig im Schein der alten Kandelaberlampen, die unter den Bäumen ein mildes träumerisches Licht verbreiten, in dem die Flitter auf den Fächern in den verarbeiteten Händen der Frauen wie Leuchtkäfer funkeln.

Aber der Hafen und das Meer sind ohne Licht, der Himmel ist sternenlos. Nur die Säule des Columbus ist erhellt. Scheinwerfer strahlen sie an und lassen den großen Entdecker wie einen verirrten Rauschgoldengel durch die schwüle Luft fliegen. Hinter den Scheinwerfern stehen junge Paare. Sie halten sich an der Hand und blicken sich an. Sie stehen fast bewegungslos. Die Mädchen am Hafen tragen keine hohen Absätze, und schon wirken sie klein. Ihr Haar ist gekräuselt, geschlechtsbetonend, gar nicht knabenhaft. Diese Mädchen sind jung, aber sie sind junge Frauen. Ihr Schicksal ist die Hingabe, die sie der geltenden Sitte nach ehrenhaft oder unehrenhaft macht. Die Liebe hat hier ein ernstes Gesicht. Die Wahl heißt »ein Leben lang«, und sie wissen es.

Eine breite Straße, der Passo de Colon, eine Straße neben dem Meer, ein Weg irgendwohin. Aber wieder kein Hauch der Ferne, keine lockende Meeresfrische, nur Staub und Schwüle. Neben uns sind die Fundamente eines alten Castells. Und auch hier in fast lichtloser Gegend sitzen nun stumm die Paare, halten sich an den Händen und blicken sich an. Wieder rührt die Bewegungslosigkeit und die Lautlosigkeit der Szene. Am Straßenrand wachsen Palmen. Auch sie stehen unbewegt, und ihre Blätter sind wie verstaubte Schwerter.

Musik lockt von der See fort, mechanische Orgeln, Schlager wie in Hamburg. Dies ist die Reeperbahn von Barcelona, schlecht beleuchtet, staubig, traurig, Schießstände ohne Kunden, Vor-

führungssäle alter Wildwestfilme, Spielautomaten mit verbitterten jugendlichen Spielern und einige Karussells, deren Kundschaft heute ausgeblieben ist.
Nun sind wir im Barrio Chino, im Chinesenviertel. Chinesen sind weit und breit nicht zu sehen. Der Mann auf dem Reisebüro in München warnte, hierher zu gehen. Die Straßen sind eng und voll von warmem geheimnisvollem Leben. Trotz der Schwüle der Nacht sind Holzkohlenfeuer angefacht. Fische werden geröstet. Gemüse oder Früchte werden in die Glut gelegt. Ist das Mahl beendet, springen barfüßige Kinder über die erlöschenden Flammen. Es riecht nach Fisch, nach Rauch, nach scharfem Öl, nach Schlaf und Liebe, nach Ausscheidungen, nach Kampf, nach Treue und nach Not. Alle Fenster sind dunkel, wie blinde Augen, und dahinter sind dumpfe Kammern, ist die Armut, ist das Rätsel des Menschseins. Es gibt viele Wirtschaften, verräucherte Bodegas mit schweren Eichenfässern, die nicht der Dekoration dienen, sondern voll Wein sind. Die Türen, die Fenster sind zur Straße hin geöffnet, manchmal schließen aufgereihte Perlenschnüre sie geheimnisvoll und lockend ab.
Hier hörten wir zum erstenmal den langen arabischen Gesang. Wir drängten uns mit andern an das Fenster der Kneipe, in der die Männer mit ihren Gläsern den monotonen, sich immer wieder wiederholenden Rhythmus auf die Tische trommelten, während die beiden Sänger in der Mitte des Raumes standen und mit einer faszinierenden Ekstase dieselbe eintönige Weise sangen, die um so hypnotisierender wirkte, je länger man sie vernahm. Der Gesang war seltsam, er war erregend. Er kam aus einer anderen Zeit, aus einer anderen Welt. Er war die Fremde. Er war die Wüste. Er wandte sich an einen verborgenen gleichgültigen Gott in einem unbekannten gleichgültigen Himmel. Es war ein verzweifelter Gesang: er war nicht ohne Stolz und nicht ohne Schönheit. Eine dicke Frau, die am Weinausschank stand, tat jede Hantierung wie in Trance. Es war, als sei sie aus Watte, und ein Ausstrecken ihres Armes war wie ein Sichausdehnen der Watte, die sich dann mit dem Ende der Bewegung wieder zusammenzog.

Auf der Rambla war lange nach Mitternacht noch viel Leben. Es war kein mondänes Leben, es war kein Pseudoleben, es war das Leben des Volkes. Wir setzten uns vor ein Café und tranken den schweren spanischen Cognac, der dunkel und vorzüglich ist. Die Schuhputzer knieten vor uns. Die kleinen Jungen und die kleinen Greise. Sie schlafen nie. Sie knieten im milden Schein der Kandelaberlampen und zauberten auf unsere Schuhe noch in der Nacht den Glanz der spanischen Sonne, den Stolz und Hochmut der Caballeros. Auch Marion sagte, sie sei nun ein Caballero, sie streckte die Füße mit den strahlenden Schuhen aus und verlangte noch einen Cognac.
Auch die blinde Losverkäuferin unter unserem Fenster schlief nicht; ihr unentwegter Ruf, dem Glück zu trauen, drang noch tief in unseren Schlaf.
Fanfaren und dumpfe Trommeln weckten uns. Die Rambla war nun menschenleer. Aber durch die Allee eilte jagenden sinnlosen Schrittes, in die Fanfare stoßend, das Kalbfell schlagend, ein rotbemütztes Fähnlein, eine Jugendorganisation der Falange, – und zu welcher Jagd so früh schon ausgezogen? Die Jalousien, die Rolläden der Rambla nahmen keine Notiz von dem Lärm; sie blieben geschlossen, blind und taub, und der Zug zog vorüber durch Ablehnung und Schweigen, gespenstisch wie ein greller Irrwisch.
Im Cinesenviertel gab es keine Chinesen, im Barrio Gotico gibt es keine Goten. Aber enge winklige Gassen erinnern an mittelalterliche deutsche Städte, an die alten Viertel von Würzburg und Nürnberg, die im Kriege zerstört, verbrannt, versunken sind. Die Läden sind wie dunkle Gewölbe im Fels. Der Geschäftsmann steht gelangweilt in der offenen Tür. Er läßt den Fremden unangesprochen vorübergehen. Über den hohen Häusern mit den blinden Fronten ihrer herabgelassenen Jalousien brennt grell die Sonne. Aber auf der Straße wandelt man im Schatten wie in einem tiefen Graben.
In diesen Gassen, von ihrem Gewirr umbaut, liegt der Dom. Er wirkt nicht gotisch, er wirkt arabisch. Säulengänge fangen den Besucher ein, Säulengänge führen ihn in einen Palmenhof. Die

Palmen stehen so eng in diesem Hof, daß die Blätter ihrer Kronen sich berühren und ein Schattendach von Urwalddichte bilden. Darunter ist ein Teich, und hinter einem kunstvollen schmiedeeisernen Gitter recken weiße Gänse die Hälse, die dummstolzen Vögel der Wachsamkeit.
Das Kirchenschiff ist düster, ein Schiff auf dem Meeresgrund. Der Dom war einmal eine Moschee. Seine Säulen sind wie versteinerte Palmen, und das Dach, zu dem sie sich in der Höhe vereinen, drückt wie ein schwerer Schatten auf Chor und Altar, auf die Gemeinde der Betenden, auf die Priester im Ornat. Alle sind eingetaucht in den großen Schatten dieses Raumes, und jede Kerze brennt einsam für sich eine kleine Lichthöhle in einen Berg der Finsternis.
Vor einem vergitterten Domhof warten Frauen. Die Tür im Gitter ist geschlossen. Die Frauen warten geduldig. Sie stehen hintereinandergereiht wie Frauen in Notzeiten vor des Bäckers leerem Laden.
Hinter dem Gitter steht in einiger Entfernung ein alter Priester. Er ist allein in dem leeren Hof. Er liest in seinem Brevier. Zuweilen blickt er für einen Moment zu den wartenden Frauen hinüber. Er verändert dabei seine Haltung, die Haltung eines andächtig Lesenden, kaum. Er hebt nur ein wenig den Kopf, und seine Augen blinzeln dann kurzsichtig. Dann liest er wieder in seinem Buch, während sich immer mehr Frauen vor dem Gitter anstellen. Auf welches Brot warten sie?
Was kann man noch sehen? Die Kirche zur Heiligen Familie. Sie ist ein Werk von Antonio Gaudi, einem barceloner Architekten, der hier noch nach seinem Tode für fortschrittlicher als Corbusier gilt. Sein Dom ist im Stil eines expressionistischen Zuckerbäckers erbaut, ein Schlaraffenturm für Beter, aber mit herrlichen Verstecken und viel freundlicher als die andern Kirchen der Stadt. Gaudi muß ein lustiger Mann gewesen sein. Ein Haus an einer großen Straße hat er wie Meereswellen geformt, und die Bewohner schauen wie verzweifelte Schwimmer aus den Fenstern.
Noch während die Sonne scheint, fängt es zu regnen an. Auf der

Rambla sind die Terrassen der Cafés besetzt. Der Regen trommelt auf die Markisen. Die blassen duftlosen Blüten der Blumenstände gleichen nun nassem Stroh. Die Flügel der Papageien spannen sich wie bunte Segel. Und gegen Mittag kommen die Amerikaner. Sie überfluten die Rambla, ein Geschwader weißer Matrosenanzüge. Sie verändern das Gesicht der Stadt; sie sprengen die Mittelmeerlandschaft bürgerlich anständiger Gemütlichkeit.
Nun sind auch Stierkämpfer zu sehen. Sie fahren trotz des Regens in offenen Kutschen durch die Allee. Sie haben kurz bestickte Jacken an und tragen Perücken mit koketten Zöpfen. Der Hauptstierkämpfer wird feierlich in die Stadt geholt. Er reist in einem gewaltigen amerikanischen Auto, und prächtige, sehr helle, weiche, schmiegsame Lederkoffer, über und über mit bunten Hotelplaketten beklebt, hat er auf das Dach seines teuren Wagens geschnallt. Er ist ein hochbezahlter Spezialist des Tötens, ein gefeierter und verehrter Mann.
Die amerikanischen Matrosen, die Verteidiger Francos und Europas, sind Riesen. Jedenfalls wirken sie riesig unter den Spaniern. Das Dancing Colon hat schon am Tag seine Türen weit geöffnet. Die spanische Kapelle spielt amerikanische Weisen, und wo kommen nur die vielen Frauen und Mädchen auf einmal her? Alles ist nun grell und laut, es ist wie in Kaiserslautern oder wie in Baltimore, Kaugummi wird in die Backen geschoben, und wie Kaugummi zieht sich der stereotype Slang der Sleeping-Verständigung zwischen Matrosen und Mädchen hin. Bald sind alle betrunken, die weißen und die schwarzen Amerikaner in ihren schmucken Anzügen mit ihren gebügelten Kragen und die Frauen mit dem blond verfärbten Haar, den gedunsenen Gesichtern und den durchschwitzten Organdykleidern. Die spanischen Soldaten stehen draußen und blicken durch die Fenster. Sie sehen sehr, sehr ärmlich aus in ihren zerdrückten Uniformen, und sie blicken mit abgespannten und etwas vorwurfsvollen Gesichtern in das Dancing Colon, wie in ein Paradies.
Aber Spanien siegte noch einmal an diesem Tag im Dancing

Colon, als die Kapelle nach den Boogies und Swings einen Tango spielte, und ein alter Mann, der ein verachtetes Gewerbe hatte, unanständige Postkarten verkaufte und Adressen vermittelte, mit einer der Frauen auf die nun leergebliebene Tanzfläche ging und den Tango in mathematisch exakten Figuren von so großer Schönheit vorführte, daß man sein Alter vergaß, seine gebeugten Schultern, sein unreines Hemd, den Anzug der Armut, das schüttere Haar, aus dem nun der Schweiß der Anstrengung über sein Elendsgesicht rann, und nur den Tanz und nur des Mannes Freude, so gut zu tanzen, sah. Er erinnerte an den Tänzer mit der Maske aus der Geschichte von Maupassant, nur daß dieser Spanier sein altes Gesicht nicht hinter einer jungen Larve verbarg.

In einer Gasse hinter dem Colon rührten sich Kastagnetten. Hinter Perlenschnüren führten Fandangotänzerinnen in der Kulisse eines maurischen Salons ihre Schritte vor. Deckoffiziere der amerikanischen Schiffe saßen auf Polsterstühlen. Der Sekt stand im Eiskübel neben ihnen auf dem Boden. Sie waren die Herren der Welt. Die Tänzerinnen mimten eine Ekstase, die sie nicht empfanden. Jede ihre Bewegungen war voll blendend vorgetäuschter Leidenschaft. Eine große Verkrampfung schüttelte ihre Körper, und durch die Perlenschnüre gesehen, war es ein groteskes und bannendes Schauspiel. Nur der Schlag der Kastagnetten war echt, ein harter, ein höhnender, ein herausfordernder Takt, der in der Gasse vielfach widerhallte.

Es war eine lockende Gasse von Garküchen und Bodegas. Offene Feuer brannten, und in Tiegeln und Pfannen brutzelte und schmorte es. Der schwere Geruch von sengendem Öl lag über der Straße, ein Dunst von Fisch, Zwiebeln und angegangenem Fleisch. Es ist ein Viertel sehr armer Leute, doch an einer Straßenecke leuchtet wie ein Mond das berühmte Lokal, von dem der Reiseführer mit drei Sternen meldet, daß seine Spezialität Schlangen seien, die man hier kocht, brät oder haschiert. Aber auch an Hühnern darf man sich hier delektieren. Sie braten wohlduftend an einem langen Spieß über einem Holzfeuer auf offener Straße, und dort sitzen an den schwülen Sommerabenden die verwöhnten Gäste, die aus aller Welt das letzte Stück Weg sogar zu Fuß hierher pilgern, denn die Gasse ist viel zu eng für ihre großen, breiten Automobile. Weißer Damast, brennende Kerzen auf dem Tisch, die rote Sangría aus Wein, Zitronen und Eis in funkelnden Karaffen, Goldreifen und Brillanten an den Armen der Damen, die Speisekarte in der festen Hand der Herren. Für ein Gericht braucht man mehr Geld als den Wochenlohn eines spanisches Arbeiters. Man speist Schlangen und die leckeren, zart gebräunten, safttriefenden Hühner. Man speist romantisch in der engen, dunklen Gasse der Armut, Gegensätze regen, wie man sagt, den Appetit an, es schmeckt dir, es schmeckt dir ausgezeichnet, und ausgemergelte Gestalten stehen eine Armlänge entfernt von deinem üppig gerichteten Tisch und bewundern dich. Denke nicht, daß sie dich hassen. Meine nicht, daß sie dich beneiden. Das wäre nicht spanisch. Sie bewundern dich aufrichtig. Sie halten dich für sehr reich, und sie bewundern deinen Reichtum, der dich nicht nur zu einem Caballero, sondern zu einem Gott erhebt. Aber niemand weiß, ob die Schlangen, die hier so köstlich serviert werden, nicht giftig sind.

Ein wenig von diesem Ort entfernt – aber wir konnten noch die Glut sehen, über der die Hühner rösteten, die Schlangen schmorten – tranken wir vor einem altersmüden Haus einen nach Zimt und Rosen schmeckenden rötlichen Wein. Man schenkte ihn in einem Torweg aus dem Faß in die Gläser. Ein Glas kostete etwa zwölf Pfennig nach unserem Geld. So hatten auch die Armen ihre Freude.

Der Himmel blieb sternenlos. Wir fuhren durch die dunkle Straße der Lagerhäuser zum Bahnhof. Hinter der Columbussäule blieb die Stadt zurück, und hier war wieder die eintönige Kolonniallandschaft der schwarzen Schuppen, die der große Genuese nicht entdeckt hatte. Auf den Bahnsteigen saßen noch immer die Wartenden, die bäuerischen Gestalten, noch immer kauerten sie auf ihren Bündeln. Der Ruß der Lokomotiven hatte ihre Gesichter geschwärzt. Oder war es das Warten, war es die Zeit, die ihre Haut dunkel verschattete? Der Ruß war überall wie ein Flaum in der Luft.

Wer Schlafwagen fährt, hat ein schlechtes Gewissen. In unserem Abteil mischten sich der Ruß und die Schwüle unter dem Surren eines über dem Waschtisch angebrachten Ventilators wie ein Teig in einem Mixapparat. Das Abteil neben uns bewohnte eine Mutter mit ihrer Tochter. Das Kleid der Mutter war mit Gold und Edelsteinen geschmückt. Sie war klein, rundlich, schwarz gehüllt, schwarz verschleiert. Aus ihrer Haut dunstete sie warm und parfümiert wie ein kleiner Ofen. Die schwarze Seide, die den Ofen umschloß, knisterte. Die Tochter war vielleicht sechzehn Jahre alt. Auch sie war klein. Sie hatte noch ein kindliches Gesicht, aber ihr kleiner Körper betonte schon seine frauliche Zukunft. Auf dem Bahnsteig vor dem Fenster des Zuges stand eine Sippe wohlhabender Spanier. Der junge Sohn war nach einer Familienübereinkunft der Versprochene der Sechzehnjährigen. Er blickte sie mit ungemein gelangweilten Augen an. Als der Zug schon fuhr, als er die düstere Bahnhofshalle von Barcelona schon verlassen hatte, lehnte die Sechzehnjährige ihre Stirn gegen das Fenster und stieß ihre Zunge wütend gegen das Glas, gegen die Signale in der Finsternis, gegen die festgelegten Gleise.
Es wetterleuchtete. Im Schein des Wetterleuchtens waren das Meer zu sehen, die weiße Brandung, die Promenade eines Badeortes, menschenleer und mit spärlichen Lichtern, eine Kaffeehausterrasse ohne Menschen, aufkommender Wind eines Gewitters.
Wie immer bei der spanischen Eisenbahn stieß die Lokomotive in Abständen hysterische Schreie aus.
Der Morgen kam plötzlich, keine Dämmerung trennte die Nacht und den Tag. Der Himmel war wie aus blauer Seide und zum Zerreißen gespannt.
Das kleine Mädchen, die Versprochene des gelangweilten Jünglings, war schon aufgestanden. Sie blickte über die vegetationslosen Berge, über die gelbe Erde, die weißen Steine in ein

ausgedörrtes Flußbett. Wir fuhren durch die Mancha, das Reich des Don Quijote, durch Kastilien, das Land Hidalgos. Wir fuhren durch das Herz und durch den Spleen Spaniens. Es war eine unbewohnte Erde. Die Silhouette des Ritters von La Mancha bot sich mit den spärlichen Schatten auf Berghängen an. Es war eine Geisterlandschaft. Aber die Geister schliefen noch. Sie sind keine Nacht-, sie sind Taggespenster und zeigen sich erst, wenn die Sonne am Mittag steht.

Entfernt waren Siedlungen zu sehen, Dörfer, Städte, auf Hügeln über das Land hinausgehoben, brennend weiße Flecken im Landschaftsbild, Mauern wie aus ungelöschtem Kalk, immer eine Kirche in der Mitte, wie vom Licht ausgelaugt. Erstarrte Träume.

Wer im Flugzeug nach Madrid kommt, sieht die Metropole und die Plätze ihrer Umgegend wie Oasen in einer Wüste. Vom Flugplatz aus geht die Wüste allmählich in die Stadt über. Schon sind Menschen da, aber noch keine Häuser. Die Menschen wohnen in Erdhöhlen, in Löchern unter dem gelben Sand und den weißen Steinen. Immer weht hier ein heißkalter Wind. Immer weht Staub. Die ersten wirklichen Häuser Madrids heben sich erst später und dann unmittelbar aus dem Staub.

Auch der Zug fährt durch Vorstädte des Elends. Straßenlose Siedlungen, Hütten in den Sand gebaut. Kinder grau wie der Staub.

Die Mutter des jungen Mädchens ist aufgestanden. Wohlgenährtes, ausgeruhtes Fleisch in schwarzer Seide. Die Goldreifen des Armes glitzern in der Morgensonne. Das Mädchen blickt mürrisch über die Hütten. Sie dreht sich gelangweilt um und schaut trotzig auf ihre Mutter.

Der Zug hält. Der Staub und die Wüste sind noch immer nah. Der Bahnhof Atocha und der Platz vor dem Bahnhof stimmen traurig. Der Bahnhof sieht wie ein Wüstenfort aus, wie eine Fortifikation aus den achtziger Jahren in einem inzwischen verlorenen Kolonialkrieg. Die Straße Atocha, die in die Stadt führt, erinnert an eine Straße am Berliner Wedding. Die Trost-

losigkeit schnell errichteter Mietskasernen wird durch den hohen blauen Himmel noch unterstrichen.
Ein Café auf der Straße ist Pariser Arbeitervorstadt. Wir setzen uns, und ein Mann mit dem finnigen Fuchsgesicht des Großstädters kommt und bietet einen goldenen Ring zum Kauf an. Dann kommt ein zweiter Bauernfänger und will einen Füllhalter verkaufen. Eine Zigeunerin naht; sie preist »Fortuna« an, sie will das Glück der Zukunft verkünden. An eine Mauer gelehnt, steht ein Mann in Lumpen. Er ist wie ein Stück der Mauer, grau sein Haar, grau sein Bart, grau das Gesicht und grau von Staub und Sonne seine Stoffetzen. Im Pariser Clochard vermutet man zur eigenen Gewissensberuhigung den Lebenskünstler, den Diogenes oder gar den Sokrates in Lumpen, hier gibt es keine Beruhigung, hier steht ein unter uns lebendig Verstorbener. Er könnte der unbekannte tote Soldat des schrecklichen Bürgerkrieges sein. Ich möchte ihm etwas geben, und ich schäme mich.
Die Straße zieht sich endlos hin, grau, staubig, häßlich. Nach der Karte führt die Straße Atocha zur Puerta del Sol, dem Hauptplatz und Mittelpunkt der Stadt, aber es ist unerträglich, diese lange Reihe armer, hochgestockter Häßlichkeit weiterzugehen. Kleine Nebenstraßen biegen von der Atocha ab, und in diesen Gassen ist es auf einmal gemütlich. Hier sind Geschäfte, kleine Restaurants, Kneipen, ein menschenfreundlicher Duft nach Essen und Wein. Ein kleiner Platz liegt verlassen in der Sonne: staubige vertrocknete Bäume, der trockne heiße Sand in einem Kinderspielkasten. Aber auch der Platz ist freundlich. Wieder folgen winklige Wege. Allmählich wird es ein Labyrinth. Hier ist nun ein Lokal neben dem anderen, Wirtschaft neben Wirtschaft. Die Herdfeuer, offen zur Straße, werden angezündet. Mit Strohbesen werden die Kneipen gekehrt. Frisches Sägemehl wird auf den Boden gestreut. Meertiere werden aus Strohkörben ins Schaufenster geschüttet. Herzen, Nieren, lappige Lebern der Hammel häufen sich neben dem Rost. Der neue Gast wird erwartet. Dann erreicht man eine Straße, die sich wie eine Hauptschlagader im Netz der Blutgefäße durch

das Labyrinth zieht. Elegante Läden, reiche Auslagen, blinkend und lockend. Ein Ausblick auf eine breite Allee mit Bankhäusern im Wolkenkratzerstil. Espressobars, leichte Aluminiumstühle vor der Tür und wieder kleine, dunkle und heimelige Gassen.
Wir suchen ein Hotel. Wir finden es in einer dieser traulichen Straßen. Der Eintritt ist wie in eine Begräbnishalle. Ein gelblicher Marmorboden, gelbliche Marmorwände, gelbliche falsche Säulen. Im Hintergrund neben dem Empfang eine kleine Bar. Alles in einem sehr dunklen Zwielicht, von wenigen Glühbirnen erhellt, wie unterirdisch, wie ein Zwischenreich nach dem Tode. Auf dem Gang riecht es nach Desinfektion. Das Zimmer ist groß, kühl, gegen die Sonne völlig verriegelt. Auch hier brennt nur eine schwache Glühbirne. Das Haus gleicht einem Hotel für Tote. Es ist nicht ohne Behaglichkeit.
Ich will die Puerta del Sol sehen, das Zentrum, von dem alle Meilensteine Spaniens zählen, den Ort der politischen Diskussionen, den Platz der Aufstände. Es ist Mittag. Die Straßen sind menschenleer. Nur die Blinden wachen. An jeder Straßenecke sitzt ein Blinder und hält die Lose feil. Er kennt das Unglück und bietet verzweifelt das Glück an. Er ruft das große Glück mit einem klagenden, jetzt in der Stille des Mittags weithin hallenden Ruf aus. Vor einem großen stolzen Haus mit abweisender Fassade stehen etwa zwanzig schwere Ledersessel. In drei dieser Sessel sitzen drei alte Herren. Die alten Herren schlafen. Noch im Schlaf sehen ihre Gesichter eigensinnig und habsüchtig aus. Drei Diener in blauer bestickter Livree bewachen den Schlaf der Herren. Die Diener stehen im schmiedeeisernen Tor des Hauses. Sie schlafen dienstlich mit offenen Augen. Dies ist ein vornehmer Club. Er liegt im Schatten. Die Fenster der Clubzimmer im Hochparterre sind weit geöffnet. Große weite Räume. Auch hier Ledersessel. Auch hier schlafende alte Herren mit bösen, verhärteten Gesichtern. Auch hier die livrierten Diener regungslos gegen die Pfosten gelehnt. Vor dem Hause nebenan schlummert eine Händlerin. Sie hockt auf der Erde. In einem Schuhkarton trägt sie ihr Warenlager auf ihrem Schoß.

Amerikanische Zigaretten. Sie verkauft sie stückweise. Jetzt sind ihre Augen geschlossen. Schwere Lider decken sie zu. Tiefe Falten in einer gegerbten Gesichtshaut. Plötzlich dann wie ein springendes Tier die Puerta del Sol. Ein Platz, in dem die Sonne sich wie in einem blanken Kessel fängt. Blendend weiße Häuserwände reflektieren das grelle Licht. Zwei Straßenkehrer spritzen aus einem Feuerwehrschlauch Wasser über den Asphalt, der zu brennen scheint. Die Luft war trocken, ich hatte die Hitze nicht gespürt. Aber auf einmal war alles ein Flimmern, ein leuchtendes Sichdrehen, ein Geblendetsein. Und nirgendwo auf diesem Platz war Schatten. Ich floh durch einen Perlenvorhang in ein Kaffeehaus. Klirrende Kühle hinter geschlossenen Jalousien, unter surrenden Ventilatoren. Wasser mit fein zerbröckeltem Eis in großen Karaffen. Berge von noch grünen Zitronen. Vier junge Mädchen auf vernickelten Barhockern. Sie schneiden mit Messern und Gabeln große Stücke aus geeisten Melonen. Ihre hellen Stimmen, ihr schrilles Lachen, ihr entblößter Rücken strömt Kühle aus. Im Hintergrund das eigentliche Lokal. Dämmerlicht. Eine Wiener Damenkapelle spielt »Donauwellen«. Die Damen haben lange rosa Kleider an, die wie Nachtgewänder aussehen. Die Geigerin hat sehr dürre Arme. Ein eingefallenes Gesicht, braune, strähnige Haare. Die Trompeterin ist vollbusig, rotbäckig, Ihre Arme sind die Arme eines alten Ringkämpfers. Das Haar ist künstlich gebleicht. Ein großer Ventilator treibt den Schweißgeruch ihrer Anstrengung in das Lokal. An den Tischen sitzen nur Männer. Sie spielen Domino. Kein Blick trifft die Frauen. Die »Donauwellen« branden wie Meeresgeplätscher gegen die Wände. Auch in der Halle meines Hotels sitzen die Dominospieler. Sie hocken in der marmorkühlen Leichenhalle und bewegen über kleine Marmortische ihre Steine, die wie vom Fleisch gelöste Knochen klappern.
Mit einemmal ist dann der Wind da, der Abendwind, der Wind von den schneebedeckten Guadarramabergen, trocken und kühl, ernüchternd und berauschend, und alle Straßen sind übervoll von Leben. Die Gran Via, der breite Weg blinkender

Schaufenster, die Avenue strahlender Cafés, ist ein prächtiger Korso. Die Häuser sind hoch, sie sind wie Wolkenkratzer gebaut, Bankpaläste, Kinopaläste, Hotelpaläste, sie sehen wie Erzeugnisse einer überhitzten Konjunktur aus, die es nicht gibt, oft wie Kartenhäuser, ihre Fassaden sind pompüberladen, karyatidengeschmückt, Atlas trägt hier den Erdball, Herkules droht mit der Keule, Merkur läuft beflügelt dem Gelde nach, Fortuna schüttet ihr Glückshorn aus, und Niobe und ihre Kinder stützen das Dach, auf das man wiederum Säulentempel gestellt hat, kleine Lustschlösser, Pavillone und Pagoden, auch Ungeheuer und Götter, die wie Schutzflehende ihre Hände gegen den Himmel strecken, der sich nun rötlich verfärbt. Eine elegante Dachgartengesellschaft ist auf dem Hotel Plaza versammelt; Musik erklingt; die Tanzenden überflutet das Licht des theatralischen Sonnenunterganges jenseits des Manzanares in den Hügeln vor dem Gebirge, – das Land scheint zu brennen, und einmal brannte es wirklich dort, brannte den ganzen Manzanares entlang, – das war die Front. Die spanische Familie promeniert auf der Gran Via, an den Cafés vorbei und zeigt bürgerliche Wohlhabenheit. Zu der Familie gehören die Kinder und das Kindermädchen. Die Kindermädchen sind in Uniform; sie tragen schwarze Kleider, weiße Schürzen, weiße Häubchen. Spanien ist noch immer das Land der billigen Dienstboten.

Eine Dame erzählte mir: Die Mädchen kommen vom Lande, sie kommen aus den Dörfern, die nur Hitze, Sand und weiße Mauern sind. Eine ehrsame Verwandte in der Stadt vermittelt ihnen die Stelle. Die ehrsame Verwandte erkundigt sich, ob die Herrschaft auch eine wirkliche Herrschaft ist, rechtgläubig und sittenstreng. Wenn dem Mädchen ein freier Nachmittag gewährt wird, holt die ehrsame Verwandte es ab und führt es am Abend in das Herrschaftshaus zurück. Das Mädchen tritt mit nichts in seinen Dienst, mit nichts als dem einen Kleid aus dem Dorfladen, das es auf dem Leib trägt. Vom ersten Lohn kauft sich das Mädchen einen Koffer. Vom zweiten, dritten und vierten Lohn kauft es Geschenke für die Familie zu Hause im Dorf.

Dann bittet es die Herrschaft um Urlaub. Das Mädchen fährt mit dem Koffer, in dem die Geschenke liegen, in das Dorf, in seine Kindheit, in seine Armut zurück. Das Mädchen ist nun wer! Es hat ja seinen Koffer! Stolz zeigt es sich, stolz verteilt es die Geschenke, die als ein ihr zukommender Tribut von der Familie angenommen werden. Bleibt das Mädchen brav, behält der Koffer noch jahrelang seine Bedeutung als Geschenkträger, bis zu der von der Familie arrangierten Verlobung des guten Kindes. Aber ach, Madrid ist groß, Madrid ist voll Verführung und hat viele Schlupfwinkel. Es kommt der Tag, an dem die ehrsame Verwandte das Mädchen nicht mehr zum Ausgang abholt. Der Koffer steht geschenkeleer und traurig in der Mädchenkammer. Das Mädchen hat einen Freund gefunden. Die ehrsame Verwandte berichtet es nach Hause. Das Mädchen darf nicht mehr in das Dorf zurück. Das Mädchen gilt als gefallen. Die Familie verstößt es. Die Familie nimmt von der Verstoßenen keinen Tribut mehr an. Für die Sippe, für das Dorf, für den Priester des Dorfes ist das Mädchen gestorben. Wählte es die Freiheit? Selbst in der großen Stadt Madrid wird sich das Mädchen kaum noch verheiraten, wird es in eine andere Familie nicht mehr eintreten können. Und die Familie ist noch immer in Spanien der einzige wirksame Versicherungsschutz gegen Hunger, gegen Krankheit, Siechtum, Obdachlosigkeit und jede andere Not. Aber die Beiträge sind hoch; sie heißen für ein Mädchen Unterwerfung, Anerkennung der alten, strengen Hierarchie des Dorfes. Es gibt keinen Ausweg, es gibt kein Entrinnen.
Die von den Kindermädchen geführten Kinder sind ernst und würdevoll. Sie sind kleine Caballeros und kleine Senoras. Ihre Anzüge und Kleider sind nicht zum Spielen, sie sind zum Promenieren bestimmt. Aber es kommen auch andere Kinder die Straße gegangen, von keinem Kindermädchen behütet, kleine Jungen, die auf ihrem armen Kinderkopf ein Tablett mit einem Haufen flacher Kuchen balancieren, fast größer als sie, und noch am Abend sollen sie den Berg verkaufen. Viele Kinder arbeiten in Madrid, man sieht sie zu jeder Stunde, kleine Mozos,

für vielerlei Dienste verwandt und schlecht bezahlt; aber sie tragen so etwas zum Unterhalt der Familie bei.
Ein Soziologe erzählte mir: Sie finden das Essen, den Wein und manches in Spanien noch billig, aber für uns Spanier ist es teuer. Ein Beamter verdient etwa einhundertfünfzig Mark. Er hat eine Frau, er hat Kinder zu ernähren, er braucht eine Wohnung, er muß sich kleiden. Wie macht er das? Er hat eine Nebenarbeit. Fast jeder Mann hat einen oder mehrere Nebenverdienste. Im Hauptberuf sitzt er hinterm Postschalter. Im Nebenberuf ist er Buchhalter eines kleinen Ladenbesitzers. Vielleicht wäscht er auch vor seinem Postdienst in einer Garage Automobile. Nur so vermag er sich durchzuschlagen. Die Regierung ist stolz auf die soziale Sicherheit, die sie den Arbeitern und Angestellten gegeben hat. Es ist wahr: ein einmal eingestellter Mann kann nur schwer wieder entlassen werden. Aber das führt dazu, daß ein Arbeitgeber überhaupt nur ungern jemand einstellt, und dann auch nur zu einem möglichst niedrigen Lohn. Jemand hat für seine Arbeit hundert Mark zu beanspruchen. Der neue Arbeitgeber bietet ihm aber nur achtzig. Das Arbeitersyndikat, bei dem der Arbeitnehmer sich beschwert, ist machtlos. Man zuckt dort resigniert die Achseln. Will der Mann die Stelle haben, muß er sich mit der Unterbezahlung abfinden. So ist er dankbar, wenn sein Sohn um Mitternacht ein paar Peseten nach Hause bringt, mag sein Kindergesicht auch blaß, sein Blick müde sein.
Ich schenkte einem der Kuchenjungen ein blankes, frischgeprägtes Fünf-Peseten-Stück mit dem cäsarischen Haupte Francos, »Caudillo de Espana por la gracia de Dios«. Die prächtige Münze ist fünfzig Pfennig wert, und der kleine Mozo strahlte. Männer suchen Mädchen auf der Gran Via, und Mädchen, die lange schon ihren Koffer verloren haben, suchen Männer. Es ist ein blühender Markt! Mönche wandeln vorüber, in fromme Gespräche versunken. Eine Braut steigt aus einem Auto und wird in das große Hotel geleitet. Sie ist weiß gekleidet, weiß verschleiert. Ihr folgt eine dunkle Gestalt, schwarz gekleidet, schwarz verschleiert, wie eine Braut des Todes. Ein sehr großer,

sehr hagerer Priester folgt als Dritter. Es sind ein paar Schritte vom Wagen zum Hotel. Der Priester blickt in sein Brevier. Diese Braut ist zum Altar geführt. Der Spruch gilt ewig.

Ein Bankier erzählte mir: In meiner Firma volontierte ein junger Ausländer, der Sohn eines Geschäftsfreundes. Ich führte ihn in die Madrider Gesellschaft ein. Er verliebte sich in eine junge Dame. Bald wurde er als ihr Verlobter betrachtet und durfte sie am Nachmittag auf die Promenade führen. In sein Vaterland zurückgekehrt, lernte der junge Mann aber andere Mädchen kennen und vergaß sein spanisches Abenteuer. Nichts war passiert. Es war kein offizielles Verlöbnis gebrochen, das Mädchen erwartete kein Kind, es war sogar höchst unwahrscheinlich, daß etwas geschehen war, was zu einem Kind hätte führen können. Jedermann wußte das. Aber die junge Dame war entehrt. Ihr Bruder, ein Offizier, besuchte mich und bat mich, meinen früheren Volontär nach Madrid zurückzurufen. Der Offizier weinte in meinem Büro. Seine Schwester werde nie mehr heiraten können; sie müsse sich umbringen oder in ein Kloster gehen.

Es gibt viele Kirchen in Madrid. Es gibt viele Küchen. Vor neun Uhr wird nicht zu Abend gegessen. Aber dann mag man wählen! Es locken die Herde in den kleinen Gassen der Altstadt. Überall riecht es nach Öl, nach Fisch, nach Rauch und Wein. Man ißt im Stehen. Austern, jede Art von Muscheln, warm oder kalt, Hummern, Langusten, nie vorher gesehene Krebse, billig, vorzüglich, jedermann erschwinglich. Tintenfische werden geröstet oder geschmort. Auf Fahrradspeichen gespießte Fleischstücke und Pilze werden über das offene Feuer gehalten. Die Panzer der Krustentiere, die Schalen der Muscheln wirft der Gast auf den Boden, der mit Sägemehl bestreut ist. Man trinkt Wein aus kleinen Gläsern. Niemand betrinkt sich. An der Theke hängt ein schmutzverfärbtes Handtuch. Nach dem Mahl wischt man sich die Hände an dem Handtuch ab.

Ein Restaurant im Keller. Maurische Säulen und maurisches Mosaik. Man geht die Treppen hinunter wie in ein türkisches Bad. An sehr heißen Tagen schenkt der gekachelte Raum das

Gefühl der Kühle; wenn draußen Gewitter toben, gibt er die Empfindung der Geborgenheit. Das Restaurant ist billig. Das Essen ist gut. Nur Spanier verkehren hier. Sie sehen wie Angestellte oder wie Beamte aus.

Ein anderes Kellerlokal. Auch dies gekachelt, aber mit weißen Fliesen. Es erinnert an eine unterirdische Bedürfnisanstalt. Es ist leer. Nur ein alter Mann sitzt in einer Ecke und ißt einen ungewöhnlich großen Hummer. Mit zitternden Händen bricht er die Scheren. Man hört das Knacken des Panzers. Der alte Mann stopft sich große Bissen in den Mund. Er schmatzt. Mit einem Suppenlöffel schlürft er eine gelblich grünliche Mayonnaise, die nach ranzigem Öl riecht.

Ein Restaurant an der Gran Via. Der Speisesaal liegt im ersten Stock. Surrende Ventilatoren. Weiß gedeckte Tische. Das Publikum sind jüngere Spanier und ein paar Ausländer, die schon längere Zeit in Madrid leben. Ein Priester speist allein, kurz geschnittenes graues Haar, ein bäurischer Schädel, lateinisch vergeistigt. Es gibt Spezialitäten aus Valencia, als Hausgericht die berühmte Paella, ein Reisessen, das auf einer glühend heißen Pfanne direkt aus dem Ofen aufgetragen wird. In den Reis eingebacken sind große und kleine Muscheln, Krebse, Krabben, kleine Langusten, – die Muscheln und Krebse in der Schale. Unter den Meertieren liegt ein Hühnerschenkel. Der Reis ist mit Safran gefärbt, mit Curry und Paprika gewürzt. Der Priester bricht andächtigen Gesichts die Muscheln und die Krebse. Der Wein wird in halben Flaschen angeboten. Auf einigen Tischen stehen Karaffen mit der Sangría, deren rote Farbe wollüstig und festlich wirkt. Der Priester trinkt Wasser. Ein Amerikaner hat sich ein »Eau de Vichy« bestellt. Man serviert ihm die Flasche wie Champagner in einem silbernen Sektkübel.

Hinter der Cortes, dem parteilosen Parlament, einem kleinen Säulenbau ohne Bedeutung, gibt es ein deutsches Speisehaus. »Edelweiß« heißt es, und der Name erinnert leider nicht an die unschuldige Bergblume, sondern an ein Kriegs- und Hitlerlied. Das Lokal ist beliebt; nicht nur Landsleute, auch Amerikaner essen hier. Der Besitzer betont den Deutschen und den Wirt.

In seiner weißen Küchenjacke sieht er wie ein Wirt aus einer deutschen Fibel aus: dick und jovial. Die deutsche Speisekarte offeriert Würstchen, Kraut- und Kartoffelgerichte, Sauerbraten, Schlachtplatten und Knödel. Die Kellner verstehen nicht deutsch und vergleichen die Nummern der Gerichte mit den Ziffern der spanischen Karte; so wird aus einem Kalbsnierenbraten doch noch ein Solomillo de ternera. Merkwürdigerweise haben die nicht deutsch sprechenden spanischen Kellner das Wesen deutscher Ober biederer Bierlokale angenommen. Das ist ein Triumph der Umwelttheorie. Der Stammtisch gleicht jedem Stammtisch irgendwo zu Haus. 1945 gab es viele Deutsche in Madrid, Mitglieder eindeutiger und zweideutiger Organisationen, und kluge Parteigenossen unternahmen noch schnell vor dem Zusammenbruch eine Dienstreise ins ferne Spanien. Einige hatten gut vorgesorgt, andere waren zur Zeit der gesperrten Konten plötzlich mittellos, und der Wirt des »Edelweiß« soll sich da sehr anständig benommen und manchen durchgefüttert haben. Jetzt geht es allen wieder gut. Das Wirtschaftswunder strahlt auch nach Madrid. Man hört viel Bierbankpolitik. Man hört auch von manchem Ressentiment der alten Nazis gegen die heutige deutsche Botschaft. Belehrende Überheblichkeit: »Wissen Sie, die Herren, die vor Ihnen hier waren, die haben das ganz anders geschaukelt; wenn ich Ihnen mit meinen bewährten Verbindungen dienen darf ...« Er läßt durchblicken, daß er noch immer sehr gute Verbindungen hat. Vielleicht hat er sie wirklich. Das Bier ist im »Edelweiß« teurer als der Wein, wird aber gern getrunken.
Dies sind kleine Fische. Die Größeren treffen sich bei Horcher, Görings und des Teufels Generals Gastronomen, in der vornehmen Allee Alfonso XII. Tüchtige Männer! Der berühmte Mussolinibefreier und der Brillantenflieger aus Südamerika begegnen auf Horchers weichen Teppichen unseren Herren vom Rhein.
Zur Cueva de Luis Candelas führen Stufen hinunter. Ein Mann in der Tracht eines Briganten, eine Feuersteinflinte in niemand erschreckendem Anschlag, bewacht die Tür. Luis Candelas war

ein angesehener Straßenräuber. Hier hat er verkehrt, hier hat er gesoffen, hier ist er gehängt worden. Das Lokal hält die Tradition aufrecht. Man hat alles so gelassen, wie es der Räuber gemütlich fand. Nur die Methoden, zu rauben, haben sich inzwischen entschieden verfeinert. Bei Luis Candelas ist jeder Stuhl besetzt. Hoffentlich sind es die Erben des Gehängten, die nun von seinem Ruhm profitieren. Auf alten Fässern liegt eine schwarze Stierhaut mit Wein gefüllt. Im hinteren, sündhaft teuren Gewölbe bedienen verwegen kostümierte Kellner. Hier gewesen zu sein, gehört zum Programm von »Madrid bei Nacht«.
Die Stadtbesichtigungsautobusse laden viertelstündlich die Reisegesellschaften ab. Der Räuber, die Stierhaut und die Berühmtheiten des Tages werden gezeigt. Ava Gardner lächelt. Jean Marais lächelt. Die Touristen trinken stehend und mit frommem Schauder den Wein, den ihnen das Reisebüro kredenzt.
Hier ist auch der Turm, in dem Karl v. Franz II. gefangenhielt. In dem Turm ist die Akademie der politischen Wissenschaften untergebracht. Das ist lehrreich nicht nur für Akademiker.
Das Restaurant Botin ist uralt, und Hemingway hat es für Amerika entdeckt, doch die Preise und das Essen sind überraschenderweise spanisch geblieben. Man serviert kleine, in einem Bauernbackofen überaus zart gebratene Spanferkel. Sie werden in einer glühheißen irdenen Schüssel aufgetragen und sehen wie Kinderleichen aus. Swift empfahl eine solche Verwertung der Säuglinge zur Linderung der Armut. Die Gäste des Hauses möchte man für Senatoren aus Washington halten. Travellercheques werden bedenkenlos angenommen.
Botins Gäste gehen am Außenministerium vorbei, das einst das Hofgefängnis war. Nun liegt es klein und diplomatisch im Mondlicht. Es ist ein Spielzeug-Escorial, im Reichskanzleistil Philipps II. erbaut, der bis heute Spaniens amtliche Architektur geblieben ist. Noch das neue, riesengroße und wieder donquijotische Luftfahrtministerium gleicht Philipps Staats- und Glaubensburg wie ein Ei dem andern. Die Senatoren aus Washington können die Gebäude kaum unterscheiden.
Alle Straßen dieses alten Viertels führen zur Plaza Mayor. Der

Platz ist schön und schäbig. Seine Schönheit ist seine Anlage, ist seine Bebauung, die über dreihundert Jahre besteht. Seine Schäbigkeit ist von heute. Aber die alte Schönheit legt sich wie ein weiter Mantel über die Schäbigkeit. Unter den Arkaden gibt es zwei schmutzige Cafés. Aus einer Garküche riecht es nach ranzigem Fett. Allzu viele Tintenfische schmoren in Madrids Pfannen. Die Plaza Mayor ist die End- oder Anfangsstation einiger Straßenbahnlinien. Am Abend stellen sich die Menschen an den Haltestellen an. Sie reihen sich geduldig zu endlosen Schlangen. Es sind arme Menschen. Wenn eine Bahn kommt, alt, klapprig, ein schwankendes Schienenschiff, drängen sich die Fahrgäste wie ein Heuschreckenschwarm in das Vehikel. Bald hängen sie in dichten Trauben zur Plattform hinaus, sitzen auf den Puffern, halten sich an den Fenstern fest. Dieser Platz war einmal Mittelpunkt der Hauptstadt. Die großen Feiern des Hofes ereigneten sich hier. Festzüge, Turniere, Theateraufführungen, königliche Proklamationen. Auch die Stierkämpfe fanden hier statt. Man sah aus den Fenstern der Häuser zu, wie der Kämpfer den Stier, der Stier den Kämpfer tötete, oder wie große Doggen den Toro zerrissen. Der Platz war eine gewaltige Arena. Auch für die Scheiterhaufen, für die Auto da Fes der Inquisition war er die großartige Bühne. Ketzer und Gegner und persönliche Feinde wurden in die Hölle geschickt. Abgesehen von der höllischen Straßenbahn ist die Plaza Mayor heute friedlich. Zur Nacht kommen die Kinder und erobern sie wie jeden Platz in Madrid. Neonlicht spiegelt sich im Wasser der Springbrunnen. Die Kinder spielen Torero und Stier. Sie spielen nicht mehr König, sie spielen nicht mehr Großinquisitor und Ketzer. Ich weiß nicht, ob sie Generalissimo Franco spielen. Der Stier bleibt immer Symbol des Landes; er und der Torero, der ihn tötet, beherrschen die Träume der spanischen Kinder.

Auch auf dem Platz der Engel spielen Kinder. Der trockene Sand des Spielkastens ist nun von Mondlicht überflutet wie ein Strand. Die Kinder haben nach Mitternacht endlich ihren Ernst verloren, diese merkwürdige Würde ihrer jungen Jahre. Sie

spielen, lachen und jagen einander wie Kinder überall. Die Mütter sitzen auf den Bänken und stricken. In den dürren Blättern der Bäume sprechen freundlich die Nacht und der Wind. In der Halle, der Leichenhalle unseres Hotels, sitzen noch gegen Morgen die Dominospieler. Die Steine klappern auch in der Nacht wie Totenknochen auf dem Marmor. Auf den hohen Stühlen vor der Bar hocken Mädchen. Es sind Choristinnen eines benachbarten Varietétheaters. Sie trinken Kaffee und sehen wie Vögel aus, wie große schwarze Elstern auf Friedhofsmauern. Zwischen den Dominospielern und den Mädchen scheint es keine Beziehung zu geben. Auch wir sind ohne Kontakt zu den Mädchen und zu den Dominospielern. Selbst der Barmann schweigt, sieht magenkrank aus, ernst und bleich. Vielleicht ist er ein Beamter und Barmann in seinem Neben- und Nachtberuf. Noch ist es dunkel, da pochen Schläge gegen die Wand unseres Zimmers. Ein Ballspieler vertreibt sich die Zeit. Vielleicht ist es der Jongleur des Varietés. Irgend jemand badet. Das Wasser rauscht. Die Tür eines Zimmers steht zum Gang offen. Eine düstere Ampel brennt. Die vier Choristinnen sitzen in bunten Frisiermänteln auf dem Sofa. Jede hat einen Fächer in der Hand, mit dem sie sich aus dem Gang, in dem es nach Desinfektion riecht, Kühlung zufächelt. Diese Menschen schlafen nie.
Das Schloß von Madrid war die Residenz der spanischen Könige, bis Alfons XIII. 1931 von seinem Volk vertrieben wurde. Man meint das Schloß mitten in der Stadt zu finden. Steht man vor ihm, hat man den Eindruck, daß es in einer Einöde liegt. Die weite Anlage des Palastes wird von Höfen umschlossen und durchbrochen, deren auffälligstes Merkmal ihre Kahlheit ist. Hinter hohen eisernen Gittern, die wie aufgerichtete Lanzen die Höfe umstellen, liegt Staub, – Staub und sonst nichts. Staub in grellster Sonne, Staub ohne Schatten. Am Ende jedes Hofes droht wieder ein Lanzengitter. Und hinter dem Gitter dehnt sich die Weite Spaniens, hinter den eisernen Palisaden gähnt das kastilische Nichts. Madrid endet hier jäh. Der Boden senkt sich steil zum ausgetrockneten Bett des Manzanares, hinter

dem eine Landschaft eintöniger Hügel in einem matten, ausgelaugten, fast farblosen Grün liegt. Hier war das Campo del Moro, das Feldlager der Mauren, im zehnten Jahrhundert ihr Stützpunkt, Magerit genannt, und der königliche Palast heißt auch noch heute der Palazzo Oriente. Die Burg der Mohammedaner sollte den Vormarsch der Christen aus dem Norden aufhalten. Das Schloß der Könige hat den Vormarsch des Unglaubens aus allen Himmelsrichtungen nicht aufhalten können. Aber eine Zeitlang stand hier der mächtigste Thron der Christenheit. Das alte Kastell ist abgebrannt. Jetzt ist das Schloß ein gewaltiger Kasten späten Barockstils. Napoleon, der als Eroberer hier war, soll das Treppenhaus bewundert haben. Zur Zeit der Könige waren die Höfe vielleicht von einer bunten Menge bevölkert. Heute reitet bei Staatsempfängen Francos maurische Leibwache blutrot und weiß über den Sand, über die Stätte der Niederlage ihrer Vorfahren. Ich sah nur einen kleinen Jungen inmitten des einen Hofes stehen. Er stand völlig einsam, in sich versunken da und pinkelte in den Staub. Der Garten unterhalb des Schlosses ist Natur nach spanischem Hofzeremoniell. Alle Gewächse sind zylindrisch zugeschnitten. Man wandelt schattenlos unter kleinen immergrünen Hochöfen, und Taxushecken ringeln sich zu Schnecken großer Traurigkeit. Der König sah, wenn er zum Fenster seines Palastes hinausblickte, der Schwermut ins Gesicht. Er sah auf versengten Hügeln in sonnenheißer Luft die spanischen Gespenster. Die Schwermut und die Gespenster vor seinem Fenster erschreckten ihn. Vielleicht erbitterten sie ihn auch und veranlaßten ihn zu falschen Regierungshandlungen. Zu Füßen des Schlosses, am Manzanares, waren Kampfstellungen des Bürgerkrieges. Die Welt und die Ideen der Welt befehdeten sich. Aus dem Schloß der spanischen Könige hätte man wie aus einer Loge zusehen können, wie Spanien sich auf einer Generalprobe des großen Kriegstheaters zerfleischte.

Die Madrider konnten mit der Straßenbahn zur Front fahren. Und dann war die Front in Warschau, in Paris, in Narvik, vor Moskau, bei Tobruk, in Stalingrad, in Breslau, in Köln und in

Berlin. Ich fuhr mit einem Taxi zur Universitätsstadt hinaus. Auch sie liegt am Manzanares, doch nördlicher als das Schloß. Hier war das Schlachtfeld. Hier wurde Madrid verteidigt und erobert. Die Universitätsinstitute waren Vorwerke einer Festung. Nun hat man sie neu errichtet; großzügig wie die Industriebauten eines fortschrittlichen Unternehmens. Dies könnten Verwaltungs- und Forschungsgebäude eines Farbenkonzerns sein. Spanisch ist die Einsamkeit, die sie umschließt. Die Häuser erheben sich, ein jedes für sich, aus fahlem Gestrüpp. Am Weg hat man junge Bäume gepflanzt. Sie spenden spärlich Schatten und suggerieren Dürftigkeit und Melancholie. Das Haus der philosophischen Fakultät ist rotgemauert, in Stahl gefaßt. Ein runder Vorbau stemmt sich wie der Bug eines schwer vorankommenden Schiffes gegen die Einsamkeit und Schwermut der Landschaft. Der philosophische Palast könnte auch eine Flughafenhalle sein, zu der man den Flugplatz herzurichten vergessen hat. Nur Hubschrauber mögen auf dem Dach der Fakultät aufsteigen und landen: José Ortega y Gassets oder Don Quijotes Ideen?

Im großen Park El Retiro sitzen die schwarzweißgekleideten Kindermädchen auf dem Beckenrand eines künstlichen Sees. Die Truppen des nahen Ministerio de la Armada umschwärmen sie. Die Unteroffiziere tragen weiße Tellermützen wie einst die Soldaten des Zaren. Sie haben zuversichtliche Gesichter und Bajonette, die sie als Wache vor dem Ministerium auf die Gewehre stecken. Für sie ist die Armada noch nicht untergegangen. Aus dem Lautsprecher des Musikpavillons singt Richard Tauber »O Mädchen, mein Mädchen, wie lieb ich dich«. Die ernsten Kinder schreiten gravitätisch durch düstere Alleen. Die Statuen spanischer Könige blicken streng über die gestutzten Hecken. Philipp II. hatte den Park als Lustgarten für seine englische Gemahlin angelegt. Er weinte, als die Armada im Meer versunken war.

Philipp verkroch sich, betete und starb im Escorial, einem Königskloster und Gottesschloß, das er zu des Herrn und zu seiner Ehre vor Madrid errichtete. Auf der Chaussee begegnet man den Limousinen der Kaufleute. El Escorial ist ein Sommeraufenthalt der Wohlhabenden. Philipp II. mußte seinen Namen für ein Hotel hergeben, das sich als mit allem Komfort ausgestattet anpreist. Von seiner Allerweltsterrasse sieht die Klosterburg unwirklich aus wie das vergessene Spielzeug eines Riesenkindes. Eine Reisegesellschaft lunchte auf der Schattenseite des Hotels. Ein amerikanischer Geistlicher, ein Ketzer, schraubte ein Teleobjektiv vor seinen photographischen Apparat und freute sich, so die Kuppel der Königskirche groß auf den Film zu bekommen. In seiner Anlage aus festen Mauern und frommen Türmen gleicht der Escorial dem Kreml. Beide sind Zeugnisse eines autokratischen Stils, Gleichnisse der Furcht, der Menschenverachtung und der Berufung auf eine höhere unansprechbare Macht. Der Himmel war hoch und ohne jede Trübung blau; doch würde der Escorial auch im Schnee bestehen. Ich könnte ihn mir zur Weihnachtszeit hinter einem Flokkenschleier denken, und Stiere kämen durch den Schnee gestapft und würden von den Mönchen zu Ehren des toten Königs gefüttert. Unmittelbar vor dem Mauerwerk scheint das Kloster nur Festung, nur Kasematte, nur Kaserne zu sein. Die Säulen der Kirche in der Hauptfront überraschen. In einem Hof stehen Steinbilder der biblischen Könige. Auch Philipp glaubte ein Gotteskönig zu sein. Er begegnete keinem freundlichen Gott, und so war auch er nicht freundlich. Die Räume sind kalt und streng. Merkwürdigerweise sammelte Philipp Kunst um sich; aber seine Schätze frieren hier. Philipps Familie wurde nicht gefragt, ob sie sich im Haus des Gottvaters und des Königvaters bedrückt fühle. Die Geschäfte des Psychoanalytikers besorgte der Inquisitor. Die Grabkammer der Kinder ist ein erschrekkend sachliches Lager von Marmorsärgen in einem vornehmen Beerdigungsinstitut.

Spaniens Größe, Spaniens Geschichte, seine steingewordene Vergangenheit, seine mythische Seele ist Toledo.

Toledo, die alte Hauptstadt, liegt neunzig Kilometer von Madrid, der neuen Hauptstadt, entfernt, aber es ist sehr schwer zu erreichen. Für die Reisebüros ist Toledo eine Sehenswürdig-

keit. Sie veranstalten die berühmte und genormte Exkursion nach Toledo. Der Führer und das Mittagessen sind im Preis eingeschlossen. Die Reiseleiter der Autobusse geben Erklärungen in allen Sprachen, wo Schweigen angebracht wäre. Diese Stadt kann nicht erobert werden, aber sie stirbt täglich im Gewäsch der Ciceronen. Die Eisenbahn ist die langwierigste Verbindung. Die Züge gehen selten, und sie zu benutzen, hat seine Schwierigkeit.
Wir fuhren mit einem alten Volksbus am Morgen aus einer Straße, in der hungrige Hunde Abfälle suchten und arme Esel Abfallkarren zogen, in einer Gesellschaft von Mönchen, Straßenhändlern, Zigeunern und Wahrsagern und Dieben. Auf der Chaussee im blauen Licht über staubweißer Erde wurde mir eine glückliche Begegnung prophezeit, und ich merkte, daß man mich bestohlen hatte. Ich war sehr ärgerlich. Ich mochte meine Reisegefährten, und nun mußte ich sie mit Mißtrauen betrachten, was sicher ganz ungerecht war. Vielleicht hätte ich freundlich zu ihnen sprechen, mich als Fremder auf die Gesetze der Gastfreundschaft berufen sollen, und ein gemeinsamer Trunk aus dem schwarzen Lederbeutel, aus dem man sich den Wein in den Mund spritzt, hätte alles bereinigt.
Ich stand ziemlich ratlos auf der Plaza von Toledo. Eine Militärkapelle zog mit Trommeln und Schalmeien über den Platz. Der Alcazar, im Bürgerkrieg zerstört, drohte wiederaufgebaut von der Höhe. Philipp II. herrscht immer noch in Spanien. Der Alcazar ist wieder ein auf einen Berg gesetzter Escorial, eine Glaubensfestung und ein Wächter über der Stadt. Auf der Plaza ist Blut geflossen. Die Republikaner, so erzählt eine grausige Anekdote, erschossen hier Menschen, die gegen ihre Regierung aufgestanden waren. In der Reihe der Hinzurichtenden war auch der Bischof von Toledo. Das Exekutionskommando schoß. Als die Schüsse verhallten, war nur der Bischof gefallen. Alle Republikaner hatten auf das Herz des Bischofs gezielt. Toledo war immer eine sehr fromme und sehr tapfere Stadt. Jetzt war Markt auf dem Platz. Landleute standen da in schwarzen Blusen, langen Peitschen in der Hand. Sie mochten Stier-

züchter sein. Ihre Gesichter hatten den festen, verschlossenen, etwas dumpfen und zugleich erschreckten Ausdruck der Bullen. In den Cafés saßen die Fremden wie auf der Piazza in Venedig. Andenkenverkäufer umkreisten sie. In den Arkaden warteten die Geldwechsler. Sie warteten nicht auf mich. Sie warteten vielleicht auf meinen Dieb. Wenn man bestohlen wurde, wird man ungerecht. Was sollte ich noch in Toledo verweilen, ein Fremder, der kein Geld mehr hatte? Selbst die Bettler sahen mich böse an. Ich war abgefertigt. Ich war hier gänzlich überflüssig.

Ich fuhr nach Madrid zurück. Ich nahm mir ein Taxi. Es war ein alter Wagen wie aus der Zeit des ersten Weltkriegs. Hin und wieder begegneten wir einsamen, schweigsamen Eselreitern. Sie waren wie Schatten im weißen Staub und in der Sonne. Ich fürchtete, das Auto würde auseinanderfallen; der Chauffeur aber zeigte mir mit einem zuversichtlichen Lachen seine kräftigen Zähne. Über Feldwege schritten Streifen der Guardia Civil. Über ihren erschöpften, schweißbedeckten Gesichtern trugen sie den dreieckigen Tschako wie auf den Zeichnungen Goyas. Die Läufe ihrer Karabiner blitzten in der Sonne. Die Guardia Civil hat Federico García Lorca erschossen. Seine Werke kann man in den Buchhandlungen Madrids kaufen. Sie sind unerwünscht, aber sie sind nicht verboten, weil sein Ruhm zu groß und eine ständige Verlegenheit für die Regierung ist. Die Bücher erscheinen in Südamerika und werden in Südamerika gedruckt. Lorcas Stücke werden in Spanien nicht gespielt. Der Chauffeur deutete auf ein Bauwerk im Hitzedunst, das aus der Ferne an das Bismarckdenkmal in Hamburg erinnert. Es war der Cerro de Los Angeles, der Berg der Engel, der Mittelpunkt Spaniens, das Herz des Stieres. Ein großes Monument aus Stein kennzeichnet die Höhe. Madrid lag in der Mittagshitze wie unter einem Schleier. Es war wie ein Ball aus Sonnendunst, der unmittelbar aus dem Staub des Landes gehoben wurde.

Die entwendete Brieftasche führte zu Begegnungen mit der Deutschen Botschaft und mit der spanischen Polizei. Auf der Botschaft war man es gewohnt, daß die Schafe zu ihrem Hirten kamen und um Geld baten. Man tröstete mich mit schönen Diebesgeschichten, mit anderer Leute Mißgeschick; man erlaubte mir, über den Fernschreiber ein SOS auszusenden; der Staat und das Fernmeldewesen funktionierten. Ein freundlicher Diplomat warnte mich, zur Polizei zu gehen. Er sagte, das führe nur zu Scherereien. Aber ein Deutsch-Spanier, dem ich empfohlen war, kannte einen Kriminalbeamten, und dieser Kriminalbeamte nahm sich meines Falles an. Er verbreitete einen Optimismus, dem nicht zu widerstehen war. Schon sah ich meine Brieftasche wieder auftauchen, das Geld zurückkehren. Der Beamte hieß Don Alfonso. Er redete auch mich mit Don mit meinem Vornamen an. Er war eifrig. Er war immer gehetzt. Er kam immer atemlos von irgendwoher wie ein Jagdhund auf der Spur. Er kam in das Hotel, saß in der düsteren Halle, schrieb sich alles auf, den Verlust, die Umstände, meine Vermutungen. Er sprach so schnell, daß ich ihn niemals richtig verstand. Er stürzte einen Kaffee hinunter oder einen Cognac, verschwand dann wieder, wie ich hoffte, meiner Brieftasche nach, war bald wieder da, ohne Erfolg, aber mit großer Zuversicht, und schließlich hatte ich das Gefühl, daß er mich beschattete, mich beobachtete, und er versicherte mir sogar, ich sei ihm schon aufgefallen, bevor ich bestohlen wurde und ihn kennenlernte. Er habe mich in der Straße der Garküchen gesehen, in jener Wirtschaft habe ich Muscheln gegessen, dort einen Sherry getrunken, und es stimmte, er hatte recht, ich hatte die Muscheln gegessen, ich hatte den Sherry getrunken. Warum ich ihm aufgefallen war? Er sah mich mit seinem Kriminalistenblick an, halb wohlwollend, halb lauernd. Ich fühlte mich durchschaut. Wenn ich auch nicht wußte, worin er mich durchschaute. Und wieder sprach er mit der Schnelligkeit einer elektrischen Nähmaschine auf mich ein. Schließlich sagte er, ich müsse auf das für den vermutlichen Ort des Diebstahls zuständige Polizeirevier kommen.

Es war später Abend. Wir fuhren mit einem Taxi in die Vorstadt, fuhren durch dunkle menschenvolle Straßen nun unverständlicher Regsamkeit. Es überkam mich ein Gefühl der Verlorenheit. Ich war ein Fremdling, und ich war es nicht nur in Spanien. Ich war in einen Haufen böser Ameisen geraten. Ich hatte einen Mann aus dem Bus nach Toledo, einen Mann mit einem Salvadore-Dali-Schnurrbart verdächtigt. Nun sagte mir Don Alfonso, sie hätten einige Kriminelle verhaftet, Kriminelle mit bedeutenderen Schnurrbärten. Er sagte, wir quetschen sie aus. Und auf einmal war etwas Grausames, etwas Wolfsmäßiges hinter seinem freundlichen Lächeln. Es entsetzte mich. Vor dem Revier saßen zwei Wachtpolizisten in morschen Korbsesseln. Ihre Karabiner hatten sie über die Knie gelegt. Das war gemütlich, das war Feierabendstimmung, und doch waren es geladene Gewehre in der dunklen Nacht. Das Revier roch unangenehm. Es roch nach Akten und nach Angst. In einem Raum wurde geschrien. Jemand wurde angeschrien. Seine Beteuerungen verhallten. Don Alfonso placierte mich in einen alten Plüschsessel. Dann stürzte er hierhin und dorthin. Wieder war er atemlos, wieder war er auf der Jagd. Ein kleiner, würdiger Herr kam und verneigte sich fast bis zur Erde vor mir. Er war der Jefe, der Chef des Reviers und von vollendeter Höflichkeit. Er führte mich in ein anderes Zimmer und ließ mich auf einem roten Plüschsofa sitzen. Er sprach ein sehr feines Französisch. Wir unterhielten uns wie in einem Salon Ludwigs xv. Es war sehr nett, nur der Caudillo blickte etwas spöttisch mit hochgezogener Lippe von einem Bild zu uns herab. Und mich beunruhigten auch die Schreie, die erregten Stimmen, die Tritte, die ich von draußen hörte. Schließlich führte mich der Jefe in die Amtsstube, wo Don Alfonso inzwischen stolz seine Jagdbeute ausgerichtet hatte: einige, wie ich zugebe, verwegen aussehende Herren mit besonderen Schnurrbärten. Gott sei Dank, mein Salvadore-Dali-Bart war nicht unter ihnen. Die Festgehaltenen blickten mich entrüstet an. Ich bemühte mich, sie freundlich anzusehen, aber ich war zu verlegen, und es gelang mir nicht recht. Ich enttäuschte Don Alfonso; ich hatte die Herren nie vorher gesehen. Vielleicht um mich zu strafen, drückte Don Alfonso mir nun eine Vorladung zum Polizeirichter in die Hand.

Die Vorladung lautete auf die Mitternachtsstunde, und wenn ich auch schon begriffen hatte, daß die Madrider nachts nicht schlafen, so ließ mich diese Vorladung doch an Kafkas Prozeß denken, und ich überlegte schon, ob es mir, einmal mit der Polizei in Kontakt, mit den Behörden in Berührung gekommen, wie dem armen K gehen würde, der von geheimnisvollen Dienern des Gesetzes am Ende erwürgt wird. Don Alfonso aber war schon wieder liebenswürdig. Er sagte, er werde mich begleiten, sonst würde ich beim Richter lange warten müssen. Und wirklich, gegen Mitternacht erschien Don Alfonso abgehetzt, frisch von der Menschenjagd, im Hotel, stürzte einen Kaffee, stürzte einen Cognac hinunter, ratterte ein spanisches Wörterbuch über mich, und wir fuhren zum Vernehmungsrichter. Wahrhaftig, die Szene war wie von Kafka. Merkwürdig unübersichtliche Räume lagen in einem fahlen Licht. Wartende, Verhaftete, Bestohlene, Beleidigte, Angeklagte, Rechtsuchende und Advokaten waren hier versammelt, und jeder, der mit einem Aktendeckel durch den Raum ging, sei es nun ein Bote, ein Beamter oder gar ein Richter, war eine Person von Einfluß, die Respekt genoß und umschmeichelt wurde. Don Alfonso hatte ich unterschätzt. Er muß ein sehr mächtiger Mann in diesem Schattenreich gewesen sein, denn nach kurzem Flüstern mit einem der Aktenträger wurden wir schon zum Richter geführt, einem rundbäckigen, freundlichen Herrn in einem modisch blauen Anzug aus leichtem Sommerstoff, der mit großer Genauigkeit und klugen Fragen die Tatsache und die Umstände des Diebstahls protokollierte. Ich versuchte, Salvadore Dali nicht mehr zu beschuldigen. Ich bangte um alle Herren in Madrid, die leichtsinnigerweise ungewöhnliche Schnurrbärte trugen.
Nach der Vernehmung ging Don Alfonso mit mir in das Literatencafé Gijon. Es war gegen zwei Uhr morgens. Die Fenster des Cafés waren für den milden Wind der Nacht weithin geöffnet. Alle Tische waren besetzt, an allen Tischen saßen Spaniens Schriftsteller. Sie sahen nicht müde, sie sahen apathisch aus. Don Alfonso stürzte wieder einen Cognac und einen Kaffee hinunter. Unter den Bäumen draußen spielten noch Kinder.

Vielleicht spielten sie Verbrecher und Detektiv. Waren es die Kinder der Literaten? Waren es die Kinder von Detektiven, die Kinder von Verbrechern? Ein fremdes Land gibt viele Rätsel auf. Don Alfonso mußte fort. Er mußte auf neue Jagd gehen. Er verschwand in der Dunkelheit. Aber wo ich auch hinging, ich traf ihn immer wieder, atemlos und unentwegt auf der Spur. Am letzten Tag meines Madrider Aufenthaltes kam er und sagte, ich solle mit ihm zur Hauptpost gehen, denn manchmal werfen die spanischen Taschendiebe, was sie nicht brauchen können, in den nächsten Briefkasten, und auf der Post gibt es eine Stelle, die diese Funde registriert und sammelt. Und wirklich, der unermüdliche Don Alfonso war diesmal auf der rechten Fährte. Mein Name stand in den Listen, es war was für mich in den Briefkasten geworfen worden. War es mein Geld, waren es meine Reiseschecks? Don Alfonso und ich jagten hinterdrein. Von Amtszimmer zu Amtszimmer, von der Post zum stolzen Kommandohaus der Sicherheitsbehörden an der Puerta del Sol, und da lag dann auch, was mein Dieb mir wieder zukommen ließ: Meine kleine Mitgliedskarte vom bundesdeutschen Pen-Club. Er hatte sie nicht brauchen können. Er hatte sie nicht haben wollen. Er hatte sie verächtlich und großzügig in den Briefkasten der Diebe geworfen.
Das zweitemal fuhr ich mit der Eisenbahn nach Toledo. Vor dem Fahrkartenschalter warteten Reisende. Hinter dem Schalter wartete ein Beamter. Ich verlangte eine Fahrkarte nach Toledo. Mein SOS-Ruf hatte Erfolg gehabt. Man hatte mir Geld geschickt. Ich war wieder ein Reisender und ein Herr. Aber der Beamte schien mich für keinen Caballero zu halten. Der Beamte antwortete mir nicht. Ich verlangte noch einmal die Karte. Der Beamte schüttelte vorwurfsvoll den Kopf. Ich blickte zur Schrift über dem Schalter, da stand Fahrkarten nach Toledo geschrieben. Ich verlangte zum drittenmal ein Billett. Da schlug der Beamte wütend das Fenster seines Schalters zu. Er sah mich böse durch die geschlossene Scheibe an. Die Wartenden redeten erregt auf mich ein. Ich verstand sie nicht. Hatte ich ein Sakrileg begangen? Wie kam man nach Toledo? Nach etwa einer

Minute öffnete der Beamte wieder den Schalter. Nun verkaufte er Fahrkarten nach Toledo, – die Zeit hatte sich erfüllt. Der Direktor der spanischen Eisenbahn muß ein Preuße oder Don Quijote persönlich sein. Die Methoden der Bahn schlagen alle bekannten Rekorde der Bürokratie. Ich wollte in der zweiten Klasse reisen. Aus irgendeinem Grunde führt der Zug aber nur die erste und die dritte Klasse. Der Zug ist langsam und schmutzig. Auch die erste Klasse ist schmutzig. Der Zug fährt über Aranjuez, eine kleine grüne Oase in einem wüstenartigen Land. Große magere gelbe Hunde umschleichen den Park, in dem »die schönen Tage« zu Ende gingen. Wie mag Schiller in seiner Studierstube den Park gesehen haben? Eine englische Dame hatte die Rückfahrkarte von Madrid nach Toledo in ihrem Londoner Reisebüro gekauft. Die Karte war echt, sie war bezahlt; aber es fehlte ihr ein Stempel des Madrider Bahnhofs, es fehlte der Dame eine Zulassungskarte zu diesem lächerlichen Zug mit seiner aufgeblasenen, leeren ersten Klasse, und der Schaffner wollte die Dame in Aranjuez aus dem Zug setzen. Die Dame verstand ihn nicht. Sie hatte ihre Fahrkarte ja in London erworben. Schließlich war der Schaffner so freundlich, der Engländerin in Aranjuez eine neue Fahrkarte zu kaufen. Die Dame mußte die Strecke noch einmal bezahlen. Aber dafür hatte sie diesmal auch alle Stempel, die der Spanier zum Eisenbahnfahren braucht.

Mit der Bahn kommt man unten am Tayo an, das Stationsgebäude sieht wie die Alhambra aus, und Toledo liegt hoch über einem. Das ist eine gute Sicht. Man spürt das Zusammengedrängte der Siedlung, das Fertige, das geschlossene Kunstwerk, die apokalyptische Stätte.

Wir gingen durch das Sonnentor in die Stadt. Es war ein dick gemauertes Festungstor, und es schien, daß es Sonne abwehren sollte. Ein Gewirr enger Gassen fängt einen ein und umschlingt einen. Gotische und maurische Häuser. Zuweilen ein Erker wie aus Marrakesch, ein Haremsgitter, ein arabischer Hof, kühl und schattig, mit einem plätschernden Brunnen hinter fensterlosen Gebäuden. Viele Katzen, viele Esel, viele Hunde, viele Kinder

und unter den Füßen immer ein hartes rundes Kopfsteinpflaster. Toledo war stets eine theologische Stadt. Hier waren gelehrte Schulen der Muselmanen, der Juden und der Christen. Der Dom war geschlossen. Er verteidigte sich gegen die Reisegesellschaften. Er hatte meine Sympathie. Seine Besichtigung war nur zu gewissen Stunden freigegeben. Dann strömte es hinein, Autobusladung nach Autobusladung, wie in Florenz, wie in Venedig, wie in Avignon, und die kreischenden Erklärungen der halbgebildeten Führer schlagen wie eine Feuersbrunst über die alten heiligen Stätten, die man nicht mehr besuchen kann. Ein Blick von der Stadtmauer zum Tayo hinunter ist eine plötzliche Schau in die Landschaft des Mittelalters. Hier hat sich nichts verändert, und wie ein altes Gemälde liegt das Land vor dir. Hier ist auch das Heilige, das in der Luft alter Bilder ist, die Gottesnähe, das Grübeln um Gott, der Gotteswahnsinn; hier sind Erscheinungen möglich, hier ist Inbrunst, hier könnten Anachoreten leben, Märtyrer sterben und Alchimisten sich dem Teufel verschreiben.
Eine Kampfburg Gottes ist die Kirche San Juan de los Reyes. Man zeigt hier eiserne Ketten, in denen Christen schmachteten, ehe sie durch die katholischen Könige aus Mohrenhand befreit wurden. Zur Kirche gehört ein Kloster. Die Mönche verstecken sich vor den Fremden in den Gebüschen ihres Gartens, aber die Linsen der Photographen fangen sie auch unter Bäumen ein. Die Kirche Santa Maria la Blanca war eine Synagoge. Die weißen jüdisch-maurischen Säulenbögen sind noch heute von einer merkwürdigen Spiritualität. Auch die Juden gehören zum Mittelalter. In Spanien gehören sie mit den Mauren zusammen zum spanischen Mittelalter. In der Synagoge del Transito steht ein altes Chorgestühl im maurischen Raum. Die Sitze sind abgewetzt, die Armlehnen sind blank gerieben, hier haben die Juden gelernt, gelehrt, hier haben sie die Schrift gedeutet, haben zu ihrem unerbittlichen Gott gesprochen, Psalmen gesungen, hier sind sie verfolgt und erschlagen worden. Sie waren immer eine Minderheit in der großen, engen Stadt Toledo. Sie waren immer fremd, sie waren immer andersgläubig, aber sie gehörten dazu,

bis sie erschlagen oder vertrieben wurden. Welch eine merkwürdige Festigkeit! Welch eine Glaubensgewißheit und welch ein Mut, hier die edlen, versonnenen Tempel zu errichten, die Schönheit waren, die Geist waren, die Zuflucht waren und doch schon Ausgang, das Tor aus dem Leben. Wir suchen Grecos Haus. Es steht im Zentrum des Andenkenhandels. Die berühmten Toledoarbeiten, der Gold-, der Silber-, der Filigranschmuck werden aufdringlich angeboten. Hier geht es ganz wie in Venedig zu. Es sind verdorbene Orte. Mädchen und Jünglinge in irgendwelchen Trachten bieten sich als Photomodelle an. Die Kinder betteln. Die Reiseführer sammeln ihre Herden, das Chrom der Autobusse blinkt protzig und kalt. Das Haus des Malers ist klein. Es ist schön. Es ist geheimnisvoll. Winzige Zimmer, fast wie ein Puppenheim. Wenn er aus dem Fenster blickte, sah er das heilige Land. Im Sommer stand alles wie in Glut. In seinen Räumen glühte nur er. Es berührt seltsam, wenn man hier erfährt, daß er Frau und Kinder hatte. Am Abend saß er mit ihnen vielleicht im kleinen Lustgarten mit Brünnlein, Säulchen und bunten Keramiken. Unter dem Garten und unter dem Haus sind Gewölbe. Es sollen geheime Verliese gewesen sein. Wer mag sich hier versteckt haben? Wer fürchtete wen? Um den Christus, den er malte, stehen Spaniens Ritter. Ein Glaube, der mit dem Schwert verteidigt wird. Zwei Französinnen gehen mit uns durch das Haus. Sie sind jung. Sie sind erschöpft von soviel sonderbarer Schau. Die eine sagt: Je n'aime pas Greco.

Die Restaurants an der Plaza sind zur Mittagszeit überfüllt. Hier speist Cook, hier speist Wagon-Lits, hier luncht die American Express-Company. Unterhalb der Plaza liegt an staubiger Treppe, sehr fern der Fremden- und Besichtigungswelt und doch Greco näher, ein schäbiger Weinausschank. Das Sonnenlicht ist ausgesperrt. Dunkler Most, dunkle Gesichter. Es sind lauter Krüppel, armlose, beinlose Gesellen, die hier den billigen Wein trinken. Durch einen Spalt in einer Jalousie blickt man auf den grell im Licht liegenden Alcazar wie durch eine Schießscharte.

Greco ist das eine Gesicht Spaniens. Das andere ist Goya. Und dann gibt es noch Velasquez. Oder Velasquez ist das eine Gesicht, das andere ist Greco, und Goya ist die Deutung.
Velasquez hat die Königin gemalt und die Prinzen und die Infantin und all die langen Habsburger Gesichter und Habsburger Lippen. Er hat sie stolz gemalt, er hat sie zu Pferd hinterlassen, im Jagdkostüm, im steifen Staatskleid, aber wie einen Schatten hat er die Verwachsenen zu ihnen ins Bild getan, die Zwerge und die Narren. In seinen Gemälden ist Glanz, aber in dem Glanz ist auch Melancholie. Velasquez war ein Hofmaler, aber er war ein spanischer Hofmaler; plötzlich und unangreifbar entzog er sich seinem königlichen Auftraggeber, indem er weit über den Auftrag hinausging. Er ist ganz unironisch, er durchleuchtete noch nicht seine Helden, aber er malte ihre traurige Seele. Fünfzig seiner Bilder hängen im Prado, der einzigartigen und leider schlecht belichteten Kunstsammlung in Madrid. Einhundertfünfzehn Goyas gibt es da. Auch Goya malte Könige und Königinnen. Er gab sich ganz treuherzig, sagte, dies sei nun Karl IV. und seine Familie. Aber sein Bild enthüllte sie als eine königliche Narrenfamilie. Das Bild ist gespenstisch. Gespenstisch wie Goyas Esel, der dem Volk predigt, gespenstisch wie seine Bilder der Volksaufstände, realistisch-gespenstisch wie seine Greuel des Krieges, unheimlich wie die Bilder seines Wahnsinns, wie die Darstellungen der Kolosse, der Paniken, der Furcht. Wir lernen bei Goya, daß unsere Furcht alt ist. In einem wenig besuchten Saal des Prado begegnet man den Visionen des Hieronymus Bosch. Merkwürdigerweise war es Philipp II., der die Bilder dieses frühen Surrealisten sammelte und der Nachwelt bewahrte. Auch Philipp müssen Gespenster nicht fremd gewesen sein. Den Bildungsreisenden von heute erzürnt Bosch wie Picasso. Sie erschauern vor der vermeintlichen Fratze, vor dem entblößten Dasein, dem nackten Leben, vor der Enthüllung des Abgründigen im Menschen und fliehen zu Rubens, zur prächtig gedeckten Tafel eines allgemeinen Wirtschaftswunders.
Das Büfett ist im Parterre des Museums. Der spanische Wein

ist auch hier stark und gut. Man trinkt auf die Hexen, die bösen Zwerge, die Ungeheuer und die Narren; die Reisegesellschaften prosten einander zu.
Auch die Bank von Spanien besitzt einige Goyas. Sie liegen wie Gold im Tresor und decken die Währung.
Neben der Staatsbank auf der Plaza del Cibeles, an einem alten Brunnen, im lebhaften Kreisverkehr des weiten zirkusartigen, durchaus großstädtischen Platzes erhebt sich die Hauptpost von Madrid wie eine echte Wahnvorstellung des Ritters von La Mancha. Sie ist gänzlich unwirklich. Sie ist ein Märchenschloß des schlechten Geschmacks, ein weißer Zuckerbäckerpalast der Überschwenglichkeit. Der Volksmund nennt sie die Kathedrale unserer lieben Frau zur Briefbeförderung. Die Besucher der Hauptstadt halten die Post für die ehemalige Residenz des Königs, für Francos Palast, für den Erzbischofssitz oder für das Pradomuseum. Die Briefkästen stehen wie Götter in einem kleinen Säulentempel. Jeder Briefeinwurf gleicht einer Herausforderung an das Schicksal.
Vor dem Tempel der Post bieten sich die Stühle eines Promenadencafés dem beeindruckten Fremden an. Unter bunten Sonnenschirmen schreibt er seine Grüße aus Madrid, während alle möglichen Leute ihm alles mögliche zum Kauf anbieten: Uhren, Ringe, Füllfederhalter. Die Verkäufer blicken scheu, als hätten sie ihre Schätze eben gestohlen. Sie zeigen den Gewerbeschein nicht, den sie in der Tasche tragen, und spekulieren auf des Reisenden Hang zur Unehrlichkeit.
Auch Zeitungsstände bekunden die Weltstadt, in der man sich aufhält. Die Kioske sind mit Blättern in allen Sprachen behängt. Die deutschen Zeitungen sind alt; ihre Nachrichten sind unaktuell. Wie alle ausländischen Journale liest auch die deutschen Blätter zunächst der Zensor. Die spanischen Tageszeitungen erscheinen zum Teil im Format der Illustrierten. Seien sie regimegebunden oder liberaler, – ein Bild des Caudillo fehlt in keiner Nummer. Franco gewährt Audienzen, Franco steht weiß gekleidet in einem Kreis von Bewunderern, Franco lächelt väterlich; doch die verbreitetste Zeitung, die man am Mittag in je-

der Hand sieht, das Blatt mit der höchsten Auflage ist »Marca«, ein reines Sportjournal, frei von Staatsführerbildern und frei von Politik. Ist der Erfolg von »Marca« ein Zeichen der Apathie, ein Symptom der Erschöpfung, vielleicht des Ekels nach den Qualen des Bürgerkrieges? Hat Spanien Urlaub von den politischen Leidenschaften genommen? Oder ist »Marca« nur eine Tarnung, und eilt der Läufer nicht der Rekordmarke, sondern ganz anderen Zielen zu?

An der Plaza del Cibeles liegt auch das Kriegsministerium. Es ist der ehemalige Palast des Ministers Godoy, eines verhaßten, von Goya gezeichneten und gebrandmarkten Mannes. Später war das Haus in einem schönen Garten der Amtssitz des Diktators Primo de Rivera. Hier geschieht viel militärisches Zeremoniell. Die Posten vor dem Tor bewegen sich im Stechschritt aufeinander zu. Nachts schleichen Patrouillen durch den Park; kriegerische Losungen werden verlangt und gerufen. Doch aus dem Casino hört man sanfte Musik. Sporen klirren über die Steintreppen, aber ein Pferd ist nicht zu sehen. Der Offizier steigt stolz und sporenklirrend in den Autobus, der an der Ecke hält und in die Vorstadt fährt.

An diesem Abend blieb der Wind aus, der kühle Wind von den Schneebergen, und es war schwül. Wir gingen zu Chicote, dem Mann, der die größte Sammlung alkoholischer Getränke besitzen soll, aber wir sahen sein Museum nicht. Wir sahen auch Chicote nicht. Er weilte in San Sebastian, wie alle reichen Leute, wie Franco, wie das diplomatische Korps. Wir sahen keine Flaschengalerie und keine Diplomaten, wir sahen nur Chicotes Bar, die seltsamerweise an einen Bunker erinnerte, an einen zementierten Luftschutzkeller während eines Bürgerkrieges. Die Bar war schäbig, aber das Schäbige gab ihr ihre Atmosphäre, und es war gemütlich, da zu sitzen, wenn auch die Kellner arrogant waren. Es saßen weder Rote noch Faschisten da, es saßen ein paar Gewohnheitstrinker da und ein paar Ausländer wie wir, die gehört hatten, daß Chicote eine berühmte Bar sei. Wir tranken einen spanischen Cognac, und der spanische Cognac kratzte ein wenig, er war nicht von erster Qualität, aber er war schwer, und zu dem schweren spanischen Cognac gab es geröstete Haselnüsse, die erstklassig waren. Marion trank schnell drei Cognacs, um zu drei Tellern gerösteter Haselnüsse zu kommen, und dann fragte sie mich, ob die Damen, die hier bei Chicote saßen, immer vier oder fünf an einem Tisch, Senoritas für Geld seien, und ich sagte, sie seien Senoritas für Geld. Sie hatten weißgepuderte Gesichter und bewegten mit großen Fächern die Luft, in der keine Kühlung war. Wir tranken noch einen Cognac und aßen noch einmal Haselnüsse. Wir zahlten und gaben ein zu hohes Trinkgeld, und der Kellner verachtete uns.

Vor Chicote lag ein Hund auf der Gran Via. Er schlief nicht. Er war erschöpft. Er war verhungert und verdurstet. Die Senoritas für Geld betrachteten den Hund und gingen weiter. Die Caballeros, die Geld ausgeben wollten, betrachteten den Hund und folgten den Senoritas. Wir gingen zu Chicote zurück und kauften sehr teure Wurst. Die Wurst war rot und war scharf. Wir fütterten den Hund mit der roten und scharfen Wurst, und der Hund leckte uns die Hand. Der Hund folgte uns, und wir gingen in ein Café. Wir kauften dem Hund Kuchen und gaben ihm Wasser zu trinken. Er trank viel Wasser. Der Kellner sagte: »Das ist ein schöner Hund.« Wir fragten den Kellner, wo wir den Hund lassen könnten, und der Kellner sagte: »Auf der Straße.« Auf der Straße, im Portal eines Bankhauses, lag schon ein Mensch. Er hatte Zeitungen auf den Boden gebreitet und schlief auf dem Papier. Der Hund folgte uns. Er tat uns leid, und wir wußten, daß wir ihn nicht behalten konnten. Wir kamen zu einem Haus, vor dem große Bogenlampen brannten. Wir sahen Leute hineingehen und herauskommen, wie aus einem Kino, das ständig Zutritt gewährt. Es war zwei Uhr nachts. Wir gingen hinein, lösten an einer Kasse Karten und standen plötzlich auf einer Galerie vor einem hell erleuchteten reckteckigen Graben. Der Graben war eine Pelotabahn. Hinter einem längs der Bahn aufgehängten Schutznetz standen die Spieler und schlugen mit ihren Schlägern, die wie verlängerte, gebogene Hände sind, eine einzige große Kralle, den Ball gegen die Spielwand. Auf

der Galerie saßen und standen Menschen. Sie schauten ungeheuer gefesselt auf das nächtliche Spiel und unter ihnen reckten sich und schrien die Buchmacher, Männer in sehr eleganten Anzügen, in deren Gesichtern sich die Brutalität von Boxern mit der Härte der Bankiers paarte. Sie riefen die Wetten aus. Es war wohl ein spannendes Spiel. Es wurde hoch gewettet. Man reichte den Buchmachern die Geldscheine, die sie zu Papierbällen zusammenknüllten und von der Galerie hinunter anderen Buchmachern zuwarfen, die im Parterre standen. Von diesen empfingen sie wieder neue zusammengeknüllte Geldbälle, die Gewinne oder die Verluste, die durch die Luft geflogen kamen und mit großer Geschicklichkeit von ihnen aufgefangen wurden. Die Bewegungen der Buchmacher waren viel faszinierender, waren viel intensiver als die Schläge der Ballspieler. Die Leidenschaften und die Umsätze stiegen. Die weißgekleideten Spieler auf der Bahn, hinter dem Netz, die hinter dem Ball herjagten, die in die Luft sprangen, die zur Schlagwand stürzten, wirkten klein, abgehetzt, atemlos, traumhaft. Es saßen Damen und Herren auf der Galerie. Es war ein elegantes, es war ein mondänes Publikum, und es dachte nicht an Schlaf.
Der Hund wartete vor der Pelota-Halle. Er wartete im Licht der Bogenlampen. Er erkannte uns sofort. Er wedelte und begrüßte uns. Er war ein treuer Hund. Wir gingen zu unserem Hotel, und die stummen Dominospieler und die stummen, vogelgleichen Tänzerinnen kamen heraus und betrachteten unseren Hund. Der Hund zitterte. Er blieb auf der Straße. Er wollte nicht in das Hotel kommen. Er wartete vor der Tür. Wir gingen wieder zu ihm. Wir gingen durch kleine Straßen. Es war eine seltsame Stadt. Wir fanden immer wieder Schlafende in Torbögen und auf Treppenstufen. Der Hund folgte uns. In der Calle Victoria betrachteten wir die Stierkampfplakate. Sie waren blutigrot, und im ungewissen Licht der Nacht senkte der Stier gefährlich seine Hörner. Ein Mann kam und klatschte in die Hände. Dann wartete er. Er wartete auf den Serano, den Nachtwächter, der ihm nach alter Sitte das Haus öffnete. Vor dem Ritzhotel stand

eine Gesellschaft im Abendkleid. Es wurde laut und englisch gesprochen. Der Hund schien englisch zu verstehen. Er rannte zu der Gesellschaft hin. Wir versteckten uns vor ihm hinter den weißen Säulen der Cortes. Wir hatten hinter den weißen Säulen der Cortes ein sehr schlechtes Gewissen.

Im Hotel spielte man noch immer Domino. Die Tänzerinnen saßen wieder wie große Elstern auf den Barhockern.

Am Sonntag war es schwül. Zum erstenmal verschleierten Wolken den blauen Himmel. In der Kirche San Jeronimo betet der Adel. Der letzte König von Spanien wurde hier getraut. Vielleicht wird der nächste König von Spanien hier gekrönt werden. Große, aber altmodische Automobile halten vor dem Portal, dazwischen schnellste und neueste Sportwagen. Die Damen sind schwarzgekleidet. Die Herren haben ernste Gesichter. Ihr Gang zur Messe ist ein ritterlicher Dienst. Sie sind die Ritter von der traurigen Gestalt.

In der langen Calle de Toledo, in allen Nebengassen drängt man sich auf den Rastro, den Flohmarkt, die große Altwarenmesse des Sonntagmorgens. Hier wird feilgeboten, was in aller Welt weggeworfen wurde. Wer Damenkleider des Fin de siècle braucht, hier wird er sie finden, hier kann er sie kaufen. Hüte wie Sarah Bernhardt sie trug, la grande Sarah, sind über Adlerhelme des Potsdamer Leibregiments gestülpt. Europas alte Größe wird hier verschachert. Unter den Händlern sind viele Araber. Aber auch wer kein Araber ist, hat sich den roten Fez auf den Kopf gesetzt. Arabien scheint hier eine Empfehlung für kaufmännische Solidität zu sein. Ist dies ein Bild aus Tausendundeine Nacht? Die Sonne sticht gewitterig durch die Wolken. Ein Berg überreifer Melonen fault und gärt auf dem Boden. Daneben liegt ein Haufen blauer Baskenmützen. Viel Schmuck gibt es für eine Peseta. Muschelketten. Armbänder aus Stroh. Einer der begehrten falschen Parker-Füllfederhalter wird verlost. Ein alter Türkensäbel ist im Würfelspiel zu gewinnen. Dann gibt es Spezialhandlungen für zerbrochene Herdringe, für gesprungene Gläser, für gestorbene Zimmerlinden, für Gartenzwerge ohne Kopf und eingedrückte Diplomatenhüte. Wer

braucht so etwas? Wie ernährt dieser Handel seinen Mann? Es ist rätselhaft, aber von großer Anziehung.
Hinter dem Toledotor neigt sich die Straße zum Manzanares. Wieder ist plötzlich alles Vorstadt, Verlassenheit, Einsamkeit und Staub. Die Brücke ist aus Beton; eine reine Zweckbrücke, führt sie in gedrungenen Bögen über den ausgetrockneten Fluß. Am Ufer kränkelt stumpfes, verdorrtes Grün. Wieder glaubt man am Ende der Welt zu sein. Die Entfernung zur Puerta del Sol, zur Stadtmitte, zur Gran Via mit ihren Läden und ihren Cafés, zum Prado mit seinen Bildern scheint von hier aus ungeheuerlich und kaum überwindbar. Man steht wie ein Verirrter am wasserlosen Strom und hat die schauerliche Vision in einer Wüste von Staub, die eng und weit zugleich ist, sterben zu müssen.
Das Restaurant Carlos III. liegt zwischen den Fundamenten eines uralten Hauses. Es war dort angenehm und kühl. Dicke Mauern schützten vor der gewitterigen Schwüle. Eine künstliche Katze saß gemütlich vor einem künstlichen Kaminfeuer. Carlos III. – wer mag er gewesen sein? – hing in der Uniform des großen Friedrich an der Wand und lächelte wohlwollend. Wir waren die einzigen Gäste. Aus flachen Tonschüsseln löffelten wir, von der Familie des Wirtes neugierig betrachtet, die Gazpacho, eine geeiste Suppe aus Essig und Öl, geschnitzelten frischen Gurken und grünem Pfeffer, die an einen Teich aus Kindertagen denken ließ, Froschkönig tauchte aus kühler Entenweide und war ein Prinz mit blinkender Krone, und die Suppe erfrischte großartig. Dazu stärkten wir uns mit Valdepenas, dem herben weißen Bauernwein, der nicht berauscht. Wir wollten zum Stierkampf gehen.
Die Puerta del Sol hat heute ein anderes Gesicht. Eine streifige Sonne sticht aus grauem Spinnweb und schwarzen Schleiern böse in den weißen Kessel. Am Taxistand wartet kein Wagen. Jede Droschke, die über die Puerta fährt, ist bis zum letzten Platz besetzt. Alle Wagen hasten in eine Richtung – zur Arena. Wir stehen wie Schiffbrüchige am Fahrdamm und rufen und winken vergebens. Vor den Haltestellen der Autobusse knäu-

eln sich die Wartenden. Schweiß und eine flackernde Spannung liegen auf jedem Gesicht. Wir fragen den Verkehrsschutzmann, den weißen Erzengel des Platzes, wie wir zu einem Taxi kommen können. Der Erzengel schüttelt sein Haupt mit dem Tropenhelm und deutet unter die Erde. Er rät, mit der Untergrundbahn zu fahren.
Die Reise kostet fünf Pfennig für jeden, aber im Schacht ist es so heiß wie in der Hölle. Die Hitze staut sich hier. Die Untergrundbahn von Madrid ist alt, sie ist praktisch, sie ist schäbig, sie ist sympathisch, mit schrillen Pfiffen rast sie durch weiß gekachelte Röhren, aber heute scheint sie durch einen Schmelzofen zu gleiten. Im Wagen stehen wir wie ein Leib, kaum voneinander getrennt durch die klebrigen Hüllen unserer Kleider. Dies sind nun die Aficionados, die Stierkampfbegeisterten, die uns umdrängen. Wir sind Fremde. Das Gespräch umbrandet uns, wie ein Strom ein Hindernis umspült. Aber als wir nach der Station für die Arena fragen, werden auch wir für Aficionados gehalten und sind Freunde geworden. Auf dem Bahnsteig umringen uns alle und führen uns fast im Triumph die Stufen empor zum Licht.
Die Sonne ist nun doch durch die Wolken gebrochen, die Plaza de Toros liegt in einem blendenden Schein. Ein roter Ziegelbau, fahnengeschmückt, aber er ist das antike Theater! So wie wir jetzt in der schiebenden, drängenden Menge, so sind die Römer ins Colosseum geströmt. Unsere Untergrundbahn-Freunde leiten uns zum rechten Eingang. Wir werden mit Ratschlägen überhäuft, und man drückt uns Kissen in den Arm, speckige, nützliche Lederwülste für die steinernen, ganz antiken Sitze des Theaters.
Die Arena ist wie eine magnetisches Feld. Spannung knistert in der Luft. Welch eine Bühne hatten die alten Tragiker! Wer zählt die Namen? Wir vermuten zehntausend, fünfzehntausend Menschen im Rund, aber wir erfahren später, daß es fünfundzwanzigtausend sind.
Eine Fanfare, und der Paseo de las Guadrillas geschieht, der Einzug aller am Kampf Beteiligten. Es ist, als werde man aus

dem zwanzigsten Jahrhundert in eine vergangene Zeit geworfen, fast schmerzt es, so bunt, so grell, so stark, so anders als alles Gewohnte ist dieses Bild. Sie kommen von der Sonnenseite: stolze Reiter, stolze Kämpfer, stolze Würdenträger von heraldischer Bedeutung. Aber ihnen folgt ein Troß von Metzgerburschen und Abdeckergesellen, verdächtige Gestalten, und dann sind die armen alten Pferde da, die, verbunden die Augen, mit Wulstdecken schlecht gepanzert und in ihren Bewegungen gehindert, dem Stier entgegengetrieben werden, magere verurteilte Klepper, auf denen die Picadores sitzen, die Reiter, die mit ihren Lanzen den Stier reizen sollen, und deren stolze Haltung nun peinlich wirkt; wie magere Geier schwingen sie in silberbeschlagenen Sätteln.
Caracolito, der erste Stier kommt in die Arena. Er ist schwarz, er ist schön, und bald wird er tot sein. Er hat keine Chance. Er stürmt über den Sand wie in die Freiheit. Dann fühlt er die fünfundzwanzigtausend Augenpaare, die ihn anstarren. Er stutzt, er möchte zurück in den Stall, er will zurück auf die Weide, er sucht den Ausgang aus der Arena des Todes, er möchte das Leben wählen. Da greifen ihn die Banderilleros an. Sie stoßen ihm ihre mit gemeinen Widerhaken versehenen, mit bunten Fähnchen aufgeputzten Stäbe ins Fleisch. Ist das noch ein Spiel? Der Stier blutet. Er steht verwundert da. Welch merkwürdiges, schreckliches Spiel. Der Stier will nicht kämpfen. Er ist nicht böse. Er ist wie Ferdinand, der Stier von Walt Disney, der Friedliche, der die Blumen liebt. Er erntet Hohn. Schimpfworte fallen von den Rängen. Die Picadores treiben ihre Pferde gegen den Stier. Er stößt nach den Pferden, kindlich, unlustig, nicht begreifend. Dann kommen wieder die Banderilleros mit ihren tückischen Stäben. Caracolito blutet nun stärker. Er färbt den Sand. Er wendet sich gegen seine Peiniger. Die fliehen feige hinter die hölzerne Schutzwand und schauen dummen Gesichts über die Latten. Der Torero tritt auf. Er ist eitel. Er nähert sich lässig, wiegt sich in den Hüften. Man reicht ihm die Muleta, das rote, an einem Stock befestigte Tuch. Caracolito denkt: ist dies nun ein Freund? Er schnuppert an dem Tuch. Der Torero fühlt

sich blamiert und winkt ärgerlich aufs neue die Banderilleros herbei. Wieder stoßen sie dem Tier ihre Stöcke ins Fleisch. Caracolito tut nun gar nichts mehr. Er bleibt einfach stehen. Es ist, als habe er eine Enttäuschung erlitten. Eine bittere, sehr schmerzliche Enttäuschung: der Mensch ist ein Feind. Der Torero tritt dem Stier nun mit dem Degen entgegen. Er stößt zu. Er stößt den Degen in Caracolitos Nacken. Caracolito rührt sich noch immer nicht. Alle Aficionados sind empört. Die Hohnrufe flattern wie Vögel auf. Noch einmal sticht der Torero zu. Caracolito sinkt in die Knie. Der Matador kommt, der häßlichste Töter. Er gibt dem zusammengebrochenen Tier mit dem Genickfänger den letzten Stoß. Dann erscheint ein Dreigespann mit dem Schleppgeschirr, die Totenrosse. Der tote Stier wird aus der Arena geschleift. Schönheit ist Leben. Als Caracolito lebte, war er schön, so schön wie seine Weiden, sein kastilischer Himmel und seine Sonne. Nun sind sie untergegangen, fahren mit ihm ins Totenreich – und der Leib ist eine Metzgerware. Marion ist empört. Sie findet es unfair, daß man den Stier, der gutmütig ist und nicht kämpfen will, schlachtet. Sie wünscht einen Rächer für den armen Caracolito herbei, einen Stier, der alle Toreros und Stangenstoßer und Tierquäler aus der Arena jagt. Aber auch der neue Bulle, Tahuron, schwarz und grau gefleckt, der in die Kampfbahn tritt, will allenfalls spielen, aber nicht kämpfen. Auch ihn zwingt man zum Tode.

Der Anfang jedes Kampfes ist schön. Es ist die Schönheit des Stiers, die man bewundert. Er wirkt vollkommen. Er wirkt edel. Er hat Anmut. Seine Kraft und seine Anmut sind eins. Auch einzelne Phasen des Kampfes könnten schön sein: manche Bewegungen, Läufe, Wendungen und immer das bunte Bild, das Malerische, das Sonnengemälde. Aber diese Schönheit ereignet sich immer nur dann, wenn der Stier mitspielt, wenn er einzuwilligen scheint in die Bedingungen der Arena, wenn man vergißt, daß er keine Chance hat und auch getötet wird, wenn er siegen sollte. Kein Stier verläßt lebend die Arena! Das ist ein ungeschriebenes Gesetz des Stierkampfes. So endete jeder Gang, den wir hier sahen, wie eine Schlachthausszene. Hemingway sagt, es sei die grundlegende Voraussetzung des modernen Stierkampfes, daß der Stier noch nie zuvor in der Arena war. Diese Bestimmung soll von Papst Pius v. herrühren, der die Kämpfer schützen wollte. Die Kämpfer, aber nicht den Stier. Marion war gegen Pius v. und gegen Hemingway, der ein Aficionado ist. Auf dem Kampfplatz tritt ein Spezialist gegen einen Dilettanten an. Es war immer gemein, wie sie am Ende über den Stier herfielen, dem in die Knie Gebrochenen den Fangstoß gaben. Und traurig war es stets, wie er tot hinausgeschleift wurde. Man roch nun schon das Blut in der heißen Luft, einen schweren und ekelmachenden Geruch im Kessel des brodelnden Theaters.

Wir gingen. Wir drängten uns aus unserer Reihe, drängten uns über die dichtbesetzten Steinstufen zum Ausgang, und der Mann, der neben uns gesessen hatte, folgte uns.

Wir gingen zum Büfett und wollten einen Cognac trinken, aber Schnäpse werden im Stierkampftheater nicht ausgeschenkt. Wir tranken ein Glas Wein, und der Wein war abgestanden und warm.

Der Mann, der uns gefolgt war, sprach uns an. Er meinte, die Kämpfe hätten uns nicht gefallen, weil wir eine »Corrida de Novillos« gesehen hätten, die Begegnungen junger Stiere mit jungen unsicheren Toreros. Er riet uns, am nächsten Sonntag wiederzukommen und einen großen Kampf zu sehen. Wir sagten, am nächsten Sonntag seien wir nicht mehr in Spanien. Ich war traurig, weil wir nicht mehr in Spanien sein würden, denn ich liebte Spanien schon. Der Spanier bedauerte unsere nahe Abreise noch mehr. Er bedauerte, daß wir keinen großen Kampf gesehen hatten. Er war ein echter Aficionado. Er lud uns in sein Haus ein. Er wollte uns wenigstens die Bilder großer Kämpfe zeigen.

Wir fuhren mit Don Francisco durch Madrid. Der Himmel hatte sich nun tiefschwarz bezogen. Aber Don Francisco sagte, das Gewitter komme nicht nach Madrid, die Gewitter bleiben jenseits der Berge.

Er war Advokat. Er war Schiffsreeder. Ihm gehörten Weingü-

ter. Er hatte eine behagliche, mit alten Möbeln eingerichtete Wohnung. Er besaß eine Sammlung spanischer Champagner und eine Sammlung spanischer Cognacs.
Der Champagner war wunderbar. Draußen wetterleuchtete es, aber der Donner blieb fern. Ein paar schwere Tropfen fielen, sie schlugen hart auf das Fensterbrett. Aus irgendeinem Grunde trank Don Francisco, der Sammler herrlicher Getränke, Wasser. Und dann zeigte er uns seine Bilder, die Bilder von großen Stierkämpfen. Er erläuterte die Stellungen, erläuterte den Mut, die Grazie, die Verwegenheit, die Feinheiten und die Tricks der Toreros. Wir enttäuschten Don Francisco. Wir blieben bei unserem Einwand: warum hat der Stier keine Chance, warum muß der Stier getötet werden? Don Francisco begriff uns nicht. Es stimmte ihn traurig. Ich bewunderte eine alte englische Standuhr in seinem Zimmer, und Don Francisco sagte: »Wenn sie Ihnen gefällt, nehmen Sie sie bitte mit.« Weil er mich nicht zu einem Aficionado machen konnte, wollte er mir seine schöne Standuhr schenken.
Don Francisco meinte dann, wenn uns die Stierkämpfe nicht begeisterten, müßten wir die Tänzer sehen. Der Regen hatte aufgehört; die Nässe war schnell verdunstet. Wir gingen über die Plaza de Espana und sahen das Denkmal des Cervantes. Don Quijote und Sancho Pansa reiten über den Platz. Don Quijote hat seine Lanze gegen den nun pflaumenfarbenen Himmel gerichtet. Sancho Pansa aber erwidert pfiffig den Blick des Betrachters. Hinter ihnen sitzt Cervantes auf seinem Monument wie auf einem hohen Lehrstuhl in der philosophischen Flughalle der Universität. Das Denkmal steht im Schatten eines Wolkenkratzers. Don Francisco sagte stolz, der Bau des Wolkenkratzers habe acht Millionen Dollar gekostet.
Die Tänzer traten in einem eleganten Lokal auf. Es war ein Neubau, aber man hatte Lüster aufgehängt, die Wände und Decken stuckverziert wie um die Jahrhundertwende. Kübelpflanzen zauberten die Wintergarteneinrichtung unserer Großeltern, und die stritt sich nun mit bunten Scheinwerfern und den kühnen Kurven einer blanken Aluminiumbrüstung.

Don Francisco wählte einen Cognac, der wie Samt war; doch trank er wieder nur Wasser. Die Tänzer kamen aus Andalusien. Den Männern saßen ihre Hosen und Jacken, saßen ihre Stiefel wie eine zweite Haut auf dem Fleisch, während die Körper der Frauen sich in einem Meer von Spitzen gleichsam aufgelöst hatten. Die Männer waren die besseren Tänzer. Ihr Part war die Erotik des Tanzes, während die Frauen nur Anlaß, nur Staffage, nur Hintergrund blieben. Am Ende war es, als ob die Männer allein tanzten, und unter ihnen wieder ein jeder für sich. Es war etwas Narzißtisches in diesem Tanz der Männer, dabei nichts Feminines, nichts Homoerotisches, dieser Reigen war ganz und gar männlich, aber nicht auf antike, nicht auf griechische Weise, dies war schon wieder arabisch, dies war der Mann in der Wüste und in der Sonne, es war die spanische Vergangenheit, es war die Seele der Mauren, die hier in den Bewegungen des Tanzes aufstand, schön war, adlig war und entzückte.

Auf der Straße schwenkte Don Francisco seinen breiten schwarzen, seinen spanischen Hut weitausholend zum Abschied. Auch er war ein Ritter von der traurigen Gestalt, auch er ein Don Quijote, und er verstand es nicht, daß wir keine Aficionados geworden waren. Aber verstanden wir ihn, und hielt er uns überhaupt noch für Ritter, von welcher traurigen oder lustigen Gestalt auch? Und liebten wir nicht Don Quijote?

Am nächsten Morgen besuchten wir das Stierkampfmuseum. Es liegt hinter der Arena, oberhalb der Stallungen. Der Chauffeur wußte nicht, zu welchem Eingang er uns fahren sollte, und erst Zigeuner wiesen uns den Weg. Im Hof waren große Hunde. Im Torweg saßen die Stallknechte und würfelten. Die Pferde, die am Sonntag dem Tod entgangen waren, fraßen mageres Heu.

Im Museum ehrt man die getöteten Toreros und die Stiere, denen sie zum Opfer fielen. In einem Schrein, wie in Schneewittchens Sarg, ruht die Totenmaske des berühmten Manolete. Der Ausdruck überrascht. Er ist zart, durchgeistigt und von einer rührenden Überwindung alles Irdischen. Das Kostüm seines letzten Kampfes liegt neben der Totenmaske. Es glitzert nicht mehr wie in der Arena. Es ist baumwollen und vom Verfall bedroht. Der Degen wirkt fast zierlich. Über dem Erinnerungsschrein hängt ausgestopft das mächtige Haupt des Stieres Isleno, der Manolete 1947 in Linares tötete. Da ist ein Bild Joselitos, und neben dem Bild droht der Kopf des Stieres Bailaor, der ihm zum Verhängnis wurde. Ignacio Sanchez Mejias gab das Medizinstudium auf, um Stierkämpfer zu werden. Sein Mut war berühmt. Der Stier Granadino besiegte ihn. Das Haupt eines wahren Triumphators ist hier ausgestellt. Die Stiere hatten ihre Rächer. Auch Goya war ein Aficionado. Im Stierkampfmuseum hängen Bilder von ihm. Sehr viel Rot, sehr viel Blut ist auf diesen Bildern. Auch einen Torero hat Goya gemalt, ganz schon in der Magie des Todes, der ihn bald danach ereilte.

Aus dem Hof gingen wir in die nun leere Arena. Man ist sehr allein in dem weiten Rund; man ist sehr klein, wenn man zu den Rängen aufblickt.

Eine alte Frau kam und winkte uns. Sie roch nach Karbol. Sie schloß eine Tür auf, und wir traten in einen Krankenraum mit sechs weißen Betten. Dahinter war das Operationszimmer. Ein gummibezogener Tisch, ein Sauerstoffapparat, Geräte für die Narkose, Schalen, Messer, Scheren, ein Schrank mit Medikamenten. Neben dem Operationszimmer ist die Kapelle. Ein schlichter Altar. Vor dem Kampf hören die Kämpfer die Messe. Hier empfangen sie die Letzte Ölung. Hier werden sie aufgebahrt.

Der Himmel über Madrid war wieder wolkenlos, hoch und blau, und hinter dem Stierkampftheater endete die spanische Hauptstadt plötzlich in Sand, in Staub, in flirrendem Licht.

Auch der Stierkampf ist ein Kampf gegen Gespenster.

Eine Zigeunerin kam und wollte aus dem Sand die Zukunft prophezeien. Sie trug wie die Madonna einen nackten Knaben im Arm.

Don Quijote ritt zu den fernen Hügeln, die wie gestrandete Archen aussahen.

Im Spiegel der Grachten

Man hat die Niederlande oft mit einem Garten verglichen, und aus der Luft, vom Flugzeug aus betrachtet, ähnelt ganz Holland wirklich einer einzigen, großen Gärtnerei mit graden, gepflegten Beeten, viele unter Glas, treibhausüberbaut, und die Ernte muß der Natur abgelistet werden, dem Nebel, dem Regen, dem salzrauhen Wind, doch jeder Sonnenstrahl wird eingefangen und gehegt, in Spiegeln sorgsam reflektiert, über dem Boden in Prismen und Facetten gebrochen, und blanke Wasserwege laufen stracks wie die Straßen New Yorks durch das Reich, einigen es, gemeinsam mit wohlangelegten Wegen und Schienen, aus vielen Orten zu einer Stadt mit weniger Einwohnern als London sie hat, doch wenn man durch das Land wandert, empfindet man es wie einen Park, einen weiten, lieblichen Park mit dem grünen Rasen seiner Weiden, den bunten Teppichen der Tulpen-, Narzissen- und Hyazinthenfelder, manchmal ist es eine romantische Spielzeuglandschaft mit all den Windmühlen, die sich immer noch drehen, mit den gewölbten Zugbrücken aus alten, festen Balken, mit den in eingedeichten Kanälen hoch über den Wiesen hingleitenden Schiffen, die bis nach Surabaya segeln oder nach Surinam, Märchengondeln einst, gewürzumduftet, edelsteinbeladen, nun Tanker voll explosiver Fracht, Öl, politisch vergiftet, von unbotmäßigen Völkern widerstrebend geschickt, und dann Häuser und Straßen, die sprichwörtliche holländische Sauberkeit, funkelnde Fensterscheiben, blinkende Kacheln, Klinkerbauten, alte Giebel und neue Fassaden aus Stahl und Glas, Brücken über die Grachten, Brücken über die Ströme, Schleusen aus Urväter-Tagen und Schleusen der Zukunft, die mächtigen Dämme um die trockengelegten Polder, Land dem Meer abgerungen, immer gefährdetes Land, von Sturmfluten wurden 1421 zweiundsiebzig Dörfer und hunderttausend Menschen geraubt, im Februar 1953 noch zweitausend

Leben und Vieh und Äcker, neue Deiche entstehen, alte Deiche werden geflickt, die schöne, unheimliche Flur der Dünen gleicht noch immer einem unbegangenen Traumland, ganz Holland liegt offen zum Meer, tiefer als das Meer, es kämpft mit dem Meer, es lebt von dem Meer, seine Menschen waren Fischer, Seefahrer, Entdecker, Kolonisatoren, Gebiete und Schätze, tausendmal so groß und so reich als das Mutterland, waren in Asien, in Afrika, in Amerika erobert, verlorene Besitzungen, sehnsüchtig, verbittert denkt man zurück, man war ein Tuan, ein großer Herr in Insulinde, man friert ein wenig zu Hause und findet es eng, eng die sauberen Zimmer, eng die ordentlichen Kontore, die aufgeräumten Straßen, die holzverschlagenen, traulichen Genever-Kneipen zur Borrel-Stunde zwischen Büroschluß und Häuslichkeit, und die vielen, die sanften, die schönen, die traurigen Nachkommen niederländisch-javanischer Ehen, die der aufrührerische Wind der Zeit hier an Land setzte, finden die Heimat der Väter kalt und trist, neblig und hart, doch friedlich weiden die Kühe, schwarzweiß gefleckte Herden, harren die Angler geduldig am Wasser, schweben Liebespaare auf Fahrrädern am Ufer der Grachten, während Zeichner in den sehr bedeutenden, Weltgeltung behauptenden Zeitungen des Landes die Regierung mit verbundenen Augen an Abgründen vorbeifahren lassen, sie von Sturmfluten bedroht zeigen, in einem zerbrechlichen Boot gegen hohe Wellen treibend, Inflation, Devisenmangel, Beamtenentlassungen, Steuererhöhungen wurden in der Thronrede der Königin angekündigt, in goldener Märchenkutsche fuhr sie in den Rittersaal des mittelalterlichen Parlamentsgebäudes in Den Haag, wieder jubelte man ihr zu, aber man ängstigt sich, die Rüstung verschlingt Geld, ist, wie überall, ein schrecklich wuchernder Krebs, an dem man vielleicht sterben wird, Düsenjäger durchbrechen die Luft, Vernichtung donnert. »Wir gehören ganz zur atlantischen Gemeinschaft«, sagte mir ein Buchhändler am stillen Hofweiher in Den Haag, Schwäne ruhten satt und weiß auf dem dunklen Wasser, in der Buchhandlung waren ebenso viele englische wie holländische Bücher zu kaufen, kaum mehr französische, die einmal in der Residenz und Diplomatenstadt Den Haag viel gelesen wurden, und fast gar keine deutschen Bücher sind zu sehen, seit 1933 verschwanden sie aus den Regalen und nur wenige erst sind zurückgekehrt, dennoch blickt man nach Bonn, spricht von der Wacht am Rhein, sieht dort die letzte Wehr gegen den unheimlichen Osten, der von hier aus gesehen vielleicht schon in Düsseldorf, bestimmt in Helmstedt beginnt und dann gleich bis nach Peking reicht und leider auch bis nach Batavia und all den ungetreuen, schönen Inseln.

Von diesen Inseln lebte Amsterdam und wurde reich und wurde schön. Die uralte Siedlung ist auf Morast gebaut, auf Schlamm und Moor, und ihre Häuser ruhen auf eingerammten Baumstämmen, so daß Erasmus, der Spötter der Reformationszeit, das Rätsel erfand, er kenne eine Stadt, deren Einwohner wie die Raben auf den Gipfeln der Bäume wohnen. Der Bahnhof schließt Amsterdam von seinem Hafen, schließt es von der sterbenden Zuidersee, schließt es vom Meere ab, von Spaziergängen am Abend, den Sonnenuntergang zu sehen. Das ist eine unglückliche Lage, die Bahngleise sperren wie ein Wall die weltweite Aussicht, aber es ist doch kein ganz unglücklicher Standort, denn die Stadt breitet sich nun landwärts wie ein Fächer vor dem Reisenden aus, und die Grachten sind, blau auf dem Plan, schwärzlich glitzernd in der Natur, die feinen Rippen dieses kunstvoll gearbeiteten, prächtigen alten Stückes. Wie überall in der Welt will man sich auch hier dem Fremden verkaufen. Kaum ist er angekommen, werden ihm Stadtbesichtigungen, Ausflüge, Führungen angeboten, Lautsprecher wollen ihn belehren, der Agent des Verkehrsbüros für ihn sehen. Ein elendes Volk, das von Blinden lebt, Städte werden serviert, sie werden durchlaufen, sie sind nur noch als Beute für photographische Apparate interessant, man erlebt sie nicht mehr, indem man eine Weile gelassen mit ihnen lebt. Motorboote fahren zur Insel Marken, nach Volendam und den toten Städten der vom Meer abgeschlossenen, versandenden, Ackerland werdenden Zuidersee. Volendam und Marken sind wie für eine Filmaufnahme hergerichtet, und ihre Bewohner führen in ihren alten Trachten das Dasein von Statisten, ein Schicksal, das sie mit den Eingeborenen von Toledo, Venedig und Oberammergau teilen. In all diesen Orten des angepriesenen bewahrten Lebens, der eingeweckten guten alten Zeit ereignen sich unter den an einem Urlaubstag beneideten Edelkomparsen der Folklore im Reich des mumifizierten Daseins seltsame Eigenmorde, Aktionen der Selbstvernichtung, die nicht Freitode sondern echte, gegen das eigene, zum Schauspiel erniedrigte Leben gerichtete, greuliche, mit krimineller Akribie inszenierte Morde sind. Hoorn und Enkhuizen, weniger von Touristen überschwemmt, haben die Anmut großer Vergangenheit und edler Trauer, windschiefe Häuser, alte Glockenspiele, stille Wasser, verwischte Gedenktafeln. In Hoorn wurde Willem Schouten geboren, der als erster die Südspitze von Amerika umsegelte und ihr den Namen Cap Hoorn gab, und ein Denkmal erinnert an Jan Pietersz-Coen, der von hier aufbrach und Batavia gründete, noch immer schwingt er kühn und unternehmungslustig seinen Mantel, aber die Stadt träumt schon lange nicht mehr von Eroberungen. In Alkmaar tragen die Käseträger die runden Edamer in einer Art Wiege zur alten Stadtwaage. Die gelben, roten und blauen Hüte der Männer, ihre weißen Anzüge erinnern an die Gondoliere von Venedig. Hier wie dort knacken die Verschlüsse der Kameras. Die Käsefabriken aber sind durchrationalisierte Industriewerke mit bakteriologischen Kulturen, automatischen Mischkesseln, flinken Fließbändern und sterilen Warmlufthallen, hygienisch und gänzlich unromantisch. Aber der Bauernkäse wird noch in Gouda gemeiert und gehandelt. Wenn das Glockenspiel der gotischen St.-Jans-Kirche zum Tagbeginn schlägt, wenn in den Glasmalereien ihrer vierundvierzig Fenster die Morgensonne in allen Farben des Spektrums brennt, kommen die Bauern zum Markt gefahren, thronen wie kleine Könige auf hochrädrigen, hölzernen, von einem Pferd gezogenen Wagen. Die Gäule werden ausgeschirrt, die Deichseln aufgerichtet, feste Wagenburgen werden gebaut, die schützenden Leintücher von den flachen gelben Käselaiben genommen, und dann werden vor jedem Stand die Wappen aufgezogen, die vielfarbigen Wappen der käsemachenden Gemeinden, sehr schöne, sehr alte, sehr phantastische Heraldik, Schwäne, Störche, grimme Löwen, doppelköpfige Ungeheuer, Häupter wilder Völkerschaften, und geschäftige, gewichtige Herren in weißen Laboratoriumsmänteln erscheinen, meist einen steifen Hut auf dem vollblütigen geröteten Schädel, es sind die Aufkäufer, und sie benehmen sich wie Liebhaber, zärtlich streichelnd, prüfend schlagen sie den Käse, und wird man handelseins, spannt sich der Bauer gleich selber vor seinen Wagen und zieht ihn zur Waage im Schatten des stolzen Goudaschen Stadthauses. Ein Handschlag besiegelt endlich die Übergabe. Hier ist die Historie nicht Kulisse, der Brauch noch lebendig und zweckmäßig, der Käse wird umgesetzt. Die Hochöfen von Ijmuiden aber könnten auch an der Ruhr stehen, Wunderschmieden des Hephaistos oder der Zeit, wie im deutschen Revier, wie in Stalingrad, wie in Pittsburgh; nur in Ijmuiden leuchten die Abbrennfeuer der Gase weit auf das Meer hinaus und wie Ehrenflammen über das zerstörte Schloß des Grafen Egmont. »Süßer Schlaf! Du kommst, wie ein reines Glück, ungebeten, unerfleht am willigsten. Du lösest den Knoten der strengen Gedanken, vermischest alle Bilder der Freude und des Schmerzes; ungehindert fließt der Kreis innerer Harmonien, und, eingehüllt in gefälligen Wahnsinn, versinken wir und hören auf, zu sein.« Der Spanier ist abgezogen und hat die Niederlande vergessen. In Helder liegt, grau und der NATO verbunden, die niederländische Kriegsflotte. Sie konnte Insulinde nicht verteidigen. Die Matrosen schlendern gelangweilt durch die Straßen der kleinen Stadt, oft sprechen ihre Gesichter von javanischer Herkunft und sind dann unergründlich. In den Kneipen ist es still, die Mädchen stricken, sie stricken Kinderwäsche oder Pullover, und nur wenn ein Schiff des großen Bruders, des reichen amerikanischen Verbündeten im Hafen ankert, leuchten die bunten Lampen der Musikautomaten auf. Der Abschlußdeich der Zuidersee zieht sich, ein breiter Wall mit einer Autostraße, Radfahrwegen und Schleusen, zweiunddreißig Kilometer lang durch die See. Hier hat der Mensch von alters her und immer wieder die Natur bezwungen und sie verändert. Hier wirkten die Lehrmeister des großen Peter, der in den Mündungssümpfen der Newa sein Gesellenstück machte und nun im Netz der Moskwa-, Wolga-, Donkanäle Schleusenmeister ist. Das Meer pocht an den Wall, hinter dem das abgetrennte Wasser, das von Wellen und Weite, von seinem Leben, vom Herzschlag der Gezeiten losgelöste Wasser der großen Bucht, die einst die Zuidersee hieß und eine Patrouille der Ozeane war, stetig sinkt, und schon hebt sich das neue, das der Natur abgelistete Land aus den Wellen und brakigen Grund, die weiten Polder, von Kanälen umgrenzt, und im Wind wogt nun schon weithin der Weizen, die schwer erkämpfte Nahrung, ein Meer von Brot. In Amsterdam führt der Dam, die älteste Morastaufschüttung vom Bahnhof in die Stadt, führt zur Börse, führt zum königlichen Schloß. Der Verkehr ist dicht, ist wimmelnd, nervös, die Radfahrer wagen rudelweise ihr Leben, der Fußgänger gilt nicht viel, der Ton ist rauh, er ist unliebenswürdig, das ist neu in Holland, jedermann scheint über etwas erbost und grundsätzlich verbittert zu sein, und der Regen, der hier oft fällt, ein dünner stetiger Regen aus tiefhängenden Wolken, paßt sich trefflich der Stimmung dieses Platzes an. Am Dam stehen die bürgerlichen Hotels für Handlungsreisende, die Betten verschämter Liebe, nun haben sie ihre Preise erhöht und sind von Reisegesellschaften belegt. Die Menschheit ist nomadisch geworden, aber sie trottet in Herden, folgt dem Ruf der Reiseführer und läßt sich schröpfen. Schnellimbißstuben bieten die Abfütterung in allen Weltsprachen an, und traurige Einheitsgerichte verschrumpfen auf unterkühlten Tellern in den werbenden Etalagen. Die Börse, Berlages einst revolutionärer und vieldiskutierter Bau, liegt verlassen wie eine aufgegebene Festung des Geldes da, erdrückt von den Schaufenstern, den fahnengeschmückten Werbetürmen des Warenhauses, des Bijenkorf nebenan, der volkstümlichen Burg des großen Umsatzes zu kleinen Preisen; die Börse ist nicht mehr neu, sie ist auch noch nicht richtig alt, es steht schlimmer mit ihr, sie ist die Welt von gestern.

Der königliche Palast ist ein unbewohntes Haus, vier Reihen leerer Fenster, in der Nacht eine tote, lichtlose Front. Nur acht Tage im Jahr residiert die Königin in der größten Stadt ihres Landes. Dann ziehen Wachen auf, und die Standarte des Hauses von Oranien weht auf dem Dach. Die Königin und ihr Gemahl treten auf den Balkon, und es ist noch ein echtes Volksfest, die Kontore haben geschlossen, Jubel herrscht, man winkt und ruft, marschiert in ineinandergehakten Reihen, spielt Königsvolk, acht Tage lang, und dann verschwindet die Majestät wieder im weiten, stillen Park von Soestdijk. Nun steht eine Drehorgel vor dem Schloß, übermannsgroß, weiß, bunt, ausschweifend, barock, italienisch, Schiffe segeln auf blauem Meer, ein Araberfürst blickt lüstern auf eine Schleiertänzerin, die Pfeifen dröhnen, und des Orgelmanns Familie singt den neuesten Stadtschlager »Tulpen uit Amsterdam«, und Kinder umschwärmen die Volkssänger, flachshelles Haar, Kinder aus den engen Gassen des Arbeiterviertels, des Jordaan, wo einmal gemütliche Wirtschaften und noch bis zum zweiten Weltkrieg echte Tingeltangel waren und nun die üblichen Einheitspreisgeschäfte sind, doch die Kinder mit den hellen Haaren und den kräftigen, immer Gott beschwörenden Flüchen sind noch das alte Amsterdam, das alte Holland lebt weiter in seiner Straßenjugend.
In der engen Kalverstraat schiebt sich die Menge. In den Läden lockt das westeuropäische Warenangebot, Qualität und Preis unterscheiden Amsterdam kaum von Köln oder Frankfurt, nicht von Mailand oder Marseille, überall wird die gleiche Mode, werden die gleichen Stoffe, die gleichen Geräte der Bequemlichkeit und der Unterhaltung angeboten. International ist auch der Geschmack der Reiseandenkengeschäfte; hier offerieren sie kleine Holländerschuhe und winzige Windmühlen aus Delfter Prozellan, in Venedig sind es Gondeln für die Kommode, in Paris ist es ein Eiffelturm für den Nachttisch. Eine alte holländische Sitte war es, im Kaffeehaus zu sitzen und durch die große Scheibe des unverhangenen Fensters stundenlang auf die Straße und die Vorübergehenden zu schauen. In der Kalver-

straat harren noch alte Herren aus, Pensionäre des Reiches, Pensionäre der unzähligen Versicherungsgesellschaften, Pensionäre aus Indien. Sie sitzen in chinesisch-japanisch geschnitzten Stühlen auf persischen Polstern, die Gläser, die Tassen werden auf marokkanische Messingplatten gestellt, das Interieur ist großes neunzehntes Jahrhundert, aber der Kaffee dampft schon aus der Espressomaschine, und der Anblick der Straße freut die alten Herren nicht mehr. Was sich am Fenster des Cafés vorbeischiebt, ist Masse, ist nicht mehr der Kunde, der von des Kaufmanns Klugheit umworben, von seiner Ehrbarkeit beeindruckt werden mußte, es ist der anspruchsvoll anspruchslose Konsument, der versorgt wird. Eine neue Buchhandlung stellt sich fensterlos, türenlos, frei und offen zur Straße; unter infraroter Strahlwärme sind hier die Taschenbücher der Welt versammelt, »Krieg und Frieden« und Kafka und Sartre und Hemingway, holländisch, deutsch, französisch, englisch, junge Leute lesen und studieren die Schriften gleich im Laden, Pferdeschwänze und Bürstenfrisuren, Jeans und schenkelenge Manchesterhosen stehen dichtgedrängt vor den Dichtern. Werden die neuen, die jungen Leser die Träume der Schriftsteller erfüllen und die Welt zum Guten ändern?

Noch immer gibt es den frischen Hering, den man im Vorübergehen, im Stehen von einem Holzbrett verzehrt, noch immer kann man in behaglich gekachelten Kellern Austern schlemmen, das Dutzend für drei Mark und mit aller Frische der See. Noch immer findet man die verräucherten Geneverstuben und den »Alten Klaren«, noch immer gibt es die Blumenstände, die Blumenkähne am verwitterten Münzturm mitten in der Stadt und die Erinnerung an die Blütenfelder bei Haarlem, rot, weiß, blau, gelb und die zur Osterzeit bekränzten Kinder, die sich den Automobilen in den Weg stellen, die Blumenfülle in Geld zu verwandeln. Noch immer steht Rembrandt in düsterem Sinnen auf seinem Plein, am Abend von den Leuchtfeuern der Tanzlokale umgeben und den Reeperbahnbildern der Schautänzerinnen. Jazz erklingt hinter sorgsam verhangenen Eingängen, kein

Gast hockt am Bartisch, drei einsame Neger spielen den Blues, versinken allmählich in Träume von Sonne, Blut und Wald, oder es ist auch nur eine Musikbox, die leuchtend und schrill mit ihren Schallplatten der Straße ein Fest vortäuscht.
Das Hotel liegt an einer stillen Gracht, es ist ein altes schmales Giebelhaus, man meint, es erzähle Geschichten, und der Wirt, denkt man, sei altväterlich gastlich. Der Wirt wehrt ab, sein Haus, sagt er, sei laut, seine Söhne hätten elektrische Musikgeräte, sie spielten sie bis in die Nacht hinein und eine Beschwerde des Gastes lasse sie ungerührt, auch habe er kein Personal, man bekomme ja niemanden mehr, der Gast müsse sich schon seine Schuhe selber putzen, er müsse pünktlich zum Frühstück kommen, zwischen acht und neun, er habe seinen Koffer allein hinaufzutragen, vier steile Treppen hoch, und bei soviel Strenge ist das Hotel nicht billig, es hat gesalzene Preise, doch aus dem Fenster blickt man versöhnt auf die Wipfel der Ulmen, sieht unter ihnen schwarz und glitzernd das Wasser der Grachten, die sich hier kreuzen, schaut auf die alten, schmalen, spitzgieblig vornehmen Häuser und sieht, wie sie und die Bäume sich in dem dunklen, trägen Wasser spiegeln, – es ist unendlich viel Schwermut in der Schönheit von Amsterdam.
Schwermut, Schönheit, Vergangenheit in der Heerengracht, in der Keizersgracht, alte Patrizierpaläste aus dem siebzehnten, dem goldenen Jahrhundert der Stadt, den Jahren der Welteroberung, der Pfeffersäcke und der bürgerlichen Größe, geschnitzte Türen, edle Proportionen, schwere Gesimse, oft noch violette Fensterscheiben, vor jedem Giebeldach die Lastenwinde wie auf Schiffen und in Speichern, hier wohnten königliche Kaufleute, Weltherren, deren Unterschrift in den Häfen aller Meere Gold wert war, und manchmal wird eine kostbare Hochzeitstruhe, ein Baldachin-Bett am Windenseil zum Fenster hinaus gehievt, zum Antiquar, zur Auktion, die Stadtbesichtigungsmotorboote fahren vorbei, der Fremdenführer brüllt durch den Lautsprecher seine Erklärungen, und das alte Haus erschrickt vor so viel Geschrei, bebt im Wasser, und sein sanftes Spiegelbild zerbricht.

Da brennt die Leuchtschrift eines Kinos im feuchten Spiegel: Retour à la Vie. Der Uitkijk liebt avantgardistische Filme. Sein Publikum strömt durch die Leidsestraat. Sie kreuzt lärmend, sie überbrückt dröhnend die ehrwürdigen Grachten. Uralte Tramwagen, zwanzig Jahre alte Automobilveteranen und eben in Detroit oder in Rüsselsheim vom Fließband gestiegene Chromungeheuer und dazu der klingelnde Chor der Fahrräder. Am Morgen eilt der Strom in die Enge, in die Traulichkeit der Altstadt, am Abend zurück in die neuen Wohnviertel mit Grünflächen, Sportanlagen, Appartement-Häusern, Schachtelbalkonen und teuren Mieten. Ladenausstattungen wie von Corbusier erfunden, Kontore mit Automaten für alle Verrichtungen und selbst für das Denken, Cafétarien mit chaplinschen Ernährungsmaschinen, und die Agenturen der Fluggesellschaften spannen ihr Netz um die Welt. Ein kleiner Platz mimt St. Germain-des-Prés, Stühle bei spärlicher Sonne vor eine Kneipe gestellt, und ein bescheidener Existentialismus manifestiert sich. Das ewige Kunstgespräch wird geführt. Ist Karel Appel, der Maler, ein Charlatan oder ein Genie? Wird Simon Vestdijk, der fleißige Romancier, den Nobelpreis erringen, wird endlich ein Holländer der Erwählte sein? Zwanzigjährige wollen berühmt werden, sie wollen andere Häuser bauen, andere Bilder malen, andere Bücher schreiben. Dem kleinen Lokal der Bohème gegenüber verkauft ein wohlgenährter, immer gutgelaunter Mann ungerührt Grabsteine hergebrachten Geschmacks, die bürgerliche Form der Unsterblichkeit. Im American-Hotel wird deutsch gesprochen; seit Hitler zur Macht kam, wird an diesen Tischen deutsch gesprochen. Das Berliner Film-, Börsen- und Zeitungs-Café der zwanziger Jahre und sein Jargon haben sich hier konserviert. Wie die Gäste überlebten, wovon sie leben, man weiß es nicht. Hoffnung führt sie zusammen, und Angst treibt sie auseinander, und dies zwölf Jahre nach des Unmenschen Tod. Im Rijksmuseum hat man die Rembrandts gereinigt, und aus dem vertrauten, ehrwürdigen, Mysterien erzählenden Helldunkel wurden nun Farben voll Glut, voll Bürgerstolz, Dramatik und männlicher Leidenschaft.

Ist die »Nachtwache« noch eine Nachtwache, oder ist sie, ihrer Patina entkleidet, von Staub befreit, die Bürger-Compagnie des Kapitän Banning Cocq, die für Freiheit und Recht allen großen Herren Trotz bieten und auf die Barrikaden steigen will? Alte und Junge stehen andächtig vor dem entschleierten Bild, genau wie sie vor der Magie des Dunkels standen, und ebenso andächtig verweilen sie vor den van Goghs im Stedelijkmuseum, vor der Lebensgeschichte des armen Vincent, unvergänglich gemalte Schüssel mit Pellkartoffeln, geflickte Feldschuhe der Ewigkeit, geschundene Bergleute wie aus Zolas »Germinal« und dann der Hunger in Paris, die kalten Ateliers, das Hohngelächter der Kollegen, der Unverstand der Kritiker, die Flucht in die Provence, die große Sonne, die tiefe Einsamkeit, die letzte Liebesnot, der Wahnsinn und der Tod, eine Schulklasse hat sich zwischen die Bilder, zwischen die Dokumente des Dramas einer genialen Existenz auf den Boden gesetzt, Mädchen und Knaben um ihren jungen Lehrer geschart, der ihnen zu erklären versucht, was Kunst ist, vielleicht auch, was Wegbestimmung, was Scheitern und was Ruhm ist, und dem die Deutung beinahe gelingt, ein wahrhaft hoffnungsvoller Anblick. Museumsdirektor Sandberg hat den wilden Karel Appel gebeten, ein Fresko für den Gartensaal der städtischen Sammlungen zu malen, und dem schockierenden Menschenbild aufgequollener Gesichter und verzerrter Glieder hat er – ironisch, klug und belehrend – ein zehn Meter langes Ruderboot gegenübergestellt, eine kultische Holzschnitzerei aus Neuguinea, ein Geisterschiff, in dem zu Gespenstern gewordene Verstorbene zur Unterwelt fahren.

Das Judenviertel gibt es nicht mehr; seine Häuser stehen noch, aber seine Bewohner sind verschwunden. Joden Breestraat, Waterloo Plein, Jonas Daniel Meyer Plein, sie waren ein echtes Märchen aus dem Morgenland, ein Stück Biblischer Geschichte, Weltgeschichte, Geistesgeschichte, Leidensgeschichte und ein wahrer Ort der Verheißung; nun sind die Straßen und Plätze gewöhnlich geworden, das heißt sie sind wie überall geworden, voll kleinem Glück und kleiner Not, und das Beson-

dere fehlt ihnen, das Auserwähltsein und die Furcht vor einem strengen Gott. In Spinozas Geburtshaus steht ein blondes Mädchen und blickt aus einem Fenster gelangweilt in die Leere des Mittags. Die beredten Engel der zierlichen St.-Antonius-Kirche schweigen für das Mädchen. Des philosophischen Brillenschleifers amor dei wurde für die Blonde nicht gedacht. Ein Bursche geht vorüber und schwenkt sein Wellen-, sein Antennenköfferchen, das geheimnisvollen Mundes »I ask my mother« singt. Der Altmarkt auf dem Waterloo-Plein, der einmal der Hauptumschlagplatz für die abgelegten Hosen und weggeworfenen Schuhe Europas war, kann sich mit den Flohmärkten von Paris, von Madrid und London nicht mehr messen. Ein einziges Schaufenster ist übriggeblieben, angefüllt mit zerdrückten Zylinderhüten, Tropenhelmen, die Sumatra erobern, aber nicht mehr verlieren halfen, einer französischen Grabenuniform aus dem ersten Weltkrieg, Gasmasken aus dem zweiten, Hjalmar Schachts Stehkragen, Edisons Grammophonen, einer zerrissenen Meß-Stola und den glänzenden Bratenröcken der Großväter. Ein Schild verspricht weiteren Ankauf solcher Schätze. Eine alte Frau hütet den Laden und blickt mißtrauisch mit Hexenaugen auf den Betrachter der Auslage.
Ein Torweg, wo Antiquare ihre Tische aufgestellt haben und den gedruckten Geist der Jahrtausende billig verkaufen, führt in den stillen Garten der Universität, auf den die Hörsäle blikken, und unter Kastanien steht dort ein blasses Standbild, die Besinnung genannt, und wird von allen nicht beachtet, die schnell ihr Fach lernen, ihr Examen bestehen und die Stellungen besetzen wollen, die auch in Holland so zahlreich in den Zeitungen ausgeschrieben werden. Schnell finden die jungen Leute Brot, und sie finden auch ein Weib und kommen zu hübschen Kindern, und auch zu einem Automobil kommen sie und manche zu dem ersehnten Reihenhaus mit dem kleinen Rosenbusch im Gartengeviert. Auch in Holland mangelt es schon an geschickten Händen, auch in Holland fehlt es an technischen Intelligenzen, den Maschinen zu dienen. Die Aktien steigen wie in den zwanziger Jahren, und fern scheint noch der Tag zu sein,

an dem sich die Herren bis gestern prosperierender Unternehmungen, von ihrem Gott getäuscht, in Scharen zum Fenster hinaus in das Nichts stürzen, in dem sie immer schon gelebt haben.
Von der Universität führen zwei alte Grachten in das Quartier der Damen. Es sind Handelsgrachten, noch immer mit dem Hafen verbunden, Speicher stehen am Ufer für niedere Waren, für Altpapier und Lumpen, doch auch für Schreibmaschinen und Kühlschränke, und zwischen den Speichern befinden sich Heimstätten, Patrizierpaläste, Bürgerhäuser, ordentliche, alteingesessene Familien wohnen hier im Schatten der mächtigen Oude Kerk mit dem tiefen protestantischen Glockenklang, es ist das Viertel, in dem Gustav Meyrinks Schauermär von dem grünen Gesicht spielt, und da sind auch die erhellten Zimmer der Damen, die sich anbieten und gute Nachbarschaft mit Kirche und Bürgertum und Gelehrsamkeit halten; in Plüschstühlen der Respektabilität sitzen sie am Fenster, in sorgsam aufgeräumten Zimmern mit Nußbaumkommoden, mit Nippes auf selbstgehäkelte Deckchen gestellt und Strohblumen und bunten Postkarten im verschnörkelten Spiegelrahmen. Zu diesem Revier gehört auch der Zeedijk mit all seinen Matrosenschenken, den wartenden braven Mädchen, dem verhangenen roten Licht, der mechanischen Musik und den mit Zimt und Rübenzucker verfälschten Madeiraweinen. Die großen Tage des Zeedijks sind rar. Das Schiff mit acht Segeln und mit fünfzig Kanonen ist nun die NATO-Flotte. Wenn sie eingelaufen ist, drängt sich's, weiß oder blau uniformiert, mit vielen Sprachen durch die enge Gasse, und der Amerikaner ist König des Lebens. Elvis Presley schluchzt herzerweichend im Lautsprecher. Ein Neger blickt gelangweilt aus einem chinesischen Speisehaus. Auf einem Kinderspielplatz hängen kleine Mädchen am Reck und zeigen ihre weißen Hosen. Im Bottich eines Fischhändlers winden sich dünne Aale, und ein Haus weiter verkauft ein ehrbarer Kaufmann und sorgender Familienvater lange weiße Tonpfeifen und Photographien nackter Schönheiten. So ißt der Mensch, so lebt der Mensch. Er ist frei. Auf dem Dach des re-

putierlichen Gebäudes der Heilsarmee mahnt die Nacht durch eine blitzende Leuchtschrift »Gott ruft dich«, und hinter den blinden Lucken der leerstehenden, alten, schönen Lagerhäuser der Ostindischen Compagnie leben pelzmützige Ratten und kluge alte Katzen in eines kalten Krieges unerbittlicher Koexistenz.
In den Vorstädten, um die Hauptstadt, um das Licht eines Reiches geschart, verbirgt sich nicht das Elend des Landes; es entfaltet und präsentiert sich dort. Vor Rom, vor Paris, vor Madrid und London wohnt die Armut, wohnen die Gestrandeten der staatlichen Ordnung in den verrosteten Wracks ausrangierter Autobusse, in Erdhöhlen, in Hütten aus Abfall und Teerpappe, hinter Benzinkanisterwänden. Eine Ausnahme bildete Berlin mit seinem Ring von Schrebergärten und Lauben, seiner Kleinbürgeridylle aus Dahlien und Kohl, die jedem Fatalismus, jeder geduldigen Hinnahme von Schicksalsschlägen, aber auch jeder echten, jeder eruptiven Revolutionsstimmung zutiefst abhold waren. Amsterdam wächst mächtig vor einem optimistischen Hintergrund von Schiffsschornsteinen und Hafenkränen, aber seine Arbeitersiedlungen erinnern, bei sonst großzügiger, weltoffener Baugesinnung, an die Werkvolkkolonien des alten Krupp; lange Straßen einförmiger zwei- oder dreistöckiger Reihenhäuser führen zu Fußballplätzen, deren Tore Triumphbogen des Stumpfsinns sind.
Haarlem lag zu des Frans Hals Lebenszeit am Haarlemer Meer, das schon vor über hundert Jahren trockengelegt, eingepoldert wurde, und steht nun, von Windmühlen umgeben, von Wassermahlmühlen, die immer wieder die Nässe aus dem fruchtbaren Kunstland in die Kanäle der sogenannten Ringfahrt pumpen, als stilles Stadtglück da. Wo wohnt der Friede, wenn nicht hier, denkt wohl der Reisende, doch zehntausend kamen um und zweitausend wurden hingerichtet, als Friedrich von Toledo, Herzog Albas Sohn die Stadt besetzte, und nun ist alles so reingefegt, so blankgeputzt, so akkurat gerichtet wie die gemalten Spitzen der Halskrausen der St.-Adrians-Schützen im traulichen Städtischen Museum, aber des Frans Hals lustige Zechbrüder sind lange schon gestorben, keine Tafel ist mehr reich-

gedeckt, kein übervoller Humpen winkt, man lebt bescheiden von der Textilienherstellung, vom Handel mit Blumenzwiebeln, von der Verwaltung der Provinz Nord-Holland, und viele fahren nach Amsterdam zur Arbeit, tagein, tagaus, ein wenig gelangweilt und ein wenig verbittert, und an Sommerabenden zieht man nach Zandvoort, ans Meer, stapft durch die Dünen, legt sich an den noch nicht kommerziell verwerteten, noch nicht wie in Italien abgesperrten Strand, blickt über die Wellen und träumt vielleicht, während kleine Plattenspieler Duke Ellingtons Negerhimmel zaubern, von dem anderen, dem schwarzen, dem wilden Haarlem weit hinter der See, das tüchtige Ausgewanderte dieses Haarlems der Stille, der Sauberkeit, der Spitzen, der Bilder, der Tulpen und der Freiheitskämpfe in fester Zuversicht gegründet hatten.

Weithingedehntes wasserdurchzogenes Land, nicht die geringste natürliche Erhebung, Wind, ein grauer Himmel und immer des nahen Meeres Salzgeruch, – in solcher Landschaft liegt Leiden, und seine hohen Türme sind, aus der Ferne gesehen, erstarrte Mahnmale eines heldischen Protestantismus. Seit fünfhundert Jahren ist Leiden ein Ort der Gelehrsamkeit, eine Burg der Aufklärung, eine Stätte der Erfindung und noch immer die bedeutendste Universität des Landes. An einem Sonntag wirkte die Stadt provinziell. Auf dem Platz vor dem Bahnhof standen junge Leute und wußten nichts mit sich zu beginnen und ihre Zeit nicht hinzubringen. Eine Trambahn fuhr überfüllt zu einem Fußballspiel. Die nicht mitgekommen waren, rüttelten an den Automaten des kleinen Lebensgenusses, begehrten Zigaretten, Kaugummi, Bonbons, Croquettches, die gebratenen panierten Hackfleischrollen der heimischen Küche. Das Kino war noch geschlossen, aber man wartete schon in Reihen vor dem Paradies der gemeinsamen Entrückung und betrachtete die immer gleichen, die seltsamerweise nie ermüdenden Bilder von der Eroberung des amerikanischen wilden Westens, der volkstümlichsten Historie, die es je gegeben hat. Still waren die Straßen, hin und wieder rollte lautlos ein Auto vorüber, natürlich klingelten die Fahrräder, Jungen und Mädchen, die Reigen der Langeweile kreisten, auf den Grachten schliefen Kähne, schlief der alte Dampfer nach Katwijk aan Zee, auf Polsterstühlen, die Beine langgestreckt, schlief man bürgerlich nach genossenem Mahl, die Vorhänge des Eßzimmerfensters zur Seite gezogen, mochte doch jedermann sehen, daß man recht und noch gut durchkam, alte Frauen saßen dicht hinter der Scheibe und spähten mit Fensterspiegel, die an keinem Hause fehlten, ins fremde Leben. Der Besucher trank im Vergoldeten Türken einen Kaffee. Er beobachtete den spärlichen Corso und wurde beobachtet. In der Auslage eines Schuhgeschäfts wusch sich eine Katze. Im Pfannkuchenhaus aßen Ausflügler den Wagenradpfannkuchen Nummer vierzehntausendunddreiundzwanzig. Durch enge Gassen kam man zur Universität. Hier hatten berühmte Ärzte, unsterbliche Naturforscher, kluge Völkerrechtler gewohnt, und doch hatte sich alles unsagbar und hoffnungslos verwirrt. Auf einer Brücke standen drei kleine javanische Mädchen und warfen Papierschiffchen ins Wasser. Im Garten der Akademie wanderte der Fremde durch die Treibhäuser. Er war der einzige Besucher zu dieser Stunde. Er atmete Tropenluft. Er träumte, in Java zu sein, der Heimat der kleinen Mädchen auf der Brücke. Warm rieselte künstlicher Regen auf fremdes verpflanztes Grün. An üppig verschlungenen Ranken hing ein Schild: diese Stauden sind giftig. Im Museum der Altertümer schliefen indische und ägyptische Götter, und Mumien, den Pyramiden entrissen, lächelten geheimnisvoll und höhnisch. Im schönen, großen Museum für Völkerkunde sah jung und alt, nun auf dem Nachmittagsspaziergang, wie man einst in Samoa gelebt hatte und in Bloemfontein und im nun rebellischen Neuguinea. Erhabene Buddhas saßen im Glorienschein versteckter Lampen, und in einer Sonderschau trafen sich die Kasperl und Marionetten aller Völker mit den goldbetupften Jawangfiguren der javanischen Schattenspiele. Nun war auch der Fußballkampf vorbei, und die Straßenbahn brachte Massen zurück in die Stadt, die rat- und hilflos, mit schlenkernden Gliedern vor dem Bahnhof und dem Kino mit seiner Geschichte der Eroberung des ameri-

kanischen Wilden Westens ausharrten, an den Automaten der kleinen Versorgung rüttelnd, bis die Nacht kam und die Zeit, unter künstlichen Monden zu Bett zu gehen.
Den Haag war des Grafen Haag, ein Lustgarten und Jagdgrund der Grafen von Holland, und seit Graf Wilhelm II. in Aachen zum König des Heiligen Römischen Reiches gekrönt wurde, ist der Haag Hofhaltung, Regierungssitz, Diplomatenresidenz und bis heute noch immer ein Lustort, die feine Stadt Hollands, die Wohnung des Adels, der hohen Beamtenschaft, natürlich auch eine Pensionopolis und als snobistisch verschrien. Im Jagdschloß der Grafen, in seinem Rittersaal tagt das holländische Parlament, versammeln sich noch heute die Generalstaaten. Die Anlage ist traulich und finster zugleich, es ist eine Burg, eine Wasserburg mit spitzen Türmen, festen Mauern und Wehren, und das Zeremoniell der Parlamentseröffnung in jedem September ist mittelalterlich-ritterlich und auch barocke Hofhaltung, noch unangefochtener Souveränitätsglanz mit goldener Kutsche für die Königin, berittener Garde und Lakaienzug, aber der Schein trügt, der Alltag ist nüchtern, die Hofhaltung bescheiden, die Regierung bürgerlich. Die Gesandtschaften der fremden Mächte domizilieren in alten Häusern zu seiten stiller Baumalleen. Zuweilen gibt man protokollgerechte Empfänge, und die nackten Schultern der Damen erscheinen anderntags auf der Gesellschaftsseite der Zeitungen. Manchmal fahren noch Hofwagen durch die Stadt, von edlen Pferden gezogen, von Kutschern in makelloser Marstall-Livree gelenkt, aber in den Equipagen sitzt keine Dame, auf den Jagdwagen thront kein Herr. Im Grunde langweilt man sich, Bars und Dancings mit kubanischen oder mit Negerkapellen und dem Programm der Entkleidungstänzerin bieten ein Vergnügen von mäßiger Ausschweifung, das immer mehr den Clerks überlassen wird, den Angestellten der reichen Petroleumkonzerne und der Palmölmargarinegesellschaften, deren große, moderne Verwaltungspaläste schon lange die schlichten Ministerialgebäude des Staates überragen. Die Wohlhabenheit sitzt am Mittag unter Strahlwärmern auf den Kaffeehausterrassen des Buiten-

hofes, wohnt in geräumigen Landhäusern im gepflegten Park von Wassenaar, in Villen und in den neuen technischen Wunderhochhäusern am Meer; in schweren lautlosen Automobilen fährt man zum Sonnenkorso nach Scheveningen.
Aber auch dieser Schein trügt, die Wohlhabenheit alter Familien, die rechtzeitig die Schätze Indiens in Gewinn verwandelten und in europäisch-amerikanische Sicherheit brachten, sind nur ein kleiner, satter Fleck im Bilde des Haag; die Straße beherrschen die Leute des Mittelstandes auf dem Wege aus bürgerlichen Wohnvierteln kleiner Einfamilienreihenhäuser zu den Paradiesen der Kaufhallen, den Konfektionsgebäuden großer, kluggeleiteter Versorgungsgesellschaften, doch zur Stunde des Kontorschlusses sind es die unzufriedenen jungen Leute, die der Residenzstadt das Gesicht geben, auf unzähligen Fahrrädern schwärmen sie wie befehlslose Schwadronen aus dem Hergebrachten in eine noch ziellose Unruhe, selbst die jungen Offiziere aus den Stäben, aus der Militärverwaltung radeln mit den Clerks, radeln mit den jungen Beamten, vom Tag enttäuscht, einer ungewissen, einer unbewältigten, einer in ihrem Wesen noch lange nicht erkannten Zukunft entgegen. Die ältere Generation trifft sich zur Borrelstunde, zum Gläschen Genever, bevor man heimgeht, um das Abendessen, die Hauptmahlzeit im Kreis der Familie zu sich zu nehmen. Die holländischen Kneipen sind gemütlich, aber sie sind nicht mehr so gemütlich, wie sie es vor dem Kriege waren; damals standen Schüsseln mit Käsestückchen, mit Wurstscheiben, mit geröstetem Speck, Kartoffelships und Salzmandeln zur freien Bedienung auf jedem Tisch. Die Schüsseln sind verschwunden und werden nicht wiederkommen, die Restaurants sind teuer, und viele Stühle bleiben frei. Überfüllt sind am Wochenende nur die vielen indisch-chinesischen Eßlokale, dort trifft man sich noch einmal zur Reistafel, bricht das Kroepoek Oedang, das knusprige Brot des Ostens, erinnert sich der Wärme, der Märchennacht, des angenehmen Lebens, des Herrendaseins, das man auf den glücklichen Inseln führte, und bespricht die neuen Greuel aus dem Reiche des rebellischen Soekarno, von denen

die Kunde den Haag erreichte. Schöne, zarte halbindische Mädchen schmiegen sich in den Tanzlokalen mit ausdrucksvoll-ausdruckslosen Gesichtern an die Brust ihrer holländischen Freunde, die nicht unbetroffen sind von dieser Jugend fremder Blüte, aber selten zu näheren, den Familien unerwünschten Bindungen schreiten. Der junge Mann niederländisch-javanischer Herkunft studiert in Delft Brücken- oder Schiffbau, und noch weiß er nicht, wem er seine Kenntnisse einmal verkaufen wird. Im Mauritshuis vor dem stillen Schwanenweiher kann man das alte Holland der großen, reichen, mutigen, tatvollen und das Leben genießenden Zeit in den Bildern der Ruijsdael, Ostade, Wouwerman, Terborch, in van der Neers Szenen der Winterfreuden bewundern. Rembrandts Saul und David zeigt die schöne Schwermut, die auch in den goldenen Jahren in diesem Lande beheimatet war, und Paulus Potters Stier blickt ewig jung und ewig etwas verwundert den fremden Besucher an. Der amerikanische Millionär Carnegie schenkte Den Haag und der Welt den Friedenspalast. Ein Jahr nachdem das Haus unter dem Beifall der Völker eingeweiht worden war, brach der erste Weltkrieg aus, und der Friedenspalast steht hinter seinem überaus gepflegten grünen Rasen noch immer etwas erschüttert von diesem Erdbeben und all den anderen Beben da, die dem ersten schweren Stoß folgten. Der Turm des Hauses erinnert etwas an Westminster in London, so wie eine preußische Garnisonskirche wohl an den Kölner Dom denken läßt. Der Internationale Gerichtshof verhandelt im Friedenspalast über den kleinen Streit der Völker; die großen Katastrophen gehen ihre eigenen Wege. Dennoch besichtigen Reisegesellschaften gern und ehrfürchtig, von strengen, sprachkundigen Custoden geführt, den Palast, den die gutwillige und böse Welt mit Geschenken überhäuft hat. Das Treppenhaus ist nach dem Vorbild der Großen Oper in Paris geschaffen, doch die festliche Erregung, die einen dort überkommt, steigt man die Stufen empor, bleibt hier gänzlich aus. Noch das Kostbarste wirkt hier merkwürdig schäbig, wie eine Nachbildung, die es auch meistens ist, und aus zweiter

Hand. Im Hof verwundert ein Eisbärenbrunnen; er erinnert an eines Konditors Wappen und macht doch frieren. Die Vereinigten Staaten schenkten eine Gerechtigkeit ohne die klassischer- und hergebrachterweise verbundenen Augen; so blickt sie, wie es scheinen will, kalt und erwartungslos auf alle, die vor sie hintreten. Frankreich ließ aus eigenem schönem Empfinden auf einem Gemälde den Frieden als üppige Frau zwischen zwei streitende Männer treten. Leider zweifelt man, daß es der Dame gelingen wird, die Kampfhähne zu beruhigen. Aus Polen kam ein weißer, unterernährter, schon recht erkälteter Friede und rührt den Beschauer. Auch Märchen gibt es zu sehen, einen türkischen Teppich wie aus Tausendundeine Nacht und eine Stickerei, für die tausendundzweihundert arme Japanerinnen sich ein Jahr lang die Finger zerstochen haben. Die zarte Seide schützte nicht vor dem Unheil von Hiroshima. Spanien schickte Silber und der König von Siam lustigerweise die mächtigen Zähne seines weißen Lieblingselefanten, bevor er sein Reich verlor. Das schwarze Eisengitter aber, das den Friedensort umzäunt, wurde von Deutschland geschmiedet und gestiftet; der Custode berichtet es mit einer Stimme, in der Erbitterung zittert.
Nach Scheveningen fährt die Straßenbahn unter alten Bäumen. Scheveningen ist ein Fischerdorf und ein mondäner Badeort, und beide Regionen sind ziemlich streng voneinander getrennt. Im Fischerdorf sieht man noch die Frauen in den alten Trachten mit langen, den Erdboden berührenden Röcken, mit wollenem Umschlagtuch, goldenen Nadeln in der weißen Haube auf dem stolz erhobenen Kopf durch die Straßen niedriger Häuser wandeln. Diese Frauen stehen im Ruf strenger Sitten, und zur Sommerzeit schauen sie manchmal in Gruppen zum Badeort hinüber, um sich über die spärliche Bekleidung der Badegäste zu entrüsten. Das Leben der Fischer ist hart und erklärt und entschuldigt vielleicht die Strenge. Um das rechteckige Hafenbekken heben sich, hoch geschichtet, die salzverkrusteten Heringstonnen, und die kleinen Fischdampfer zeugen mit zerrissenen Netzen und abgesplitterter Farbe von gefährlicher Fahrt. Im

Herbst, wenn die Stürme kommen, wenn die hohen Wogen über die Mole schlagen, sieht man oft ein zu spät gewarntes Schiff Stunden und Tage kämpfen, den sicheren Hafen zu erreichen. Auf der steilen Düne beim Leuchtturm stehen dann bang die Angehörigen der um ihr Leben ringenden Besatzung, und mit ihnen harrt die ganze Fischergemeinschaft des Dorfes im schneidenden, heulenden Wind aus, in der Nacht vom huschenden Schein des Leuchtfeuers für Sekunden gespenstisch ins Helle gerissen, bis die Rettung gelungen oder das Schiff zerschellt ist. In der kleinen Scheweninger Dorfkirche nennt eine einfache Tafel die Namen der auf See Gebliebenen, eine lange Reihe. Im Badeort dagegen gibt der Aufenthalt am Meer Anlaß zu manchen Vergnügen, man lauscht den Klängen berühmter Orchester, hört die Stimmen französischer Diseusen, brennt ein Feuerwerk ab, und gegen Mitternacht versucht der Platz vor dem Kurhaus ein kleines Montmartre zu sein, macht er der Place Pigalle Konkurrenz mit Bar neben Bar und wilder Musik und Geschrei. Doch wenn der Sommer vorbei ist, wenn die Hotels hinter geschlossenen Fensterläden schlafen, wenn der Nebel alles einhüllt und des Nebelhorns ängstlicher, klagender Ruf ertönt, dann ist der Platz des gestorbenen Vergnügens, der erloschenen Reklamelichter Vineta, eine ertrunkene Stadt, die nicht am Meer, sondern auf dem Meeresgrund zu liegen scheint. Delft bietet sich dem Betrachter noch ganz so an wie Vermeer es malte, – alte Mauern, alte Türme, alte Tore, rote, schiefe Dächer spiegeln sich im glatten Wasser der die Stadt umfließenden Gracht. Die Technische Hochschule besuchen viele Studenten, aber man sieht sie nicht, sie fallen im Stadtbild nicht auf, sie stören nicht den Traum von Delft, der den blau-weißen Kachelbildern gleicht, den holländischen Szenen auf alten Kakaobüchsen, still, schön und gemütlich. Über die gewölbten Brücken laufen Kinder, unter den gemauerten Bogen gleiten träge Kähne zeitlos hin. Ein Hochzeitspaar fährt in einer Pferdedroschke zum Stadthaus und wird vom Bürgermeister begrüßt. Die Glocken der alten Türme läuten zum Mittag, und Schwärme von Radfahrern kreuzen auf einmal den Marktplatz.

In der neuen Kirche liegen alle Fürsten aus dem Hause Nassau-Oranien begraben, gegen geringen Eintritt kann man ihre Gedächtnissteine aus schwarzem und weißem Marmor sehen und in der alten Kirche das Grabmal des Admiral P. Hein, der den Spaniern die Silberflotte abnahm. Im Prinzenhof, dem alten Staatshaus aus festen Mauern und kleinen Höfen, wo Wilhelm der Schweigsame ermordet wurde, halten die holländischen Antiquitätenhändler ihre Jahresbörse ab, und es geht die Sage, daß friesische Bauern von ihren Äckern zu den Händlern kommen und mit Kennerschaft alte chinesische Zeichnungen kaufen. Delft liegt wie eine Perle in einer eigentlich häßlichen Muschel. Was um Delft herum sich ausdehnt, sind Fabriken, sind hastig errichtete neue Siedlungen, sind Schnapsbrennereien, und alles scheint hier nur mehr ein Vorort des großen Hafen- und Handelsplatzes Rotterdam zu sein.
Rotterdam ist die modernste, die regsamste Stadt der Niederlande. Der Krieg zerstörte sie; er zerstörte sie fast gänzlich. Rotterdam war nach Warschau das erste Mal der Schande, die erste europäische Großstadt, die an einem Tag, in wenigen Minuten in Trümmer sank, und Entsetzen lähmte die Welt. Wer heute nach Rotterdam kommt, wir den Ort nicht wiedererkennen. Rotterdam war nicht schön, man darf es sagen; jetzt ist es schön. Es ist, als hätte sich hier das vermessene Wort von den Städten, die schöner wieder aufgebaut werden sollten, erfüllt. Rotterdam ist nun ein Beispiel guten Bauens. Es ist hier gelungen, was Frankfurt oder Düsseldorf nicht glückte. Die Stadt ist weit, klar, hoch, sie ist sachlich, aber nicht formenarm errichtet worden. Der Gang durch die neuen Geschäftsstraßen stimmt fröhlich. Die Architektur unserer Zeit weckt ein neues Lebensgefühl, das bisher nur der Süden schenkte. Läden, Cafés, Restaurants öffnen sich bereitwillig der Straße, schließen sich nicht ab, bilden mit der Gehbahn ein Forum, das demokratisch und gute Politik ist. Bahnhöfe sind im allgemeinen Fremdkörper eines Ortes, in Rotterdam steht man, kaum angekommen, in einer Halle aus lichtdurchflutetem Glas und mitten im Gemeinwesen. Die Hochhäuser wirken leicht und freundlich, zeigen ein

schwebendes, ein verspieltes Wohnen. Rotterdam scheint auch die Musen beherbergen zu wollen; moderne, gar abstrakte Standbilder schmücken die Straßen, und Erasmus steht, ein freundlicher Weiser, vor der kühn konstruierten Front eines Geschäftshauses und ist daheim. Nur der Hafen enttäuscht. Er enttäuscht mit seinen Neubauten, seinen neuen Becken, seinen neuen Brücken und all seiner Tüchtigkeit, die schon immer mehr nach Westen, nach Amerika, als nach Osten, nach Indien gerichtet war. Die Seemannsromantik jedoch stirbt aus. In Gebäuden aus Stahl, Glas und Beton gedeihen keine Rum- und Geneverträume; Zuckerrohr und Wacholder zaubern nicht mehr den Wald aus Masten, Rahen und Segeln, das Meer mit seinen Ungeheuern, den Fliegenden Holländer der Stürme und die Inseln der Schiffbrüche. Die Mädchen sitzen im Neonlicht der Büros und Werksäle hinter blanken Maschinen und warten nicht mehr auf die Heuer der Fahrensleute. Der Schiedamsche Dijk stimmt traurig. Hier waren die Matrosenlokale, hier hämmerte das elektrische Klavier, hier hingen Perlenvorhänge, winkten Haifischflossen, saßen Affen auf dem Zink der Theken, konnten Papageien so herrlich unanständig fluchen und die Mädchen so wundersame Lügen erzählen. Das ist vorbei. Es hat sich kein Ersatz gefunden. Auch um das Bollwerk ist es schade, um die alten Bäume, die da standen, um die alten verräucherten Kontore und um die alten Kapitäne, die dort ein und aus gingen. Am Coolsingel, inmitten der Lichtflut der Neubauten und des stärksten Verkehrs, im Zentrum des Wiederaufbaus, den man nur bewundern kann, steht ein schlichtes weißes Kreuz und erinnert an die, die fielen. Trauer und ein wenig Wehmut befällt dann den Besucher. Eine Stadt geht unter. Eine Stadt steht wieder auf. Aber es nicht mehr die alte Stadt.

Eine alte Landschaft war noch immer Kinderdijk und, wenn es nicht gestorben ist, ein holländisches Märchen. Dreiundzwanzig hohe Windmühlen drehen sich dort an einem sanften Wasser. Es sind die Windmühlen auf den Kakaobüchsen in Großmutters Schrank. Hier hätte des Müllers Kind wohnen können, das sich mit seinen Tränen so rein wusch, daß der Teufel keine Macht über es hatte, oder auch die andere Müllerstochter, der Rumpelstilzchen das Stroh zu Gold spann. Das Panorama ist Verzauberung, das Licht Ewigkeit, das Wasser Mysterium. Der Angler am Ufer konnte die Jahrhunderte zurück träumen, und nur ein Flieger mochte vielleicht mit fernem Gebrumm sein Sinnen stören. Nun hat ein Konzern das alte Mühlenland gekauft, er will eine Siedlung errichten oder Fabriken, er will mit Bulldozern gegen die Mühlen vorgehen und die Schönheit des alten Bildes für immer zerstören. Da fand sich auch in den Niederlanden ein Don Quichote. Der pensionierte Gemeindesekretär von Nieuw Lekkerland, der Herr Voorsluys, stand auf, schlug Lärm und kämpft seitdem, ein Ritter ohne Furcht und Tadel, gegen die Windmühlen des Konzerns, gegen die klappernden Schlagflügel des Geldes, der Macht, der Obrigkeit und des Fortschrittes, für die Unantastbarkeit der menschen- und märchenfreundlichen Vedute, des alten Mühlenraines, seines träumenden Wassers, der reinen Idylle. Herr Voorsluys wird seinen ehrenwerten Kampf verlieren. Er wird ihn auf jeden Fall verlieren. Ein Naturschutzpark ist keine Natur mehr; zweckgebunden, eine Kraft-durch-Freude-Wiese, ein Ort nach dem Unmenschenwort »Freizeitgestaltung«, liegt er einkalkuliert zwischen den Fließbändern einer Zukunft, der wir nicht entgehen werden. Kinderdijk, Lekkerland, wundersame Namen, Windmühlen der Luftgeister, verstaubte Kakaobüchsen, begrabene Großmütter, verstummter Märchenmund, nach alter Schublade riechende Zuckerplätzchen und schwanenflügelige Beginenhauben unter dem vertrockneten Firnis gehüteter Bilder, – aber war es das Paradies? War Kinderdijk nicht auch Enge, Erstarrung, Angebundenheit, Erhaltung eines Gott wohlgefälligen und von ihm nie, nie, niemals beachteten, von protestantisch reformierten, von protestantisch calvinistischen Predigern mit verkniffenem Mund und Kindersegen gebilligten Oben und Unten der Wohlgeborenheit und der Krippe im Gesindestall, des Standes und des Dienstes, in die man sich zu schicken hatte? Was dachte des Müllers Knecht, was glaubte des Müllers Esel von Kinderdijk?

In Schiphol, auf dem weiten Flugfeld dröhnen die Motoren. Die Bodenlichter erhellen die Nacht, ewige Lampen der Erwartung und des Abschiedes und gleichgültig den Teufeln wie den Engeln. Der Fliegende Holländer regt mächtig seine Schwingen. Er verbindet Holland mit der Welt, die Welt mit seinem kleinen Land, das Napoleon ein Anhängel seiner Reiche nannte, und das Philipp von Spanien und Hitler vom Innviertel besetzten, aber nicht eroberten.

Herr Polevoi und sein Gast

Eines Tages kam der Brief. Es war ein kleiner, ein gar nicht seriös aussehender Brief, die Adresse war wie von Kinderhand geschrieben, und erst auf der Rückseite des Kuverts versuchte ein verwischter, sympathisch nachlässig hingesetzter blauer Stempel dem Schreiben Amt und Würde zu geben. »Botschaft der UdSSR in BR« heißt der Stempel. Das BR war unsere Bundesrepublik.

Die Botschaft der proletarischen UdSSR erkundigte sich sehr liebenswürdig bei mir, einem Bürger der BR, ob ich eine Einladung in die Sowjetunion annehmen würde. Herr Boris Polevoi, der Vorsitzende des Vorstandes des Verbandes der Sowjetischen Schriftsteller war freundlich gesonnen, mir sein Land zu zeigen. Sogleich sah ich mich, in Pelze gehüllt, eine Pelzmütze auf dem Kopf, zusammen mit Polevoi in einem Schlitten sitzen. In einer Troika glitten wir durch die winterliche Weite. In der Luft klirrte der Frost. Die Leiber der Pferde dampften. Schellen läuteten an ihrem Geschirr. Märchenkirchen hoben sich aus dem Schnee – gebrochene goldene Kreuze. Wölfe begleiteten unsere Fahrt, Reif im gesträubten Fell und hungrig die roten Zungen. Der heilige Marc Chagall schwebte über sturmschiefen Holzhäusern, die wir am Abend erreichten. Wir schliefen zur Nacht in schweren Betten, die auf breite warme Kachelöfen geschichtet waren. Wir löffelten roten Borschtsch, in dem weiß und fett die Sahne versank. Wir aßen Töpfe voll Kaviar leer und Pfannen mit gerösteter Grütze. Wir tranken süßen Tee und scharfen Wodka und lauschten schwermütigen Balalaika-Klängen. Ach, es war das Rußland der Postkarten, der bunten Wandbilder in den kleinen russischen Restaurants von Berlin und Paris, im Marmorhaus sah man den Panzerkreuzer Potemkin, im Capitol gab es »Die letzten Tage von St. Petersburg«, und Piscator spielte am Nollendorfplatz den »Rasputin«, Kino und Bühne begruben das Zarenreich, und junge Menschheitsschwärmer saßen nach den revolutionären Erhebungen des Abends begeistert in den Gaststätten der verbitterten Emigranten, und eine traurige junge Schöne, die vielleicht eine vertriebene Prinzessin Romanoff war, servierte mißmutig das Gedeck zu Einsfünfzig. Die Prinzessin verschwand später im Wehrministerium am trüben Landwehrkanal in der Abteilung »Östliche Heere«. Die jungen Menschheitsschwärmer kämpften in Rußland für eine Sache, für die sie nicht hatten kämpfen wollen. Die Prinzessin ist tot, die Menschheitsschwärmer sind tot. Polevoi und ich beschworen die Toten Seelen, den nicht endenwollenden Roman von Schuld und Sühne, und am Morgen sahen wir unter einer roten Sonne einen Zug von Gefangenen über das Eis gen Osten gehen, und ich fragte Polevoi, immer noch?, und Polevoi erwiderte traurig, immer noch. Aber dann hob er seine Hand und deutete auf Scharen junger Leute, auf Rußlands neue Jugend, die freiwillig nach Sibirien zog »im Sturmschritt vorwärts«, und aus unwirtlicher Erde wurden Äkker, gedieh Brot, sprang Elektrizität, wuchs ein anderes Chicago.

Es gibt Leute, die mich schelten werden. Aber hat Dante nicht die Einladung in die Hölle angenommen? Und die Hölle auf Erden? Ist sie ein geographisch zu erfassender Ort, ein begrenztes Territorium? Gibt es irgendwo ein Schild: Hier beginnt die Hölle, hier endet das Paradies? Und wenn es dieses Schild geben sollte, – wer hat es aufgestellt? Darf man ihm trauen? Ich halte nichts von Schildern. Ich reiste in die Sowjetunion.

Aber zunächst reiste ich nach Bonn, und in Rolandswerth steht am selben Rhein, in dem unser Bundeshaus sich spiegelt, ein weiträumiges, aber auch ländliches Gebäude, das aussieht wie eine Burg des neunzehnten Jahrhunderts, ein fester Platz reicher Leute, es ist die Botschaft der UdSSR in BR, und in einem großen Saal, wo Gobelins die Wände schmücken und Aubusson-Sessel von Zuckerfabrikanten träumen, empfing mich der Botschafter Twerdochlebow. Herr Twerdochlebow war ge-

mütlich freundlich, er erteilte mir sehr unbürokratisch die Einreise- und Ausreisegenehmigung seiner Regierung, ein diesmal kräftiger und prächtiger Stempel zierte meinen Paß, und dann riet mir Herr Twerdochlebow, mit der skandinavischen Luftfahrtgesellschaft über Kopenhagen nach Moskau zu fliegen, er und seine Familie, sie flögen immer über Kopenhagen, und es sei sehr bequem. Ich wollte aber nicht fliegen, ich wollte nicht über Kopenhagen reisen, der lustigen Stadt der lustigen hübschen Mädchen, der belegten Brote und der Freuden des Tivolis, ich wollte mit dem Zug fahren, ich wollte Tag und Nacht die Räder rollen hören, die Räder der Zeit und die Räder des Schicksals, ich wollte spüren, wie es nach Osten geht, ich wollte merken, wie die Sonne und die Stunden mir entgegenwandern, ich wollte mich langsam dem verschlossenen sagenhaften Staat nähern, der nach der Lehre eines deutschen Philosophen dort errichtet wurde, wo alle Philosophen und Propheten es zuletzt erwartet hatten, ja, ich wollte den Eisernen Vorhang sehen, vielleicht die große gefährliche Chimäre unserer Zeit, ich wollte die Chimäre beobachten, und wenn der Eiserne Vorhang keine Chimäre war, wollte ich sehen, wie man ihn heben kann oder wie man durch ihn hindurchschlüpft, und Herr Twerdochlebow wunderte sich sehr, als ich ihm dies alles erklärte.
Der Eiserne Vorhang – war er hinter Bamberg, an der Saale, vor Thüringens grünen Bergen? Ein deutscher Mann kam in das Abteil. Seine Uniform war preußisch und war russisch, auf jeden Fall war sie militärisch, er selbst war jung und mochte wohl aus einer Kleinstadt stammen, wenn nicht vom Lande, und er war weltanschaulich geschult worden, das sah man ihm an, die Grundlehren des Marxismus-Leninismus steiften ihm den Rükken, versetzten ihn aber auch in eine immerwährende Abwehrstellung gegen eine Welt voll Feinden, was nun wieder äußerst deutsch war, und im übrigen benahm er sich korrekt und sehr höflich. Er schrieb meine Personalien aus meinem Paß ab, und es war, als wenn ein höflicher, aber strenger Polizist einen aufschreibt, weil man bei rotem Licht über die Straße gegangen ist. Hatte ich das rote Licht übersehen? Ich lag in Deutschland in

einem deutschen Zug in einem deutschen Mitropa-Bett, und der deutsche Polizist in der preußisch-russischen Uniform reichte mir eine Durchschrift seiner Notizen und wünschte mir eine gute Nacht. Die Nacht war hell, Weimar mußte nahe sein und Eisenach und Wittenberg und Schillers Jena, und als früh der Morgen dämmerte, roch es nach Chemie und Gas, und das Leuna-Werk – auch dies eine deutsche Burg – lag unter trägem Rauch. Die Mauern bröckelten, die Fenster waren blind, die Höfe menschenleer, ein Spruchband flatterte und spornte zu höherer Leistung an. Wen? Für wen? Auf kleinen Bahnhöfen standen müde Menschen im Morgenwind. Diesmal kam ein Mädchen ins Abteil. Ihre Uniform war nicht preußisch und nicht russisch, aber sie erinnerte an den Krieg, weil Mädchen in Uniform immer das Bild des Krieges heraufbeschwören. Das Mädchen forderte den Zettel zurück, den mir der Volkspolizist gegeben hatte. Ich reichte ihn ihr, und das Mädchen strahlte und wünschte mir einen guten Morgen. Ich war kontrolliert worden. Hatte man befürchtet, ich könne in den mitteldeutschen Wäldern verschwinden und wie Karl Moor eine Räuberbande gründen?
Was blieb vom Bahnhof Zoo, was von dem Square Hardenbergstraße, Kurfürstendamm, Tauentzienstraße? Was blieb von Pompeji? Die neuen Bauten sehen wie nach einem Erdbeben errichtet aus. Werden sie standhalten? Im Hotel Kempinski war das bestellte Zimmer noch nicht frei. Wer kommt schon zu so früher Stunde an, wer reist noch mit dem Zug? Die Regierung fällt aus der Luft, und auch der Geschäftsmann steigt wie ein Gott aus der Wolke. Der Empfangschef belehrte mich, daß seine Gäste immer erst mit den Nachmittagsflugzeugen abzureisen pflegen; aber er empfahl mir, zu frühstücken. Im Frühstückszimmer waren einige der Leute, die erst am Nachmittag prächtige Himmelfahrt halten. Der Kellner wies mir auf englisch einen Platz an; es gab amerikanische Frühstücksspeisen und überseeische Zeitungen, und die Männer, die diese Speisen aßen und diese Zeitungen lasen, sahen aus, als ob sie die erdbebensicheren Bauten in der Stadt errichtet hätten und nun nach

ihrem Gewinn sehen wollten. Wer saß in den Autobussen? Einst fuhren sie vom Grunewald zur City. Es gab keine City mehr. Die Autobuslinien enden am Potsdamer Platz. Für manchen endet hier die Welt. Wieder das Spiel Himmel und Hölle. Ein unsichtbarer Kreidestrich. Hypnotisierte Hühner. Polizisten hüben, und Polizisten drüben. Das Unkraut in der Mitte, – ein Stück der Wahrheit oder der Chimäre? In der ausgebrannten Halle des Anhalter Bahnhofs wächst Gras und lärmen Kinder; die Kinder schossen mit Wasserpistolen aufeinander und fielen tot zwischen die toten Gleise.
Ich brauchte für meine Reise ein polnisches Visum, und ich ging den Kurfürstendamm hinunter zur polnischen Militärmission. Auf einer Kaffeehausterrasse frühstückten Japaner. Ein Besichtigungsbus stand bereit zur Fahrt durch den West- und Ostsektor der Stadt. Die Japaner putzten die Objektive ihrer photographischen Apparate blank; sie wollten Pompeji sicher nach Hause tragen. Im Gebäude der polnischen Militärmission drängten sich die Menschen. Es brauchten offenbar viele Reisende ein polnisches Visum. Im Warteraum wurden Fragebögen ausgefüllt, und hin und wieder kam eine Angestellte der Mission in das Zimmer und fragte noch nach Dingen, die in den Formularen nicht vorgesehen waren. Ich las die ausgezeichnet gestaltete, formal und inhaltlich hervorragende Zeitschrift »Polen« und fand dort die leidenschaftlichsten Bekenntnisse polnischer Schriftsteller zur literarischen und künstlerischen Freiheit, zur Freiheit der Gedanken und zur Freiheit des Gewissens. Eine Frau aus Hamburg, die in Allenstein geboren war, kämpfte um ein Visum, um in Allenstein an der Beerdigung ihrer Mutter teilnehmen zu können. Die Frau stellte sich ungeschickt an. Die anderen Visumbewerber waren viel geschickter. Sie wollten niemand beerdigen, sie wollten nach Posen zur Messe und dort Geld verdienen. Der Kulturattaché der Mission fragte mich vorwurfsvoll, warum das Innenministerium in Bonn zwei bedeutenden polnischen Schriftstellern die Einreise in die Bundesrepublik verweigert habe. Ich wußte es nicht; der Innenminister hatte sich nicht mit mir beraten. Der polnische

Kulturattaché ließ mir mein Visum ausstellen und bot mir polnisches Gebäck an. Das Gebäck erinnerte mich an Thorn, an die Weichsel und an das Denkmal des Kopernikus. Das Gebäck schmeckte nach Honig und Schokolade, es schmeckte wie ein Kinderkonditoreibesuch in Thorn, ich stand im Schatten des Kopernikus und sicher in seinem Weltbild, Ulanen ritten durch die Stadt, ein Fesselballon schwebte über den Kasematten, und aus Thorn wurde Toruń.

Ich mußte in das andere Berlin fahren, unterirdisch und überirdisch, die Stadtbahn und die Untergrundlinien verbinden noch die getrennte Welt, westdeutsches Theater, ostdeutsches Theater, – die Zeitungen des Ostens, die Zeitungen des Westens, und Mißmut reist mit den Menschen in diesen Zügen. Ein Morgen am Bahnhof Friedrichstraße. Vor einem Pavillon Propagandatafeln einer Ausstellung. Schwarz-rot-goldene Fahnen. Volkspolizisten und Mädchen. Am Straßenrand eine Reihe von Telefonapparaten. Nimmt man den Hörer ab, erklärt einem eine vorwurfsvolle Stimme, warum es in der DDR keine Oppositionsparteien geben könne. Die Volkspolizisten und die Mädchen albern miteinander. In der Ausstellung wird deutsche Geschichte erzählt, deutsche Kriegsgeschichte von 1870, von 1914, von 1939, Bilder und Dokumente des Grauens und Erklärungen und Beweise, wie man am Entsetzlichen profitierte. Keine Lüge, aber Vereinfachungen. Die Wahrheit, aber nur die eine Seite der Wahrheit. Eine Schulklasse wird durch die grausige Schau geführt. Ein sehr junger Lehrer deutet auf ein Stück verschrumpeltes Pergament und sagt, dies wurde aus Menschenhaut hergestellt. Die Kinder starren auf das Stück Pergament aus Menschenhaut. Was geht in ihnen vor? Ihre Gesichter sind Schulausflugsgesichter. Ein Mädchen ißt eine Stulle. An der Ecke Friedrichstraße–Unter den Linden blieb Hitlers Krieg verloren. Ein Grab der Hybris. Wenige Menschen bewegen sich in den langen pedantisch aufgeräumten Straßen der Ruinenfassaden wie in einem Schattenreich. Voll Menschen aber ist das deutsche Reisebüro in der Charlottenstraße. Die Welt ist geteilt, aber die Menschheit reist in jeder ihrer Hälften. Bunte

Plakate locken nach Prag und nach Warschau, die ostdeutsche Lufthansa bietet ihre Flüge nach Bukarest an, verlangt werden Fahrkarten nach Leipzig und nach Wismar, aber auch Peking ist von hier leicht zu erreichen. Ich habe ein Billett nach Moskau bestellt. Ein sehr tüchtiges Mädchen, eine echte Berlinerin, sagt, ja, ein Herrenbett. Ich sage, nein, ein Einzelabteil. Das tüchtige Mädchen sagt, es gibt keine Einzelabteile im Berlin–Moskau-Expreß, es gibt nur Kabinen zu vier Betten. Ich bin enttäuscht, ich wollte träumen, nun sehe ich mich durch Unterhaltungen unbekannter Reisender gestört und denke an Herrn Twerdochlebows bequeme Flüge über Kopenhagen. Ich frage, wer reist mit mir in meinem Abteil? Eine Delegation der Wismutarbeiter. Ich sehe mich mit der Delegation in Moskau empfangen, ich denke an Brechts »Mann ist Mann« und besichtige Wismutbergwerke in der Sowjetunion. Ich frage das Mädchen, was kann man tun. Das Mädchen sagt, nichts. Sie sieht mich strahlend an. Ich sage, man kann nicht allein sein? Sie sagt, Sie müßten vier Betten bestellen, vier Fahrkarten kaufen. Es ist ein kapitalistischer Ausweg. Träume und Einsamkeit sind teuer. Ich entschließe mich, den kapitalistischen Weg zu gehen. Ich schäme mich. Das Mädchen fragt spöttisch, wollen Sie auch für vier Personen essen? Ich sage nein, nur träumen. Das Mädchen schreibt vier Fahrscheine, vier Bettkarten und einen Essensbon aus. Der Essensbon spricht viele Sprache. Mit geheimnisvollen Zeichen spricht er chinesisch und arabisch. Es ist eine internationale Strecke, es ist ein Weltweg, den ich fahren will. Das tüchtige Mädchen gibt mir vier dicke, korrekt ausgestellte Fahrscheinhefte und wünscht eine gute Reise. Nun brauche ich noch ein Durchreisevisum durch die DDR und eine Erlaubnis der deutschen Notenbank, Geld und Reiseschecks durch die Demokratische Republik transportieren zu dürfen. Es gibt viele Ämter, es gibt viele Formulare, es gibt viele Stempel in diesem Staat, der doch auch unser Staat ist. Die Behörden sind bewacht, die Portiers sind streng, vor jedem Schalter wartet eine Schlange, und man selber steht oft vor dem falschen Schalter an, aber überall fand ich eines der tüchtigen, hellwachen und selbstbewußten Berliner Mädchen, das, wenn man sich in Paragraphen und Bestimmungen hoffnungslos verstrickt glaubte, schnell das Vernünftige tat, das Visum ausschrieb, die Erlaubnis erteilte und von Herzen eine gute Reise wünschte. Immerhin doch erschöpft, erreichte ich wieder den Bahnhof Friedrichstraße, ging in den Wartesaal, bestellte mir nach der Karte einen sowjetischen Wodka, und der Kellner sah mich mißtrauisch an und sagte, wir haben nur Adlershorster Wodka, und ich sagte, gut, also Adlershorster Wodka, und der Kellner war noch nicht zufrieden und sagte, Ihren Ausweis, und als ich ihn erstaunt ansah, fragte er nach meiner Aufenthaltsgenehmigung, und als ich ihm eingeschüchtert versicherte, ich hätte keine, da sagte er mir, dann müssen Sie in Westgeld zahlen. Ich besaß gar kein Ostgeld. Der Wodka schmeckte wirklich nach Adlershorst; er schmeckte nach einem kleinen Land.

Am Abend verließ ich die Bundesrepublik, verließ ich Westberlin durch die Hintertür. Es gibt hier nur die Hintertür. Kein Grenzschutzmann, kein Zollbeamter kontrollierte mich. Ich fuhr mit der Stadtbahn über die Brücke hinter dem Lehrter Bahnhof, ich sah das geschwungene Dach der neuen Kongreßhalle, sah die Ruine des Reichstags und war schon über dem grünen Garten der Charité in der östlichen Welt. Es war ein schöner Abend, eine linde Luft, ein paar Wolken am Himmel, kein Vorhang weit und breit. Doch der Ostbahnhof, der alte Schlesische Bahnhof, war merkwürdig dunkel. Aber war er es nicht immer? Man mußte vom Stadtbahnsteig zum Fernbahnsteig durch lange Gänge gehen, die wie unterirdische Verliese wirkten. Es gab keine Gepäckträger. Die Reisenden hasteten mit ihren Lasten durch die schwach erleuchteten Tunnel, und jedermann war gereizt und wie in der Furcht, seinen Zug, sein Ziel, sein Leben zu versäumen.

Mein Zug war ein Gespensterzug. Seine grünliche Farbe und die goldene russische Schrift auf seinen Flanken phosphoreszierten in dem dämmrigen Licht der Halle, das wie absichtlich verdunkelt war, eine Bahnhofshalle im Krieg. Aber am unheimlichsten waren die Fenster des einfahrenden Zuges, hinter jeder Scheibe leuchtete, von zur Seite gerafften blauen Plüschportieren gotisch-spitzbogig eingerahmt, eine kleine Tischlampe, von einem rosa Seidenschirm mit rosa Fransen gekrönt. Und dann waren die Stimmen da, wirkliche Geisterstimmen. Aus jedem Abteil, aus all den schweren Wagen des stählernen Zuges, dem man an sich wohl eine lange Reise und schnelle Fahrt zutrauen konnte, hallten Chöre. Es waren Frauen, die da sangen, unsichtbare fröhliche Frauen, und ihre Stimmen drangen aus hundert Lautsprechern, denen man nicht entgehen konnte und die den Zug und die Reisenden beherrschten. Ich besichtigte meine vier Betten, das Abteil war geräumig, für einen Menschen war es geräumig, für vier wäre es eng gewesen, ich knipste die Tischlampe ein und aus, rosa Schein und dunkle Nacht, wir verließen langsam den Ostbahnhof, fuhren zur Oder, die Lokomotive schrie, schrie anders als deutsche Lokomotiven, aber kräftig und melodisch und wie für große Weiten bestimmt, und ich suchte den Knopf, um den Lautsprecher abzustellen, die hämmernden munteren Chöre, aber ich fand ihn nicht, und der russische Schaffner, der weißgekleidete Schaffner meines Wagens, verstand nicht, was ich wollte, begriff es nicht, und ich machte ihm Zeichen, tanzte ihm eine Pantomime der Qual vor, und schließlich hielt er mich wohl für verrückt; er riß einen Draht durch, und der Lautsprecher verstummte. Es herrschte Stille, wohltuende himmlische Stille, und die jubilierenden Frauenstimmen schmetterten nur noch im Gang und in den Nebenabteilen ihr Lied, das sich schließlich im Räderrollen erschöpfte und verlor. In Frankfurt an der Oder ging wieder ein uniformiertes Mädchen durch den Zug, es war wieder ein Mädchen von der netten Sorte, und sie studierte mein Durchreisevisum durch die DDR und meine Devisenbescheinigung der deutschen Notenbank, und sie wünschte mir sehr herzlich eine gute Reise. Danach kamen zwei Polen in mein Abteil, sie hatten sehr gut geschnittene und sehr gepflegte Uniformen an, ihre Ledertaschen, in denen sie Schreibzeug und Stempel trugen, glänzten und knarrten. Sie beguckten mein polnisches Visum, fanden es in Ordnung und wünschten mir eine gute Nacht.

Dann kam der russische Schaffner, schloß die Plüschvorhänge des Fensters, der rosa Schein der Tischlampe wurde noch zärtlicher, der Schaffner machte eines meiner Betten, fragte mich, ob ich Tschai haben wolle, ich wollte Tschai haben, und der Schaffner brachte mir ein Glas vorzüglichen starken Tee in einem schönen und praktischen Glashalter aus echtem Silber. Es war nun sehr gemütlich im Zug, gemütlich fuhren wir durch die Nacht, passierten Polen, und ich konnte träumen; es war ein tragischer Traum, ein Traum vom Mißverstehen zwischen Europa und Asien, zwischen Deutschen und Polen, Polen und Russen, ein Traum von Unterdrückungen, Aufständen, Niederwerfungen und Teilungen, ein Traum von verdammten Heerzügen, von sinnlos geopferten Toten, von Napoleons Gespannen und der Wehrmacht Panzern, und in der Luft, im Fahrtwind, im Schrei der Lokomotive kämpften noch immer Dschingis Kahns Reiter und schlugen noch immer ihre Katalaunische Schlacht. Meine Mitreisenden waren niedere Ränge der russischen Besatzungsarmee in Mitteldeutschland, Militär- und Zivilbeamte mit ihren Frauen und Kindern, und einige ausländische Delegationen, die wenig in Erscheinung traten; in meinem Wagen gab es sie überhaupt nicht, in meinem Wagen wurde nur russisch gesprochen. Die Russen schliefen am Morgen lange, als hätten sie Urlaub während der Fahrt, der Schaffner schlief, sogar die Lautsprecher schliefen, das polnische Land glitt vorüber, flach, weite Felder und Wälder, und erst gegen zehn Uhr öffneten sich die Türen der Abteile, die Reisenden zeigten sich in bequemen breitgestreiften Schlafanzügen im Gang, in den Lautsprechern begannen die fröhlichen Chorgesänge, der Schaffner blies in die Holzkohlenglut seines Samowars, gleich brachte er Tschai, und in der Ferne war Warschau zu sehen.

In Warschau hält der Berlin–Moskau-Expreß auf einem kleinen Bahnhof, der weit vor der Stadt liegt. Niemand steigt aus, niemand steigt ein. Mein Schaffner hatte seine weiße Jacke mit einer dunklen vertauscht, er hatte sich seine Dienstmütze aufgesetzt und promenierte auf dem Bahnsteig. Auch die Passagiere ergingen sich auf dem Perron, der zu einer Schau breitgestreifter Schlafanzüge wurde. Auf einem zweiten Bahnsteig wartete ein polnisches Mädchen; das Mädchen war gut geschminkt, hatte ein enges Kleid an und stand auf sehr hohen Absätzen. Das Mädchen blickte gelangweilt auf den langen grünen Zug, seine goldene russische Schrift und die Fahrgäste in den Schlafanzügen. Warschau lag im Sonnenglast da, es zeigte eine Silhouette von Türmen und hohen Häusern; wie jede Ferne war es geheimnisvoll und anziehend, und das Mädchen auf dem Bahnsteig war ein hübscher, aber hochmütiger Botschafter seiner Stadt.

Es war ein Sonntag. Züge mit feierlich gekleideten Landleuten fuhren in die Städte, die Landleute sahen aus wie Landleute in Ostpreußen ausgesehen haben, die Kinder trugen Anzüge mit Matrosenkragen und wirkten wie Kinder aus der Zeit vor dem ersten Weltkrieg. Man sah Kirchen und man sah Kirchgänger, man sah Kreuze an den Feldwegen, und die Kreuze waren mit Blumen geschmückt, vor einem kleinen Bahnhof stand eine uralte Pferdedroschke und wartete auf einen Fahrgast, ein ländliches Paar ging durch ein Getreidefeld, in einem Fluß badeten Kinder, es war ein friedlicher Tag in Polen, zur russischen Grenze zu vermehrten sich die Gleise, es war als ob man in den großen Bahnhof einer bedeutenden Handelsstadt einfuhr, aber die Gleise lagen in freier Natur, doch standen überall lange Güterzüge auf den Schienen, Waggons, die aus Erfurt, aus Polen, aus der Tschechoslowakei stammten, wir passierten einen bedeutenden Umschlagplatz des Osthandels, wir hielten irgendwo, polnische Beamte kamen und kontrollierten wieder die Pässe, dann fuhren wir noch einmal eine kleine Strecke, die russischen Reisenden hatten ihre Uniformen oder ihre guten Anzüge angezogen, sie blickten mit freudiger Erregung aus den Fenstern, wir hielten auf einer Brücke, eine rote Fahne wehte vom Brückenmast, wir waren in der Sowjetunion. Ein Russe kam in mein Abteil, betrachtete meinen Paß und fragte, was wollen Sie in der Sowjetunion, sind Sie Ingenieur? Ich beteuerte, ich sei Schriftsteller, und der Russe sagte, ah, Sie sind

Schriftsteller, willkommen in der Sowjetunion. Mein Gepäck wurde nicht angeschaut, aber ein Soldat guckte, als suche er eine mitgebrachte Atombombe, unter die Betten meines Abteils. Wir fuhren ein paar Meter weiter und hielten im Bahnhof von Brest. Der Zug wird in Brest auf andere Räder gesetzt, der breiten russischen Spur angepaßt, und der Aufenthalt dauert drei Stunden. Das Bahnhofsgebäude war neu, es war außerordentlich geräumig, und es war sauber. Ein russischer Student sprach mich an und fragte, ob er etwas für mich tun könne. Ich hatte Hunger. Der Zug hatte wider Erwarten bis zur russischen Grenze keinen Speisewagen geführt, und die Essensgutscheine, die man mir in Berlin gegeben, hatten mir nichts genützt. Ich hatte kein russisches Geld bei mir, und ich fragte den Studenten, ob ich auf dem Bahnhof Geld wechseln könne. Der Student sagte, ich könne Geld wechseln, aber ich könne auch gegen meine Gutscheine im Bahnhofsrestaurant essen. Der Student wechselte für mich englische Pfunde gegen Rubel, ich bekam schöne, große Scheine, auf denen Lenin lächelnd auf Hammer und Sichel blickt, und der Student brachte mich in das Restaurant, aber er führte mich weiter, hinter einen großen, grünlich schimmernden Plüschvorhang in eine abgesperrte Ecke, wo ich allein an einem großen runden Tisch saß, der wie für eine Hochzeitsgesellschaft gedeckt war. Ich hatte Durst; und ich bekam ein Mineralwasser, das lauwarm war, und dann bekam ich ein Boeuf-Stroganoff, das mich furchtbar enttäuschte und mir leider keine gute Meinung von der russischen Kochkunst vermittelte. Aber ißt man auf anderen Bahnhöfen, es sei denn im friedenverwöhnten Zürich, besser? Im großen Saal speisten die Russen; sie waren fröhlich, sie waren gutgenährt, und es schien ihnen zu schmecken. Ich fragte den Studenten, ob ich in die Stadt gehen könne, und der Student sah mich erstaunt an und sagte, natürlich können Sie in die Stadt gehen. Hatte ich ihn beleidigt? Hatte vielleicht auch durch meine Frage die blödsinnige Zwangsvorstellung geschienen, daß in Rußland dem Reisenden stets ein Geheimpolizist folge? Wie fremd waren wir uns, und wie sehr doch, wie nachbarlich aufeinander angewiesen. Der

Student wies mir den Weg zur Stadt, sagte mir, daß ich sie geschmückt sehen würde, denn es sei gerade Festival in Brest, und dann verabschiedete er sich, und ich stand allein in Rußland, allein auf der Straße, die nach Brest führt.
In solchen Momenten empfindet man wahrhaft das Wunder des Reisens! Es war Fremde, in der ich weilte, es war Abenteuer und doch des Menschen Erde. Kein Krieg hatte mich hergeworfen, und kein Feldherr soll jemals meine Schritte lenken. Hier hatten Kanonen gegeifert. Ich kam nicht als Feind. Es war ein Augenblick des Glücks, und die Welt schien ohne Grenzen zu sein. Ja, es war Festival in Brest, wie ich auch später immer wieder in anderen russischen Städten dem örtlichen Festival begegnete, den Vorbereitungen und sportlichen Ausscheidungskämpfen für das große Moskauer Fest. Lastwagen rumpelten über den holprigen Weg, polterten über die hölzerne Brücke, junge Menschen, wohl aus den umliegenden Dörfern, standen dicht gedrängt auf den Ladeflächen, sangen Lieder, schwenkten rote Fähnchen wie fröhliche Kinder, Lautsprecherklänge wiesen den Weg zu der Anlage, die Kulturpark genannt wird und überall in Rußland zu finden ist. In Brest schien mir der Park größer als die Stadt zu sein. Eine Pforte, würdig einer Weltausstellung von 1900, führte in den weiten ländlichen Garten. Die Chöre jubelten aus Baum und Gebüsch. Auf einer Bank aus Gips saß ein ernster gipserner Stalin und lauschte aufmerksam den Lehren eines gleichfalls gipsernen, aber gelokkerter dargestellten Lenin, und ringsherum um dieses Monument, an den Wegen des Parks, im lauschigen Heckenrund standen andere Denkmäler aus Gips, weiße geisterhafte Gestalten, Sportler und Sportlerinnen in züchtigen Trikots, sittsame junge Mädchen, gütige junge Mütter, aufrechte Arbeiter bei ihrem Werk, die Leitbilder des Sowjetvolkes. Dieses Volk selbst saß auf Bänken, ruhte auf Wiesen, lag unter Bäumen, hielt Picknick mit Brot und Wurst und Gebäck, fuhr Karussell, schwebte in Schaukeln, trieb in Booten über den Teich, Knaben badeten vom Ufer aus, Mädchen im Sportdreß jagten den Ball, es war ein bukolisches Bild, es war ein Gemälde aus einer stillen

Provinz, seltsam altmodisch, wenn es auch nach mancher Vorstellung die Zukunft der Welt verkörpern sollte; doch mich erinnerte es etwas an eine Erntedankfeier oder an ein Schulfest am Waldesrand einst in Masuren, nur daß es dort die Denkmäler und die Lautsprecher nicht gegeben hatte. Hier war gekämpft worden, hier waren Soldatengräber, jetzt aber erhoben sich überall Tafeln, auf denen in allen Sprachen der Erde das Wort Frieden zu lesen war. Ich war an diesem Nachmittag der einzige Ausländer in Brest. Hatte man vorausgesehen, ich würde durch diesen Park gehen? Hatte man die Tafeln für mich aufgestellt, um mich zu täuschen? Oder war Friede die Sehnsucht und die Hoffnung dieser Menschen? Rüstet man zum Krieg, indem man im eigenen Volk die Friedenssehnsucht propagiert? Vor einer Laube wurde Bier ausgeschenkt. Soldaten und Burschen drängten sich um das Faß. Auch ich drängte zum Bier. Wir standen wie eine Herde um eine Schwemme. Man reichte mir ein Glas. Das Getränk war nach dem Wechselkurs meiner Pfunde sehr teuer. War man hier reich? War man hier arm? Wie viele Fragen. Das Bier schmeckte lau. Eine lange Straße einstöckiger Häuser und überall Fahnen. Keine Läden, keine Schaufenster. Lachende Mädchen und lachende Jungens. Eine Limonadenverkäuferin, ein rotes Kopftuch, roter Kirschsaft und immer wieder die fröhlichen Chöre aus den unermüdlichen Lautsprechern.
Der Berlin–Moskau-Expreß stand nun auf breitem Gleis. Wir fuhren in den Abend. Meine Reisegefährten vertauschten ihre Uniformen, ihre Kleider wieder mit den breitgestreiften Schlafanzügen. Im Speisewagen, der nun dem Zug angehängt war, brannten die kleinen Tischlampen mit den rosa Seidenschirmen und den rosa Fransen, die Plüschportieren waren vor den Fenstern gerafft und durch geschwungene Schleifen in schöner Form gehalten, und überall blühten aus dickbäuchigen chinesischen Vasen Schwertlilien, Gladiolen und andere Blumen in solcher Fülle, daß der Speisewagen wie eine Kapelle wirkte, die man für eine Taufe oder für einen Toten geschmückt hatte. Familien hatten sich hier versammelt. In breitgestreiften

Schlafanzügen lebten sie gemütlich wie am häuslichen Tisch. Man aß viel, und man aß lange. Die Lautsprecher sangen ihre Chöre. Ich fand keinen Platz. Die Nacht kam. Die rosa Lampe brannte auch in meinem Abteil. Der Schaffner brachte Tschai; er richtete das Bett. Der Zug raste über Schlachtfelder. Die Stellung war zu halten. Die Soldaten starben. In den Wäldern hatten sich Partisanen verborgen. Die Partisanen waren zu vernichten. Die Angreifer zielen. Die Verteidiger zielen. Die Gleise wurden gesprengt, der Weg vermint. Panzer brannten. Flieger, Granaten, Gemetzel in der Luft. Der Mensch rottete den Menschen aus. Das rosa Licht erlosch. Die Lokomotive schrie. Dann kamen Bahnhöfe im Morgengrauen, neue helle Bauten aus dem Schutt der Zerstörung entstanden, Säulenfronten wie griechische Tempel, Lenin aus Bronze, Lenin aus Gips, Lenin aus Stein, Lenin aus Holz, Lenin mit der Geste des Redners auf hohem Podest, in der Haltung des Denkers am Schreibtisch, peinliche Ordnung auf den Bahnhöfen, der Bahnhofsvorstand in gebürsteter Uniform, Beamtinnen unter kleidsamen Baretten, Frauen an Preßluftrammen bei schweren Gleisarbeiten, ein Schlafender auf einer Bank, ein gelangweilter Polizist in hohen Stiefeln mit roter Mütze, verschieden gefallene Lose, in der Ferne Minsk, dann Smolensk, das Oberkommando der Wehrmacht meldete, alte Stadtmauern, Kirchen blau und gold, kaum noch Zerstörungen, Neubauten, Baustellen und immer wieder griechische Säulen, die Säulen des russischen Gutshauses aus der Zeit des Klassizismus, nach einem Wort von Lenin dem Volk versprochen, nun sind sie dem Volk gegeben, stehen überall, stehen plötzlich auf Dächern von Eisenkonstruktionen, unvermutet vor gelungenen Zweckbauten, und wieder die Ebene, das weite flache Land, eine schier endlose Rollbahn neben den Gleisen, west-östlich und gerade wie ein Strich, selten ein Automobil, Grasnarbe, Steppe, Wind und schließlich Moskau, eine Skyline taucht auf, Wolkenkratzer, Türme von vorher nie gesehener Art, auch sie wieder wie von altem Weltausstellungsglanz mit riesigen Nadeln, die spitz in den Himmel wachsen, wer vom platten Land kommt, wer meilenweit gewandert ist und nun das Häusermeer sieht und die Türme glitzernd im Sonnenlicht oder in der Nacht von roten Sternen gekrönt, der mag sein Rom erblicken, die Metropole einer Heilslehre ohne Gott, und er wird beeindruckt sein. Die breitgestreiften Schlafgewänder waren in die Koffer gepackt, die Uniformen, die Anzüge gaben den Reisenden wieder bürgerliche Würde. Der Zug hielt in Moskau, die Strecke Berlin–Moskau war bewältigt.

Der westliche Reisende, zumal einer, der nicht russisch spricht, wird ziemlich hilflos auf dem Bahnhof von Moskau stehen. Kommt ein Gepäckträger, gibt es Taxis, darf er sie benutzen, zu welchem Hotel soll er fahren, wird das Hotel ihn aufnehmen, was wird es kosten, welche Ausweise, welche Genehmigungen wird man brauchen? Das sind Fragen, die kein Reisehandbuch beantwortet. Der Fremde ahnt, nun in einer Welt zu sein, die anders als die ihm bekannte ist, eine Welt, in der andere Werte, umgestürzte Verhältnisse herrschen, und unwillkürlich fürchtet er, daß hier alles reglementiert, rationalisiert und rationiert sei, und er sieht sich gleich Charlie Chaplin zwischen endlose Fließbänder ihm unbekannter Ordnungen gesetzt. Ich hatte Boris Polevoi ein Telegramm geschickt, und ich glaubte, daß mich jemand auf dem Bahnsteig erwarten und als Deutschen erkennen würde, aber die Reisenden verliefen sich, und ich blieb mit meinem Gepäck allein. Aber dann kamen vier Männer eiligen Schrittes auf mich zu. Einer sah wie Chruschtschow aus und schwenkte, genau wie er, einen breitkrempigen Strohhut, und zwei wirkten, als kämen sie gerade aus einem Literatencafé in Paris, und der vierte war sehr lustig. Sie lachten alle, denn sie waren auf dem Wege zum Flugplatz gewesen, bis dem Lustigen eingefallen war, daß ja gar kein Flugzeug zu dieser Stunde ankomme, und da standen sie nun, etwas verspätet, etwas atemlos, und auch sie waren fortschrittliche Menschen und der Meinung, wie könne man nur mit dem Zug reisen! Herr Polevoi ließ mich durch den Mann, der wie Chruschtschow aussah, grüßen. Herr Polevoi war in Griechenland. Er besichtigte die alten und echten Säulen. Sein Stellvertreter war in Ceylon und sprach mit den

Tigern. Sie selbst waren in Peking gewesen und in Stockholm oder zumindest am Baikalsee, sie waren weitgereiste Leute, und auch ich war ja nun weitgereist, und der Lustige übersetzte alles, was die drei anderen sprachen und was ich ihnen erzählte, und sie amüsierten sich sehr über meine vier Fahrkarten, meine vier Betten und meinen Kampf mit dem Lautsprecher, und sie setzten mich in ein großes Auto und fuhren mich durch Moskau, durch sehr breite und sehr lange Straßen, vorbei an niedrigen und vorbei an hohen Häusern, und sie deuteten auf Denkmäler und sagten, dies sei Gorki und dies sei Puschkin, und dann hielten wir vor einem Wolkenkratzer, es war das Hotel Moskau, eine riesige dunkle Halle mit nachgeahmtem Marmor, mit Stehlampen mit Seidenschirmen und Seidenfransen, diesmal grünlichen, und Clubsesseln, die wie von satirischen Zeichnern als Sitze für Erzkapitalisten, Stahl- und Kohleherren geschaffen waren. Menschenscharen, wie in einer Bahnhofshalle, goldbestickte Uniformen von Generalen und offene Schillerkragen junger Leute, Asiaten aller Schattierungen, Sprachen wie in Babel, zwölf unpraktische, überanstrengte Fahrstühle, wir fuhren in den zehnten Stock, und dort war wieder eine Halle mit Seidenschirmlampen und Clubsesseln, und durch einen langen, langen Gang, an dem beiderseitig Zimmer neben Zimmer lagen, erreichten wir, von Stubenmädchen begleitet, die wie Zofen der bürgerlichen Zeit kostümiert waren, schwarzes Kleid, weiße Spitzenschürze, weißes Häubchen, den für mich bestimmten Raum. Da standen wir nun. Etwas verlegen. Durch das Fenster sah man auf Moskaus Dächer, auf einen Turm des Kremls, auf ein Stück der roten Kreml-Mauer, auf ein paar Fuß Erde, vor denen die eine Hälfte der Welt sich fürchtet, tief unten auf einem Platz, auf dem es von Menschen wie von Ameisen wimmelte, und die Sessel und das Sofa des Zimmers waren mit leinenen, bleichen Schutzhüllen versehen, wie in der Wohnung eines Verstorbenen, und die Herren standen herum, und der Lustige flüsterte mir zu, sie warten darauf, daß Sie sie bitten, sich zu setzen, es war meine erste Lektion in russischer Höflichkeit, ich bat Platz zu nehmen, wir setzten uns auf die bleichen

Leinenhüllen, und die Herren fragten mich sogleich, was ich für Wünsche habe, was ich sehen wolle, und ich sagte, Moskau, und die Herren fragten, und was weiter, und ich sagte, Rußland, und die Herren schienen von mir enttäuscht zu sein, ich weiß nicht warum, es tat mir leid, sie verließen mich auf einmal sehr eilig, und nur der Lustige versprach, wiederzukommen.
Er holte mich zum Essen ab, er hieß Bernardus, und er war nun mein Gefährte. Bernardus sprach viele Sprachen, er besaß eine genaue, ja eine intime Kenntnis der verschiedensten Literaturen, viele Schriftsteller waren seine Freunde, manche hatten über ihn geschrieben, er war eine Figur der Weltliteratur, und es war ihm peinlich, er litt darunter, er sagte, auch Sie werden über mich schreiben, es ist ein Verhängnis, und alle schickten sie ihm ihre Publikation, widmeten ihm ihre Bücher und kränkten mit ihren Bosheiten und Frivolitäten seine Empfindsamkeit. Die Schriftsteller, berühmte Namen aus Europa und Amerika, waren alle schon vor mir in der Sowjetunion gewesen. Nur Deutschland war wieder provinziell; in Deutschland galt es als ein Verbrechen, sich in der Welt umzusehen, und wer nach Moskau reist, ist für den beschränkten Verstand einiger Leute gleich ein sowjetischer Propagandist. Wir gingen in das Restaurant des Hotels, es war schon vier Uhr, aber das machte nichts, man aß hier zu jeder Tageszeit, und das Restaurant war natürlich riesig, und auch hier standen Stehlampen mit Seidenschirmen und mit Fransen, und sie wirkten klein in der weiten und hohen Halle, und ein ungeheurer Vorhang, eine Art Bühnengardine aus verschlissenem Brokat, trennte einen Teil dieses Raumes ab, und hinter dem Tuch wurde gehämmert und gebaut, die Speisehalle noch riesiger gemacht. Ein Lautsprecher sang irgendwo die jubelnden Chöre. Die Kellner machten einen verschlafenen Eindruck, lange währte es, bis sie an den Tisch kamen und länger noch, bis sie die Speisen brachten. Das war immer so, und warum sollten sie sich beeilen? Sie waren uninteressiert an der Zufriedenheit des Gastes. Meine Versuche, die Kellner durch Trinkgelder zu ermuntern, scheiterten alle; die Kellner wiesen verächtlich die Rubel zurück. Schließlich kam der Wodka, endlich kam der

Kaviar, die Sage von Rußlands kulinarischen Genüssen erfüllte sich, der Wodka war nicht aus Adlershorst, er war aus Moskau, er war ein anderes, ein wohlschmeckendes und sehr bekömmliches Getränk. Bernardus schenkte aus einer Karaffe die Gläser voll. Er trank sein Glas in einem Zuge aus, sagte, das sei gesund, und er erwartete, ich würde ihm nacheifern. Er erzählte mir zur Ermunterung eine Geschichte von Sartre, dem viele Russen zugetrunken hatten und der ihnen eine Nacht lang Bescheid getan, bis er am Morgen in ein Krankenhaus eingeliefert werden mußte. Der Kaviar war unvergleichlich, er schmeckte wie das Delta eines Flusses nach frischem Strom und salzigem Meer, aber den Speisen, die dann kamen, den überreichlichen Speisen fehlte etwas; wahrscheinlich fehlte ihnen Liebe, sie waren wie von Leuten bereitet, die das Kochen einmal gelernt hatten, aber schon lange keine Freude mehr daran fanden; doch köstlich waren die frischen grünen Gurken, die in dicken Scheiben zu jedem Gericht gereicht wurden. Wir tranken noch eine Karaffe Wodka, und zuweilen gingen andere Gäste um uns herum und betrachteten uns verstohlen. Vor mir auf dem Tisch stand ein Schild mit drei kyrillischen Buchstaben, und ich fragte Bernardus, was die Buchstaben bedeuten, und er sagte, Federale Republik Deutschland. Es war das erste Mal, daß dieses Schild im Hotel Moskau auf einem Tisch erschien. War ich eine Sehenswürdigkeit, ein Ungeheuer in einer Schaubude? Ein alter Mann in einer goldbetreßten Livree grüßte uns, als wir das Restaurant verließen, mit einer tiefen altrussischen Verbeugung. Der alte Mann trug einen schönen gepflegten Bart, und in allen russischen Gaststätten traf ich ihn und seinen Bart wieder. Der Bart war sehr eindrucksvoll und sehr gemütlich.
Bernardus wollte mir etwas zeigen, wir brauchten ein Auto dazu, und er hatte nach einem Auto telephoniert, aber die Autos, die vor dem Hotel warteten, sahen alle gleich aus, und Bernardus hastete mit einem Zettel, auf dem er die Nummer unseres Wagens aufgeschrieben hatte, an der langen Reihe der Fahrzeuge vorbei, und diese Jagd nach der Maschina, wie die Russen das Automobil nennen, war, wie ich später merkte, ein

typischer Vorgang des sowjetischen Lebens, der sich andauernd wiederholte. Man saß bequem in dem Wagen, die Fahrt ging quer durch Moskau, wieder die langen breiten Straßen, Menschenströme auf den Gehsteigen, ein Rokokogebäude sollte die Französische Gesandtschaft sein, ein verschnörkeltes Haus mit einem Turm hatte einem reichen Kaufmann gehört, der die Revolution unterstützt und später Selbstmord begangen hatte. Mächtige Wohnblöcke, Häuser in der Art der Stalin-Allee, dann wieder Säulen und Säulentempelchen acht Stockwerke hoch auf die Dächer gesetzt und plötzlich daneben morsche Holzhäuser anheimelnd wie altrussische Erzählungen. Die Gegend wurde ländlich, wir erreichten ein Dorf, standen auf einer Wiese an der Moskwa, der Fluß macht hier einen Bogen, und hinter uns erhob sich eine Kirche, eine alte Kirche mit einem hohen schönen Turm, daneben ein weißes Kloster, es war der Lieblingssitz Iwans des Schrecklichen gewesen, sein Escorial, seine Glaubensburg, aus einer im Turm eingebauten Loggia beobachtete er die Falkenjagd, und diese Kirche, diesen Turm, diesen Zarensitz hatte Bernardus mir zeigen wollen. Ja, es war schön, es war alles wie auf einem alten Gemälde, und man stand inmitten, ein Gemälde war der Fluß, waren die Wiesen, war der Turm, man meinte die Falken zu sehen, und Iwan in seiner Loggia war Kaiser in einer Idylle und gar nicht mehr schrecklich. Wir fuhren zurück in die Stadt, vom alten Zarenturm zur Ausstellung der Sowjetunion, zur ständigen Exposition ihrer Agricultur. Ein weiter Platz, ein hohes Tor, dahinter auf einem Riesengelände Brunnen und Wasserspiele und die Hallen der verschiedenen Sowjetrepubliken und Menschen, Menschen, Menschen, Menschen vom Lande in provinziellen Anzügen, in dörflicher Kleidung, in Nationalkostümen, Kinder mit dem roten Halstuch der Pioniere und Leute in altrussischer Tracht, Kittel, Kaftan, Kopftücher und Pelzmützen trotz des Sommers, Menschen, die von weit her gekommen sind, Menschen aus Asien, vom Kaspischen Meer, aus den Timan-Bergen, und sie wollen Rußlands Schätze, sie wollen ihren eigenen Reichtum sehen. In den Hallen breiten sich Panoramen aus, da erhebt sich

der Kaukasus, da dehnt sich das Weiße Meer, der Ural ist zu erblicken und die Steppe und Landschaften, die der Mensch eben erst verwandelt und sich dienstbar gemacht hat. Treibhäuser sind da, man wandelt durch Baumwollfelder und Orangenhaine, Säcke mit Mandeln stehen da, Sonnenblumen blühen, es riecht nach Obst, nach getrockneten Früchten, nach Eingemachtem, nach Wein und Cognac und Gewürzen, der Mais steht hoch, der Weizen grünt, wirklich, ein reiches Land, und seine Bewohner, die gar nicht reich wirken, gehen von Stand zu Stand und bewundern die Ernte. Ein elektrischer Autobus fährt geräuschlos durch den Ausstellungspark. Ein Mädchen lenkt ihn, sie lenkt ihn spielerisch, sie trägt eine lustige weiße Bluse, das Dach und die Fenster des Wagens sind geöffnet, der Abend ist lind, Paare promenieren züchtig Hand in Hand durch die grünen Alleen, und das Rußland der eigenen Vorstellung, die weitverschneite Flur, versinkt vor einem fast italienischen Bild.
Aus dem Fenster meines Zimmers im Hotel Moskau war der volle Mond zu sehen, wie er genau über dem roten Stern eines Kreml-Turmes stand.
Am Morgen vibrierte das Haus. Es klirrte wie Gläser, die aneinanderstoßen. Die schwarz-weiß gekleideten Zimmerzofen zogen gläserne Wagen durch die langen Gänge. Und auf den Wagen zitterte Teegeschirr, rieben sich Limonadenflaschen und Wasserkaraffen, standen Sprudel, Kuchenteller und Butternäpfe und auf einem Tablett auch Kaviar auf Eis und eine Flasche Champagner. Die Mädchen lachten andauernd, sie lachten über die ausländischen Gäste, die ihre Sprache nicht verstanden und so komische Wünsche und Sitten hatten, sie lachten darüber, daß ich den Tee ungesüßt trank, daß ich nur einen von ihren mondartigen Kuchen aß und den Tag nicht mit einer Limonade oder einem Sprudel beginnen wollte. Später setzten die Geräusche des Säuberns und des Putzens ein, den ganzen Tag über wurde im Hotel staubgesaugt und das Parkett der Zimmer und Korridore mit großen elektrischen Bohnermaschinen blank gerieben. Und wieder sah man Menschen je-

der Nationalität und jeder Hautfarbe, parlierend in allen nur denkbaren Sprachen, durch das große Gebäude eilen, einige trugen einen roten Orden mit Hammer und Sichel am Rockaufschlag, und eine Reisegesellschaft amerikanischer Farmer hatte ihren Mitgliedern große auffallende Namensschilder an die Revers gesteckt, so daß man gleich wußte, dies war Mr. E. B. Miller aus Oklahoma und kein Towaritsch, was man ohnedies nicht geglaubt hätte, und dazwischen trieben geschäftige Dolmetscher ihre kleinen Herden zusammen, heute waren es Lehrerinnen aus Skandinavien, Chirurgen aus England, Psychologen aus Japan und aller Welt, Moskau ist eine Stadt der Kongresse und erinnert hierin fast an Wiesbaden. In der großen unteren Halle, dem düsteren Clubsesselgarten der Gründerjahre, gab es einen Zeitungsstand, man konnte die russische Presse, man konnte ostdeutsche Zeitungen, man konnte die L'Humanité, die Unità, den Daily Worker kaufen, ein einseitiges Weltbild, und dann gab es noch ein Blatt, das in deutscher, englischer und französischer Sprache für Ausländer in Moskau gedruckt wird und entsetzlich langweilig ist. Es war mir unbegreiflich. Diese Zeitung verzichtet auf jeden Versuch, intelligente Reisende über das Weltgeschehen zu unterrichten oder ihnen wenigstens die sowjetische Stellungnahme zu den Ereignissen zu vermitteln. Die Spalten des Blattes füllen Berichte über Arbeitsplanerfüllungen oder Normenüberschreitungen der Betriebe und Kolchosen, Kühe hatten mehr Milch gegeben, Melker sich zu freiwilligen Schichten verpflichtet, soundsoviel Prozent mehr Ziegel oder Zement waren gewonnen, und die Maurer mauerten schneller, dies war unter der Schlagzeile »Freudige Nachrichten« zu lesen, gewiß, ich verneigte mich und gedachte der unfreudigen Nachrichten daheim, aber ich sehnte mich ein wenig nach ihnen. War ich ein Spießer, gar kein Mord, gar kein Skandal, keine Sensation und Korruption in der Zeitung?
Ich trat in den Morgen hinaus, das Hotel wurde abgespritzt, Sandgebläse und Wasserstrahl, auf schwankenden, an Seilen hängenden Bühnen verrichteten Frauen gefährlich aussehende Arbeit. Aus dem Schacht der Metro fluteten Menschen und an-

dere drängten hinein, Hunderttausende schienen unterwegs zu sein, alle hastenden Ganges, alle, als kämen sie aus einer Fabrik, in der sie arbeiteten oder hergestellt wurden, eine Gleichheit fiel auf, es waren viele gute Gesichter unter ihnen, unverbrauchte Gestalten, aber ihr Ausdruck und ihr Wesen schienen mir von einem höheren Willen geprägt zu sein, vielleicht war es Idealismus oder ein Kantscher Imperativ, nach dem sie leben, sie wirkten gar nicht östlich-mythisch, gar nicht slawisch, es waren weder Russen von Dostjewskij noch von Gogol, kein Oblomov war unter ihnen, sie erschienen mir nüchtern, klar, überaus diszipliniert und allzu vernünftig, sie waren altpreußische Traumgestalten, selbstlose Staatsdiener, Münzen in eines Mächtigen Hand, der Kirgise aus der Steppe und ein blonder Mann aus Leningrad sahen in den Moskauer Straßen einander ähnlich. Entschloß man sich für einen Weg, reihte man sich ein, ging man wie auf einem Fließband. In den breiten Straßen gab es natürlich auch Automobile und Autobusse, aber gemessen an der Menge der Fußgänger waren es verhältnismäßig wenige Wagen, und mein Eindruck war – und es überraschte mich angenehm –, daß selbst Generale zu Fuß gingen. Der Strom trieb mich zum Roten Platz. Die Basilius-Kathedrale mit ihren Kuppeln, ihren Türmen, ihren Türmchen, ihren schiefen Kreuzen, sie steht wie das alte Mütterchen Rußland da, aber niemand beachtete das Mütterchen, niemand ging zu ihm, die rote Kreml-Mauer dagegen, nicht jünger als die Kathedrale, doch kalt und wie das unverhüllte Antlitz der Macht, der das Lenin-Stalin-Museum vorgebaut ist, keine schlechte Architektur, mit seinen roten Quadern paßt es sich der Mauer auf eine zugleich schlichte und eindrucksvolle Weise an, die Kreml-Mauer war das Ziel vieler, sie reihten sich hier auf, reihten sich an, reihten sich ein zu Prozessionen, zu kilometerlangen, geduldigen Schlangen rund um den Kreml und um seinen Park, den einbalsamierten Staatsgründer, den toten Diktator zu sehen. Und jenseits des Platzes vor dem großen weißen Zuckerbäckerpalast aus der letzten Zarenzeit, dem berühmten Warenhaus Gum, dem Paradies der roten Damen, hockten Leute vom Lande, in

Filzschuhen und Wattejacken und mit von Wetter und Leben durchfurchten Gesichtern und betrachteten das Mausoleum und die Prozessionen und sahen in das unverhüllte Gesicht der Macht, während hinter ihrem Rücken in einem Schaufenster des Warenhauses überspitze Schuhe modischen, italienischen Stiles eine neue oder eine alte Freiheit verkündeten, von einem überraschenden Wohlwollen oder schon von einer Dekadenz des Kremls zeugten.

Gum ist, man kann es nicht anders sagen, überwältigend. Das Warenhaus hat Gänge, Galerien, Brücken, Verliese, Hallen, kleine Tempel, die es zu einem Beispiel der phantastischen Architektur eines Piranesi machen. Auch hier gibt es Prozessionen, Schlangen ohne Anfang, ohne Ende, schrittweise rücken sie über die Flure und Treppen vor, ja, es ist die sozialistische Gesellschaft, der hohe Offizier steht geduldig neben der Arbeiterfrau, die meisten lesen, lesen nun doch Dostojewskij und Gogol, während sie sich stundenlang nach einer Ware anstellen, sie lesen dicke Bücher, Tolstoi, Gorki und manchen ausländischen Schriftsteller, sie haben ernste, aber nicht unglückliche, eher heiter gelassene Gesichter, und warum und wonach sie sich anstellen, habe ich nicht ergründen können. Im Gum gibt es eine Fülle von Waren, vom Fernsehapparat bis zur Stecknadel, aber für die Schlange muß es etwas Besonderes geben, und dieses Besondere scheint oft das Einfachste zu sein, Schuhe einer bestimmten Größe, ein Hemd für Siebenjährige, und die Schlangen sind weniger ein Zeichen des Mangels als die Folge irgendeiner Dummheit in der Verteilung der Waren, eines kleinen Fehlers in der Rechnung der tausend Pläne. Verwirrend sind für den Ausländer die Preise, ich habe den Wert des russischen Geldes nicht ergründen können, manches schien mir billig, anderes teuer zu sein, billig waren Fernseh- und Radioapparate, Musikinstrumente, optische Geräte, und teuer, an diesen Beispielen gewertet, gewisse Textilien, aber auch hier gab es wieder Unterschiede, recht häßliche Wollanzüge kosteten viel, während sehr schöne Sommersachen aus chinesischer Seide beinahe verschenkt wurden. Erstaunen tut die Fülle des

Überflüssigen, auf jedem dritten Ladentisch verkauft man Duftwasser und Puder, das Warenhaus, die Stadt riechen nach dem Parfüm »Rotes Moskau«, und in großen Abteilungen werden Nippes angeboten und, dies am erstaunlichsten, auch erworben, greuliche Figuren, Jäger mit Hunden, schlafende riesige Steingutkatzen, Tänzerinnen mit Rosengirlanden und für das Zimmer gedachte Nachbildungen der im Kulturpark aufgestellten Denkmäler. Auf den Märkten von Florenz, Rom, Neapel, Paris staunt man vor der Fülle des Gebotenen und ruft, dies alles ißt der Mensch. In der Lebensmittelabteilung von Gum scheint es, daß der Mensch in Rußland genug zu essen habe, aber die Varietät enttäuscht, wenn man an die Größe des Landes denkt, viel wird nach amerikanischer Weise in Büchsen angeboten, von frischen Fischen gibt es aber nur zwei oder drei Arten, wo man die Ernte vieler Meere erwartet. An Ständen wird Limonade, wird Kwass und wird Champagner ausgeschenkt, Champagner gibt es süß, halbsüß und trocken, der trockene, der Champagnski Sekoje ist sehr zu loben und ebenbürtig den besten französischen Erzeugnissen. Der Schaumwein wird in Viertellitergläsern ausgeschenkt und scheint nicht teuer zu sein; er wird von jedermann getrunken. Ich geriet in dem Irrgarten des Warenhauses zu einer Hintertür und stand plötzlich auf einer Straße der Warenanfuhr und des sauber gestapelten Abfalls. Chauffeure, Lastträger und Lagerarbeiter waren hier beschäftigt oder standen müßig herum. Die Straße erinnerte an die Umgebung des Pariser Hallen. Man hätte hier eine Kneipe finden müssen. Aber es gab keine Kneipe. Eine dicke weiße Frau stand in einem weißen Mantel hinter einem Fenster und puderte sich mit einem weißen Puder ihr weißes Gesicht. Ein junges Mädchen kehrte vor einer Ausfahrt die Straße. Das junge Mädchen hatte große blaue Augen. Was erwarteten sie? Die Arbeiter beachteten das Mädchen nicht. Sie beachteten auch nicht die dicke weiße Frau. Ich ging zurück zu meinem Hotel. Im Parterre eines großen säulengetragenen Hauses saßen Hunderte von Frauen unter blinkenden Frisierhauben und ließen sich von eifrigen Manikürmädchen die Nägel

pflegen. Das Parfüm »Rotes Moskau« quoll in schweren Wolken aus den geöffneten Fenstern, umwehte den Schutzmann auf dem Platz, die Wache der Miliz und schwebte weiter zum Kreml.
Im Hotel erwartete mich Bernardus. Wir stiegen in ein Auto und besichtigten Wolkenkratzer, den Wolkenkratzer-Wohnblock, den Wolkenkratzer des Außenministeriums, den Wolkenkratzer der Universität. Wer wohnte hier, wer war hier Diplomat, Student oder Professor? Die turmbewehrten Gebilde wirkten wie gigantische, dem Laien unverständliche Rechenmaschinen, die auf geheimnisvolle Weise zu Resultaten kamen und die Statistiken bereicherten, aber der Mensch schien mir im großen gesehen nur noch eine Funktion auszuüben, eine kleine Funktion in einem gewaltigen, über ihn hinausgewachsenen Apparat, selbst wenn der Mensch hier nur aß, nur schlief oder mit seiner Frau am Abend den Chören im Radio lauschte. Die Universität erhebt sich auf den Lenin-Bergen, den alten Sperlingsbergen vor der Stadt. Sperlinge gab es nicht zu sehen, Lenin auch nicht, Napoleon hatte von hier aus Moskau betrachtet, Hitler hatte es nicht so weit gebracht, ein Stahlgerüst, eine künstliche Sprungschanze steht am Hang, und im Winter fliegen hier Menschen auf Schneeschuhen durch die Luft. Ich fragte Bernardus, ob Ausländer an der Universität studieren, er nannte mir Chinesen und andere Asiaten und einige Franzosen, ich fragte, ob auch Russen zum Studium nach Paris gehen, und Bernardus sagte, ja, einige, und es muß ein gewaltiger Sturz von diesem Turm der Wissenschaft, von diesen ebenmäßig gegliederten, hohen nüchternen Fassaden, über diese nach Zirkel und Bandmaß ausgerichteten Rabatten eines akademischen Parkes in die Unordnung, die Wirrnis, den Zweifel, den Trotz des Quartier Latin sein, kühner als jedes Hinabgleiten, als jeder Flug von der steilen Sprungschanze. Wir fuhren an der Moskwa entlang, wir kamen zu einer Brücke, da war ein Denkmal für dreiunddreißig gefallene Soldaten, sie hatten hier deutsche Panzer abgewehrt, bis hierher war eine deutsche Panzerspitze gekommen, es war der äußerste Punkt ihres Vordringens, die

Panzer hatten Moskau gesehen, aber sie hatten es nicht erreicht, und die Verteidiger waren geehrt und tot. Inzwischen war die Stadt über die Schlacht hinausgewachsen, Baustellen neben Baustellen, und unter schweren Walzen glätteten sich neue Straßen, das Volk vermehrt sich, und Wohnungen wachsen wie Waben im Bienenkorb.
Der Schriftstellerverband residiert inmitten von Moskau in einem schönen ländlichen Haus. Es ist das Haus der Familie Rostow aus »Krieg und Frieden«. In diesen Räumen lachte und weinte Natascha. Tolstoi sitzt heute im Vorgarten schreibend und nachdenklich auf einem Stuhl. Der Schriftstellerverband ist reich. Tolstoi war ein Graf. Der Schriftsteller ist in der Sowjetunion gleichfalls ein Graf, und von dem Erlös der hohen Auflagen seiner Bücher wird ein gewisser Prozentsatz an den Verband abgeführt, das ergibt Jahr für Jahr Millionen, und für diese Millionen baut der Verband Erholungsstätten und Sanatorien, gibt er Studiengelder, finanziert er Reisen, errichtet er Bibliotheken, bevorschußt er ungedruckte Arbeiten, versorgt die Kranken, die Erschöpften und die Hinterbliebenen und domestiziert das literarische Ungeheuer, den alten Außenseiter der Gesellschaft. In einem kleinen gemütlichen Raum, er sagte, im Kutscherzimmer der Rostows, auf einem alten gemütlichen Ledersofa empfing mich der Mann, der wie Chruschtschow aussah, breitete eine Landkarte der Sowjetunion vor mir aus und fragte mich zum zweitenmal, ein großer Versucher, denn wann wieder würde es mir, einem deutschen Schriftsteller, angeboten werden, tagelang in der Luft zu schweben, was ich sehen, wohin ich reisen wolle. Es lockte Sibirien, es lockte die Grenze nach China, Entfernungen wie von München nach Hamburg schrumpften zu nichts zusammen, vier Tage Fahrt oder dreizehn Stunden Flug nach Samarkand waren ein kleiner Sprung, und erst eine Reise nach Wladiwostok wurde als seriöses Vorhaben gewertet. Ich wäre gern in Moskau geblieben, ich hätte mich gern in Moskau an eine Straßenecke gesetzt, um Moskau und die Sowjetunion wochenlang an mir vorübergehen zu lassen, aber man kann sich in Moskau an keine Straßenecke set-

zen, Moskau ist nicht Paris, und so entschloß ich mich, durch das alte Herzland Rußlands, das Gebiet der Wolga zu reisen, und der Mann, der wie Chruschtschow aussah, lobte meine Neigung, schilderte mir aber meine gewählte Endstation Astrachan und das Kaspische Meer als nicht besonders sehenswert und empfahl mir dafür den Kaukasus, das Schwarze Meer und die Riviera von Sotschi als würdiges Reiseziel. Wer konnte dem Kaukasus widerstehen, wer wollte nicht Prometheus und seinen Adler sehen?

Im Schriftsteller-Verband hatte man mir eine Landkarte der weiten Sowjetunion gezeigt; wahrscheinlich hatte ich die Karte nicht genug geachtet; ich habe nie wieder eine zu sehen bekommen. Ich hatte auch keinen Stadtplan von Moskau, ich trieb keinen auf, und so blieb die Hauptstadt der UdSSR für mich eine Art Irrgarten, in dem ich mich ständig verlor. In der Hotelbuchhandlung gab es keinen Stadtplan zu kaufen, und aus irgendeinem Grund wagte ich Bernardus nicht nach diesem nützlichen Papier zu fragen. Vielleicht fürchtete ich, es könne Bernardus verlegen machen, wenn es wirklich keinen Plan geben sollte, aber vielleicht war das alles Unsinn, und es gab Stadtführer in Fülle, und ich war nur zu ungeschickt, mir einen zu besorgen. Gesehen habe ich aber nirgendwo eine Karte der Stadt, in keinem Hotel und auch nicht in dem fremdenfreundlichen Intouristbüro, und auch ein Schaubild der Sowjetunion breitete sich kein zweites Mal vor meinen Augen aus. Selbst in den Kontoren der Luftfahrtgesellschaft und auf den Flughäfen war keine Landkarte zu finden. So ging ich in Moskau meiner Nase nach, und wenn ich mich verlaufen hatte oder müde geworden war, wartete ich auf ein Taxi, um in das Hotel oder in eine mir schon bekannte Gegend zurückzufahren. Es kamen immer Taxis vorbei, die Wagen waren billig, und die Taxifahrer waren die einzigen Leute, die von mir Trinkgelder annahmen. An einem Platz fand ich ein neues Haus mit Fahnen geschmückt, es war ein Warenhaus für Kinder, hieß »die Welt des Kindes« und wurde gerade eröffnet. In seinen fünf oder sechs Stockwerken gab es alles für das Kind, jedes Spielzeug, jedes

Sportgerät, Wäsche, Kleidung, Naschwerk, Bücher, Bilder und Lehrmittel. Natürlich war das Haus voll von Kindern, aber es waren zumindest ebenso viele Erwachsene gekommen und betrachteten vergnügt die Dinge, die der Jugend angeboten wurden und die viele von ihnen wahrscheinlich in ihrer Jugend entbehrt hatten. Sie faßten die Waren an, probierten das Spielzeug aus, lasen in den Büchern und erfüllten großzügig fast alle Wünsche ihrer Sprößlinge. Gegenüber diesem Kinderhimmel stand ein braunes Gebäude mit abweisender Front und einem nun verschlossenen eisernen Tor. Es war die Lubljanka, das ehemalige Staatsgefängnis, die Zentrale der einst gefürchteten Geheimpolizei, doch die Moskauer, angezogen von der heiteren Welt des Kindes, gingen an der düsteren Welt des Schrekkens vorüber, als habe es sie nie gegeben. Ich ging durch andere Straßen, ich ging durch viele Straßen, ein eintöniges Bild, es sei denn, man traf auf die alten Holzhäuser, die altes Leben atmeten und alte Geschichten erzählten, und die Straßen waren vielleicht so eintönig, weil es mir an Läden zu mangeln schien und an Restaurants und Kaffeehäusern, die Läden waren wie für eine Kleinstadt bestimmt und nicht wie für eine der wirklichen, der echten Weltmetropolen, und dazu ähnelten die Geschäfte noch alle einander in der langweiligsten Weise. Es gab überall dieselben Waren zu kaufen, dieselbe Kleidung, dieselben Schmücke-dein-Heim-Artikel, dieselben Wohlgerüche, dieselben Lebensmittel. Es gab kaum eine Reklame zu sehen und gar keine Kunst der Dekoration, und die Schaufenster, selbst der größeren Geschäfte, konnten einen Westeuropäer nur an Dorfläden erinnern, die Kleiderpuppen der Konfektion sahen wie aufgerichtete Leichen aus, und die Hüte hatte man ihnen aufgestülpt, wie Blinde ihre Hüte aufsetzen. Nur die Bäckereien dünkten mich Oasen in dieser Wüste der Lieblosigkeit zu sein. In den Regalen lagen vielerlei Sorten gut duftendes Brot, und auch an Kuchen und Leckereien aller Art war wahrlich kein Mangel. Ein freundliches Bild boten auch die vielen Limonadenstände überall auf den Straßen, und obwohl die Limonadenverkäufer Staatsangestellte waren, gab es hier sogar bedeutende Unterschiede in der Qualität der Säfte. Ein Staatsladen war natürlich auch das kleine Antiquariat, das zwei Bände aus den Werken Theodor Körners, eine Monographie über die Meisterwerke von Schwindt, einen Roman von Dickens, einen Band Maupassant und Flauberts »Madame Bovary« den Vorübergehenden anbot. Aber es gab große, reich ausgestattete Buchhandlungen für russische Literatur, und oft hatten diese Läden auch eine deutsche Abteilung, in der man kein einziges Buch aus der Bundesrepublik, wohl aber die Neuerscheinungen der DDR und auch ihre Zeitschriften kaufen konnte. Mitteldeutschland vertritt hier allein die deutsche Literatur und den deutschen Geist; es vertritt sie vor dem Forum der halben Welt. Im Hotel erwartete mich Bernardus. Wir wollten ein Theater besuchen. Ich kam mir wie ein Greis vor. Das russische Theater, das war für mich Stanislawsky, Meyerholdt, Tairoff, das war das Moskauer jüdische Theater und Granovsky, das war die Habima, das waren die Gastspiele dieser Bühnen in Berlin, und sie waren Ereignisse in einer Kapitale, die damals die erste Theaterstadt der Welt war. Ich frage nach den Meistern, sie sind verstorben; ich frage nach den Schülern, es gibt sie nicht, oder sie sind Akademiker geworden. In Moskau findet man keine Bühne mehr, von der sich ein Sturm erhebt. Bernardus sagt, die Jahre sind vergangen. Bernardus sagt, wir sind fortgeschritten. Bernardus ist klug; er macht mich neugierig, und er macht mich traurig. Vor einigen Wochen gastierte das Berliner Ensemble in Moskau, es spielte den »Galilei«. Hatte Brecht Anklang gefunden, hatte es Diskussionen gegeben, fühlte man sich angeregt? Die Verfremdung befremdete. Man sagte, diesen Stil habe man auf den Moskauer Bühnen schon in den zwanziger Jahren gesehen, man habe ihn zugunsten einer wahren Volkstümlichkeit verlassen, und wenn man Brecht in Rußland spielen wolle, müsse man ihn anders inszenieren. Immerhin führt man wieder Majakowski auf, der lange Zeit von den Bühnen und beinahe aus der russischen Literatur verschwunden war. Majakowski war ein Sturmvogel der Revolution, ein Dichter, ein hymnischer Lyriker, ein Pamphletist, ein Propagandist der

Bühne, er endete durch Selbstmord, und alles in allem war er ein Genie. Man spielte in Moskau »Die Wanze«, ein herrliches, ein satirisches, ein gar nicht fortschrittgläubiges, ein pessimistisches Stück. Es ist ein Schauspiel aus der Zeit des NEP, aus den Tagen, da die Generation der Revolution das Leben genießen wollte, und es sind Beziehungen zum Heute vorhanden, da die Generation des Krieges, bisher durch Stalin zurück- und niedergehalten, ihre Ansprüche auf Lebensgenuß anmeldet. Der Held der »Wanze« frißt und trinkt, er verläßt seine Geliebte, eine Arbeiterin, treibt sie in den Tod, heiratet eine reiche Bürgerin, kommt auf seiner Hochzeit durch einen Brand um und wird Jahrzehnte später durch das Verfahren eines Professors in einem perfekten sozialistischen Staat wieder zum Leben erweckt, in einem Staat, in dem es keine Unordnung, keine Trunksucht, kein Streben nach Wohlleben und Reichtum und keine Wanze mehr gibt, die mit dem Helden in seinen Kleidern wieder lebendig und wie er zu einem kostbaren Objekt der Forschung wird. Dies war nun von dem Chefregisseur des Moskauer Majakowski-Theaters kabarettistisch inszeniert, mit Spruchbändern und Bildern aus alten Jahrgängen der Jugendprawda, mit Songs und manchen Brechtschen Effekten, und mir schien es ein zeitnahes, ein sehr lebendiges Theater zu sein, und die Zuschauer, das Haus war ausverkauft, lachten und amüsierten sich. Spürten sie auch den Pessimismus, die traurige Ahnung ihres Dichters? Sahen sie, daß der Mann mit der Wanze der letzte natürliche Mensch unter Narren war? Die Aufführung fand in einem Sommertheater, in einem Eremitage genannten Park statt, wo viele Bühnen ihre festen Holzhäuser haben, in die sie während der freundlichen Jahreszeit ziehen. Die Eremitage ist eine Idylle, aber eine bürgerliche Idylle, auf den Plätzen und in den Alleen des Parkes stehen Nachbildungen antiker Statuen wie die Venus von Milo, und in einer großen, aufgerichteten Muschel spielt eine Militärkapelle Verdi, Puccini und Johann Strauß. Die Moskauer wandeln unter weißen Kugellampen durch die Alleen, sitzen auf Bänken, schlecken Eis, trinken Limonade oder Champagner, lauschen den vertrauten Klängen, besuchen die Theater oder einen Vortrag über das Leben der Schmetterlinge oder die Bahnen der Sterne, die dort in großen, bis auf den letzten Platz gefüllten Sälen gehalten werden, und gehen gegen Mitternacht anscheinend befriedigt und glücklich, belehrt oder unterhalten, nach Hause. Wäre Majakowski an diesem Abend wie seine Bühnenfigur von den Toten auferstanden und durch diesen Park gegangen, durch diese Idylle von Abendfrieden und bescheidenen Genüssen, ich fürchte, er wäre sehr traurig geworden. Dieses Publikum waren zwar nicht die menschlichen Roboter, die der Dichter vor fünfunddreißig Jahren in seinem Stück hatte heraufkommen sehen, wenn auch ihr Leben geordnet und ihre Kleider bestimmt ohne Wanzen waren, aber sie entsprachen gar nicht der entfesselten Gesellschaft seines frühen Enthusiasmus, sie waren an ihrem Feierabend ein Abbild der bürgerlichen Welt von 1912 mit Militärmusik, der Betrachtung der Venus von Milo und der milden Urania-Belehrung. Nur Gott war inzwischen aus dieser Welt verschwunden, und, um gerecht zu sein, dem einzelnen fehlte das fatale Geltungsbedürfnis jener Tage, man sah hier nicht aufeinander herab, man war ein Gleicher unter Gleichen, der Stehkragenhochmut war auch hier gestorben, und der Offizier genoß kein besonderes Ansehen und verschwunden war auch die bürgerliche Versuchung zum Abenteuer, der Flirt, das sexuelle Vagieren, die Jagd nach dem erotischen Erlebnis und dem Reiz des gesellschaftlich Verbotenen. Diese Menschen erkannten ihren Sittenkodex an und lebten sogar nach ihm, oder sie heuchelten maßlos; aber ich glaube, auch die Heuchelei war hier gestorben. Ein westdeutscher Moralist hätte in diesem Park an diesem Abend nur ausrufen können: so und nicht anders will ich die Menschen!

Bernardus holt mich ab, und wir fahren in den Wald. Nachdem wir die Peripherie von Moskau passiert haben, sind wir in der Stille. Es ist erstaunlich, wie wenig Verkehr es im Umkreis der Riesenstadt gibt. Wir fahren über eine wohlgepflegte, asphaltierte Straße, und wir begegnen kaum einem Automobil. Hin und wieder steht ein Polizist gelangweilt an einer verlassenen, einsamen Kreuzung. In der Luft bewegt sich mehr als auf der Erde. Einmal war eine Schar von Hubschraubern über uns, Jäger durchbrachen die Schallmauer, und das Echo ihres Rasens war wie schwerer Geschützdonner, Verkehrsmaschinen näherten sich Moskau oder entfernten sich von ihm. Wir erreichten den Wald. Ich hatte Tannen erwartet, hohe Föhren, finstere Fichten, aber es kamen ein schöner Laubwald, mächtige Eichen und weiße Birken und ein lichtes Grün. Ein Bezirk war abgesperrt, ein endloser Zaun umschloß ihn: dies war einst der Park eines Fürsten gewesen, und jetzt, glaube ich, gehört das Besitztum den jungen Pionieren, aber ich sah keine Kinder im abgesperrten Bezirk, kein weißes Hemd, kein rotes Halstuch, ich hörte kein Lachen, vernahm nichts von Spielen, vielleicht war der Park zu groß, vielleicht standen die Bäume zu dicht, um die Kinder zu sehen und zu hören, alles ließ an ein verwunschenes Schloß denken, aber es war kein Wildwuchs da, kein Dornrosengerank, es war eine gepflegte, eine verwaltete Verlassenheit. In einer Lichtung überraschte ein Denkmal. Puschkin saß hier in Marmor auf einer Marmorbank. Kein Mensch war zu sehen; Rehe und Füchse vielleicht mochten den Dichter bewundern. Wir kamen zu einem Fluß. Er strömte lieblich durch eine freundliche Landschaft. Man sah einzelne Badende. Wie waren sie hierhergekommen? Kein Auto, kein Omnibus hatte sie gebracht, nicht einmal Fahrräder waren zu entdecken. Der Boden duftete nach jungem Grün, nach Waldmeister und reifenden Beeren. Schließlich erreichten wir die Häuser, hier eines an einem Hang, ein anderes dort in der Mulde, viel Land und Wald dazwischen, weitgezogene niedere Zäune aus Holz, und die Häuser selber aus Holz, windschief oft, aber mit Fernsehantennen auf ihren Dächern. Es waren die Datschas, die beliebten Sommerhäuser, die kleinen, sehr menschlichen, sehr sympathischen und gar nicht protzigen Landsitze von Leuten, denen es materiell nicht ganz schlecht geht. Bernardus sagte mir, viele Schriftsteller wohnen hier, und manche, versicherte er, nicht nur im Sommer. Auch Boris Pasternak, der Dichter des »Doktor Schiwago«, haust in dieser Gegend in einem geräumigen

Holzhaus zwei Autostunden vor der Stadt. Bernardus fragte mich, ob ich Pasternak, den Lyriker, den Shakespeare-Übersetzer, den auch in Rußland sehr Verehrten, der in Deutschland studiert hat und deutsch spricht, besuchen wolle, aber ich wagte es nicht, ihn in seiner selbstgewählten Einsamkeit zu stören. Ich hatte angesichts dieser freundlichen, romantischen und immer rührenden Hütten das Gefühl von einer Emigration, einer Flucht aus der Hauptstadt, einem Wegzug aus dem Bezirk der Macht. Handelten die Schriftsteller, die hier lebten, nicht nach dem alten Rat für gefährliche Zeit: bestelle deinen Garten? Bernardus erzählte mir dann, daß Scholochow, der Dichter des »Stillen Don«, in einer Rede gegen die Datschas gewettert habe, gegen den Hang der Sowjetliteraten, auf dem Lande oder in Sanatorien zu leben, in die Idylle zu flüchten, in Schutzzonen des Lebens, um der Auseinandersetzung mit der Stadt aus dem Wege zu gehen. Aber konnten sie sich mit der Stadt auseinandersetzen, durften sie zu Lebzeiten Stalins die Stadt überhaupt beschreiben, hätte ein Roman »Moskau« erscheinen können, der vielleicht bedeutend, aber von unheimlicher Stimmung und Furcht erfüllt gewesen wäre? Ich deutete auf die vielen Fernsehantennen, und Bernardus sagte, die Kinder wollen es. Ich fragte ihn, ob die russischen Schriftsteller für das Fernsehen und den Rundfunk arbeiten, und Bernardus verneinte dies. Er verneinte es beinahe verächtlich; er sagte, diese Institutionen seien nicht in der Lage, dem Schriftsteller die Honorare zu zahlen, die er mit einem Buch oder einem Theaterstück verdiene. Es erstaunte Bernardus, als ich ihm von den umgekehrten Entlohnungsverhältnissen der literarischen Arbeit in Deutschland und von der Entwicklung des Hörspiels und der Sonderprogramme berichtete.
Die Redaktion der »Literaturnaja Gazeta« hatte mich zu einem Gespräch eingeladen. Ich wußte, daß die Zeitung die Staatsallmacht in allen literarischen Fragen vertrat, daß sie die Thesen der Dogmatiker des sozialistischen Realismus unterstützte, daß sie die Parteilinie über die dichterische Freiheit stellte, und ich war neugierig, wie wir uns unterhalten würden. Da ich sagen-

hafte Ziffern über die Auflagenhöhe der russischen literarischen Zeitschriften vernommen hatte, hunderttausend, hundertfünfzigtausend Exemplare, enttäuschten, nein, überraschten mich die Räume der »Literaturnaja Gazeta« und nahmen mich sehr für sie ein. In diesem Haus hätte auch eine arme deutsche literarische Zeitschrift gedruckt werden können. Ein ächzender Fahrstuhl, mit dem ich abzustürzen fürchtete, trug mich in den fünften Stock. Die Redaktionszimmer waren eng und waren mit altmodischen Möbeln vollgestopft. Zu meiner Verwunderung sah ich zwischen Großväter-Hausrat überall kleinere Panzerschränke wie aus Kontoren der achtziger Jahre stehen, deren Zweck und Funktion mir geheimnisvoll blieb. Bewahrte die Schriftleitung in diesen Schränken ihre Manuskripte auf, und wer, um Himmels willen, wollte sie stehlen? Ich saß auf einem blankgewetzten schwarzen Ledersofa, die Herren der Redaktion lehnten in Sesseln um mich herum, mein Bernardus wurde als Dolmetscher ausgeschaltet, ein junger Mann mit dem Gesicht eines Eiferers, der sich mit einem russischen Namen vorgestellt hatte, aber nach meiner Überzeugung ein Deutscher war, übernahm die Interpretation, und ein Mädchen mit einem Stenogrammblock und einem Bleistift setzte sich strengen Gesichtes direkt vor mich hin und sah mich ungeniert, ja herausfordernd an. Am liebenswürdigsten, am konziliantesten in der Runde schien mir der Chefredakteur zu sein, aber leider sprach er nicht deutsch, und wir konnten uns nur über den Dolmetscher verständigen. Man fragte mich, was halten die westdeutschen Schriftsteller vom Krieg? Ich antwortete, die westdeutschen Schriftsteller verabscheuen den Krieg, sie halten nichts von Heeren und nichts von Rüstungen in aller Welt, sie lieben keine Staaten und keine Grenzen, und sie möchten, daß in einer friedlichen Welt der Freiheit und der Freizügigkeit ein jeder nach seiner Façon selig werden und schreiben könne. Stimmte das nun? Genau wußte ich es ja nicht, der Sammelbegriff »die westdeutschen Schriftsteller« war ja wieder eine Simplifikation, ich konnte für mich, vielleicht durfte ich noch für einige Freunde sprechen, ich wollte meine

Meinung äußern, meine Ansicht, meine Hoffnung, aber ich mußte den Redakteuren der »Literaturnaja Gazeta« sagen, daß mich die westdeutschen Schriftsteller nicht beauftragt hätten, für sie zu sprechen, und daß sie, die Russen, es nur mit mir allein zu tun hätten und schließlich alles nur als meine ganz persönliche Meinung wägen mochten. Man fragte mich nach der Entwicklung der deutschen Literatur nach dem Krieg, und ich versuchte, ein Bild vielfacher Bemühung und verschiedensten Strebens zu malen, man fragte mich nach einer herrschenden Schule, und ich versicherte, es gebe keine, ich verneinte das Vorhandensein einer Zensur, ich verneinte einen Konformismus wenigstens in den höheren Rängen, ich verneinte einen Zusammenhang der Schriftsteller, ich beschrieb eine Vogelfreiheit, glücklich und unglücklich, und ich verwunderte meine Interviewer. Nun kamen sie auf den sozialistischen Realismus zu sprechen, ich hielt ihn für eine Möglichkeit zu schreiben, für eine Möglichkeit unter vielen, für eine etwas veraltete freilich, und als Dogma, sagte ich, fände ich den Realismus eine Fessel, eine Einschränkung des Talents. Ich versuchte, einen magischen Realismus zu erläutern. Die Begriffe verwirrten sich. Vielleicht redeten wir aneinander vorbei. Ich glaube, ich hoffe, daß es oft nur die Schlagworte waren, die uns trennten, daß wir unsere Vokabeln falsch verstanden und doch eine Wahrheit finden, die ganze Welt beschreiben, das Rätsel des Lebens und die Seele des Menschen ergründen wollten. Man war nicht mit mir einverstanden. Das Mädchen, das mich so ungeniert angesehen hatte, sprach auf einmal deutsch und fragte, ist das Ihre Meinung, ich sagte, es sei meine Meinung. Man wollte wissen, was ich von Remarque denke, dessen Roman »Zeit zu leben, Zeit zu sterben« man mir nun als das bedeutendste Werk der deutschen Nachkriegsliteratur pries. Ich war überrascht, ich hatte den Roman nicht gelesen. Das befremdete. Und mir schien es auch noch an anderen Beispielen, daß meine Gesprächspartner Bücher etwas danach beurteilten, ob ihnen ihr Inhalt, ob ihnen die Story sympathisch war. Man erkundigte sich nach ausländischen Einflüssen in der westdeutschen Literatur, und ich fragte nach diesen Einflüssen in der russischen. Hemingway ließen wir beide gelten, aber er war die Ausnahme, der allgemein beliebte weiße Rabe, Joyce und Proust kannten die Herren, schätzten sie auch wohl, aber mit kühler Bewunderung, und weder der »Ulysses« noch »Die verlorene Zeit« sollten in der UdSSR verbreitet werden, Faulkner mißtraute man, wenn man auch manchmal mit ihm sympathisierte, und als ich Kafka erwähnte, schauderten die Herren, als hätte ich ihnen ein lockendes, aber tödliches Rauschgift angeboten, was mich wiederum reizte, von den Romanen von Samuel Beckett zu sprechen, und sie schockierten in Moskau, wie in Paris, wie in London, wie in München. Dies brachte uns auf die Frage der Einsamkeit des Menschen, auf sein Alleinsein in der Menge und auf das sexuelle Verhalten des einzelnen, auf dunkle und abseitige Triebe und auf die Schilderung erotischer Vorgänge im Roman, und die Herren der »Literaturnaja Gazeta« meinten, solche Beschreibungen würde das Sowjetvolk nicht verstehen, es gäbe keine Beispiele für solche Freiheit in der russischen Literatur, und es sei ganz ausgeschlossen, derartige Bücher in der UdSSR zu verlegen. Ich erkundigte mich, wie sich dieses Tabu mit dem sozialistischen Realismus vereinbaren lasse, und man sah mich vorwurfsvoll an und sagte, dies habe nichts miteinander zu tun. Wir überzeugten einander nicht ganz. Ich erwähnte Dostojewskij, als einen, der die Tiefen, das Verhängnis des Daseins, die Sünde kannte, ganz unabhängig von jeder Gesellschaftsordnung oder den Lehren einer Religion, aber sie ließen es nicht gelten oder nur sehr eingeschränkt, und wenn überhaupt, dann sei man darüber hinaus, sei man fortgeschritten und habe diese Probleme überwunden. Ich hatte die Partei der Avantgarde genommen, aber mit irgendeinem dialektischen Trick stellten sie mich nun als den Vertreter altmodischer Ansichten hin. Ich sah den Dichter noch immer als Anwalt des Leides und der Armen, als Empörer und als Kämpfer für Gerechtigkeit und für Freude in der Welt, aber sie sagten, in ihrer Welt sei kein Leiden mehr, und wie es mit der Freude war, das blieb unerörtert.

Ich besuchte das Bolschoitheater, die Große Oper, ich kam allein, ich hatte mich verspätet, und mein Platz war nach russischer Sitte schon von einem Besucher aus den hinteren Reihen besetzt worden. Ich irrte ratlos umher, stand im Weg, bis mir ein Offizier mit freundlicher Geste den freien Platz neben sich anbot. Der Vorhang hob sich. Noch nie hatte ich eine so riesige Bühne, eine so kostbare Ausstattung gesehen, und sie bemühten sich sehr erfolgreich, Wirklichkeit vorzutäuschen, eine eigentlich langweilige Illusion. Das Bojarenschloß war ein Brokken Wirklichkeit, der Garten war ein Garten, das Fest ein Fest, die Tataren waren echte Tataren, Zerstörung, Brand, Raub waren wie in einem Cinerama-Kino zu erleben, Liebe und Eifersucht ereigneten sich im Harem auf echten Orientteppichen, man wohnte einer Erzählung aus Tausendundeinenacht und russischer Geschichte bei, hundert Tänzer stellten dies dar, zeigten die Kunst des Balletts in ihrer Vollendung, jedes bürgerliche Publikum in Europa oder in Amerika wäre hingerissen gewesen, und die Zuschauer in Moskau waren es natürlich auch. In der Pause flammten die Kronleuchter auf. Ich sah, wo ich war, in dem schönsten altmodischen Theater der Welt. Das Parkett lag im Boden eines Märchenturms aus sechs goldenen Rängen. Vor einer rot ausgeschlagenen Loge funkelte brillantengleich das Zeichen von Hammer und Sichel und glänzte so, daß die Zarenkrone hindurchschimmerte. Keine nackten Schultern, keine große Schneiderkunst und nicht die alte Gesellschaft des Hühnerhofes der Opernpause, ein paar Uniformen, dunkle Anzüge, einfache Kleider, ein englischsprechendes Paar hätte in Frack und Abendrobe in London und Paris eine gute Figur gemacht, dazu gesellten sich, wie immer in Moskau, Asiaten jeder Herkunft, Inder in ihren heimischen Gewändern, klugblickende Neger, Gäste in Pullover und offenen Hemdkragen, Delegationen, die ihr Mekka erreicht hatten. Im Foyer rote Seide und weißer Lack, höfisches Gestühl, in der drängenden, schiebenden Menge ein jeder für sich, keine Gruppen im Gespräch, keiner schien den andern zu kennen, keine Begrüßungen fanden statt, kein Klatsch und kein Wohl-

gerede, man wandte sich zum Büfett, auf Tischen standen Flaschen und Gläser, man schenkte sich ein, legte Geld auf das Tablett, wieder wie gutbürgerliche Zofen gekleidete Frauen wogen Eis auf einer Waage zu Portionen aus, und draußen vor dem Theater war die Sommernacht noch hell, rauschte der Springbrunnen, beugten sich artige Kinder über den Brunnenrand und suchten ihr Spiegelbild.
Man saß auf den Bänken, man promenierte, man genoß den Abend. Vielleicht war es ein täuschendes Bild, vielleicht sollte man Moskau bei Schnee und Frost sehen, aber zweifellos auch dies, diese linde Nacht, dieses friedliche Glück war Rußland. Das Warenhaus Gum war noch erleuchtet und voller Menschen, und noch immer schoben sie sich in dichten Strömen wie zum Schichtwechsel einer Fabrik durch die Straßen. Wie fremd, wie verirrt, wie rührend standen zwei winterlich vermummte kleine Mädchen zwischen diesen Großstadtmenschen der beginnenden Raketenzeit und boten Feldblumen an. Vor dem Hotel Moskau hatten sich die amerikanischen Farmer versammelt, ihre Nylonhemden waren durchgeschwitzt, ihre Kameras hingen müde an den Riemen, sie hatten einen Tag der Besichtigungen hinter sich, eine lange Fahrt über weites Land, langhin und weitaus wie zu Hause, sie hatten eine Kolchose besucht, eine Farm ohne Eigentümer, oder Eigentümer war jeder gewesen, dem sie begegneten, und nun standen sie unschlüssig vor ihrem Hotel, und auch ihr erschöpfter Dolmetscher schien ratlos zu sein, was er ihnen nun noch zur Nacht in Moskau bieten könne.
Im Restaurant stellten die Kellner Karaffen mit Eiswasser auf eine große Tafel, diese Sitte hatten die Amerikaner durchgesetzt, aber die Kellner begriffen sie nicht, und das Eis war geschmolzen, bevor die Gäste den Kampf mit den unpraktischen Fahrstühlen bestanden hatten. Aus einem Lautsprecher sangen die fröhlichen Chöre, an einem Tisch wurde deutsch gesprochen. Es waren Deutsche aus dem anderen Deutschland. Sie saßen wie in Leipzig beisammen und tranken Bier, das Bier »Rotes Bayern«. Ich wollte einen grusinischen Wein trinken,

und der Kellner wunderte sich, weil ich eine ganze Flasche Wein bestellte. Auf dem Etikett der Flasche standen orientalische Schriftzeichen, der Wein war schwer und etwas stumpf, er stieg zu Kopf, ohne heitere Gedanken zu bringen. An einem runden Tisch saß ein Mann mit schwarzgrauen Haaren und machte mir freundliche Zeichen, er trank mir zu, stand dann auf und sagte in einem harten Französisch, Sie sind so allein, Kamerad. Er war allein, er war Spanier, ein spanischer Emigrant, er mußte schon lange in Rußland leben, fern von Madrid, ich hätte ihn gern zu meinem Wein eingeladen, aber ich tat es nicht, aus irgendeinem Grunde wagte ich es nicht, ich weiß nicht warum, und als der Spanier ging, tat es mir leid. Das elegante englischsprechende Paar aus dem Bolschoitheater kam nun in das Restaurant und setzte sich an seinen reservierten Tisch. Das Paar saß in Frack und Abendrobe neben den Deutschen aus dem anderen Deutschland, die bürgerliche Kleidung trugen. Auch ein Neger kam herein, nun auch die Farmer, ihr Eiswasser war lau geworden, die Chöre jubelten, ich sann den Lebensläufen der Menschen in diesem Saal nach, ich überlegte, welche Schicksale, ich dachte, welch ein Roman.
Die Sonne strahlte. Sie strahlte über den Dächern und Türmen von Moskau. Das Bild funkelte im Morgenlicht. Aber unten, tief unter dem Fenster meines Hotelzimmers, bewegten sich traurige Schatten. Frauen – trotz der Wärme des Tages unbegreiflicherweise mit wattierten Jacken, schweren Wollhosen, hohen Filzschuhen und dunklen Kopftüchern bekleidet, die ihnen von oben das Aussehen von unbeholfenen armen Zwergen gaben – schleppten auf primitiven Holztragen heißen Asphalt auf einen Zementhügel, der wie ein großes Grab aussah, wo wieder andere, ähnlich gekleidete Frauen die rauchende Masse glätteten. Es wurde wohl ein Luftschutzbunker vollendet, später mit Erde und Gras bedeckt, und die arbeitenden Frauen schienen mir die ersten Opfer eines glücklicherweise noch nicht entbrannten Krieges zu sein. Im Fahrstuhl begegnete mir ein Mädchen. Es war ein sehr schönes Mädchen, sie war nicht nur gut, sie war sehr gut angezogen, ihre Haare, ihr Gesicht waren

gepflegt, ihre Nägel lackiert; man hätte sich auch auf den Elyseischen Feldern nach ihr umgesehen. Das Mädchen war eine Russin, eine Intourist-Dolmetscherin, die drei skandinavische Professoren durch Moskau führte. Auf der Straße sah ich dann zwei sehr junge Mädchen, deren nackte Arme unweiblich, schon zu männlichen Muskeln geschwollen waren, mit Anstrengung zentnerschwere Eisenstücke auf einen Lastwagen werfen. Ich berichtete Bernardus meine Beobachtungen. Ich hatte Mitleid mit den Asphaltarbeiterinnen, und der Anblick der überschwere Lasten bewegenden jungen Mädchen empörte mich. Bernardus sagte, die Frauen wollen es so, sie tun es freiwillig, sie wünschen, gleichberechtigt zu sein, wir können sie nicht daran hindern. Gut also, die Frauen wollten den Männern gleichberechtigt sein, aber wollten die Arbeiterinnen es nicht auch der Intourist-Dolmetscherin oder den Verkäuferinnen in den vielen Parfümgeschäften gleichtun und schön sein? Ich wäre lieber die gepflegte Dolmetscherin gewesen, als daß ich das Eisen aufgeladen hätte, aber ich war ja kein Sowjetmensch und vielleicht für die sozialistische Gesellschaft verdorben. Bernardus sagte, wir sehen es anders, die schwer arbeitenden Frauen verdienen viel mehr als die Parfümverkäuferin oder die Dolmetscherin, sie beneiden sie nicht, und sie wären empört, wenn wir sie von den höheren Verdienstmöglichkeiten der Schwerarbeit ausschließen würden. Bernardus überzeugte mich nicht, die Lose schienen mir zu ungleich verteilt; ich erkundigte mich, ob die schöne Dolmetscherin vielleicht einen einflußreichen Freund oder einen wohlhabenden Vater habe. Bernardus verneinte entrüstet die unmoralische Möglichkeit des fördernden Liebhabers, räumte aber die natürliche des mit Geld versehenen Vaters ein. Auch in der Sowjetunion – und es überraschte mich etwas und zeigte mir wieder die verdrehten Vorstellungen, die Freund und Feind sich von diesem Lande machen – ist es durchaus von Vorteil, einen Vater in angesehener und gutbezahlter Stellung zu haben. Der Direktor eines Industriewerkes zum Beispiel kann seinem Sohn sein Haus, seine luxuriöse Einrichtung, ein Automobil, sogar ein beträchtliches

Bankkonto vererben. Die Fabrik kann er ihm allerdings nicht hinterlassen; noch die kleinste Produktions- oder Handelsstätte ist Staatseigentum. Aber man kann sehr wohl durch Arbeit, durch Geschick, durch günstige Stellungen, nicht zuletzt auch durch das Schreiben von Büchern und Theaterstücken reich werden und diesen erworbenen Reichtum seinen Erben vermachen. Man sieht hierin keine Ungleichheit, keine Ungerechtigkeit und auch keinen Einbruch in das geheiligte ökonomische Prinzip. Dieses wäre nach russischer Ansicht erst durchbrochen, wenn etwa ein kleiner Eisverkäufer auf der Straße sein Eis in eigener Regie herstellen oder für eigene Rechnung verkaufen würde. Wie überall gibt es also auch hier Begünstigte und Übergangene, man kann Glück und man kann Unglück haben, aber es wird geleugnet, daß es Unglück sei, als Mädchen eine Arbeit zu verrichten, die dem Mädchen Männerarme, Männermuskeln, Männerschultern gibt. Ilja Ehrenburg schrieb einmal: »Moskau glaubt nicht an Tränen«. Es glaubte offenbar noch immer nicht an Tränen. Manchmal begegneten wir Bettlern auf der Straße. Ich schenkte ihnen etwas. Auch Bernardus schenkte ihnen kleine Münzen. Er folgte jedoch nur meinem Beispiel, einer augenblicklichen kameradschaftlichen Konvention. Nicht, daß Bernardus hartherzig wäre! Ich hielt ihn für gutmütig. Aber die Bettler waren wohl für ihn Fehlkörper in der Organisation der Gesellschaft, und wie nur irgendein Bürger der europäischen Jahrhundertwende neigte er dazu, den Ausgestoßenen die Schuld an ihrem Ausgestoßensein zu geben. Er fühlte nicht mit den Bettlern. Er identifizierte sich nicht mit ihnen. Er sah sich nicht in Lumpen gehüllt am Straßenrand stehen. Wir besuchten das Haus, in dem Tolstoi in Moskau gewohnt hatte. Das Haus lag hinter einem Speicher oder einer Brauerei in einer stillen Straße, es roch nach Malz in der Luft, es war ein Bau aus Holz, ein ländliches Haus, ein Haus in einem ländlichen Garten, und es war alles so geblieben, wie es der Dichter verlassen hatte. Eine alte Dame und ein junges Mädchen begrüßten den Gast; sie brachten Strohschuhe und baten, sie überzuziehen. Die Dielen waren gebohnert, es duftete nach Wachs, und

man dachte an Bienen, an Bienenschwärme, an Blumengärten. Eine gemütliche Wohnung, hohe schöne Kachelöfen, Ledermöbel, ein Schachtisch, ein großer schwarzer Flügel und unter ihm das Fell eines Bären. Der Bär wird als Feind der Literatur vorgestellt; beinahe hätte er Tolstoi getötet; ein Diener rettete den Grafen aus höchster Gefahr und erlegte das Untier. Ein anderer Bär, ein kleinerer, steht ausgestopft aufrecht auf der Treppe und hält eine Visitenkartenschale in seinen erstarrten Pfoten. Man sieht die recht gewöhnlichen, ja spießbürgerlichen Ehebetten hinter einem Paravent, eine Waschkommode mit einer Marmorplatte, eine Steingutschüssel und eine Wasserkanne, seerosengeschmückt. Das Zimmer der Tochter, sie malte, zeigt eine Staffelei, vertrocknete Farben, angefangene Arbeiten. Spielzeug vor dem Bett des als Kind verstorbenen Sohnes. Das Zimmer der ausländischen Erzieherin ist der einzige Raum, der kalt und nüchtern wirkt; Heimwehbriefe nach Paris, bunte Postkarten nach Berlin, Weihnachtsgrüße nach London. Die Kammer der Näherinnen, zwei schmale Betten und zwischen ihnen eine Nähmaschine mit einer Handkurbel. Ein Damensalon, zierlich, gesellschaftlich, Spiegel und Decken, das Reich seiner Frau, die er nicht mochte, wie die junge Erklärerin flüstert, und abseits davon sein Arbeitszimmer, die Fenster im Baumschatten, ein ungewöhnliches breites Ledersofa, in einer Ecke Hanteln, vor der Tür ein Fahrrad, ein Sportclub schenkte es dem Neunundsechzigjährigen, der in zwei Tagen das Radfahren lernte und es dann täglich übte. Auch im Garten hat sich nichts geändert, die Wege kann man Tolstoi wandeln, auf diesen Bänken kann man ihn sitzen sehen, es blühen hier die Blumen, die er liebte, die Bäume sind seine Bäume, manche von ihm gepflanzt. Lenin soll angeordnet haben, daß, wenn ein Baum in diesem Garten stirbt, er durch einen von gleicher Art ersetzt werde. Dieses Haus war kein Museum, es war noch immer ein Wohnhaus, und man verließ es mit dem Gefühl, bei Tolstoi zu Gast gewesen zu sein, und die alte und die junge Verwalterin gehörten zu des großen Mannes adligen Hausstand.
Es war ein unglücklicher Abend im Wachtangow-Theater, der

Saal erinnert etwas an eine Aula, und alle saßen wie bei einer Schulfeier da, man spielte eine Übersetzung aus dem Italienischen, ich weiß nicht was, aber vor allem wußte ich nicht, warum man dieses Stück angenommen hatte. Was man hier sah, war das Theater als spießbürgerliche Anstalt. Auf der Bühne saß ein reicher Bürger in eines reichen Bürgers Garten, der reiche Bürger hatte einen Sekretär, der reiche Bürger hatte eine Hausdame, er hatte von dieser Hausdame einen Sohn, und die Mutter wollte nun die Verhältnisse bürgerlich ordnen und drängte danach, geheiratet zu werden. Über dieses Problem unterhielt sich der reiche Bürger mit seinem Sekretär, der die Frage sehr ernst nahm und für die Heirat war. Am Ende verstand es die Hausdame, ihren Willen durchzusetzen. Die bürgerliche Moral siegte. Das Schauspiel wurde nicht satirisch, sondern todernst und, was die ehrbaren Sehnsüchte der Hausdame betraf, peinlich melodramatisch vor der Rampe gespielt. Keiner der braven Zuschauer lachte, alle folgten sie gespannt und gerührt den langweiligen Ereignissen. Ich zweifelte, in Moskau zu sein. Ich war in Moskau. Ich zweifelte, daß die Revolution stattgefunden hatte. Sie hatte stattgefunden. Draußen hatte es indes zu regnen begonnen, es goß in Strömen, die Taxis, die vorüberfuhren, waren besetzt, wir flüchteten in einen Eissalon, es war ein Eissalon, wie man ihn in der ganzen Welt in den traurigen Vorstädten findet, nur waren wir hier nicht in der Vorstadt, sondern im Zentrum einer Weltstadt, und es waren hier nicht Halbwüchsige, sondern Erwachsene, Familien und sittsame Paare die Gäste. Sie saßen vor rotem und weißem Eis, nippten an dem roten und weißen Eis, sie saßen vor kleinen Karaffen, voll Cognac oder Süßwein und nippten an dem Wein oder dem Cognac. Es war eine Szene aus der trostlosesten Provinz, und dazu jubelten aus dem Lautsprecher die bekannten Chöre. Das Eis war gut, der Cognac brannte, wir gingen wieder in den Regen hinaus, fanden noch immer kein Taxi, rannten die Straße hinunter und erreichten ein zweites Eiscafé, das genau wie das erste aussah, in dem dieselben Chöre sangen, dasselbe Eis, dieselben Karaffen serviert wurden und, ich schwöre es, genau dieselben Men-

schen saßen und vom Eis, vom Cognac, vom Wein nippten. Ich glaubte zu träumen und trank noch einmal den brennenden Cognac, aber er erhellte den Abend nicht.
Ich entdeckte eine Kirche, es gibt viele Kirchen in Moskau, in manchen wohnt man, in anderen sind Büros oder befinden sich Magazine. In meiner Kirche wird Gottesdienst gehalten, es ist eine Gegend, die mir gefällt, dicht bei einer Hauptstraße zwischen hohen Wohnblöcken steht ein kleines Palais, sind Gärten, Höfe, ist Holz für den Winter aufgeschichtet und erhebt sich das Gotteshaus, bunt und bizarr wie ein russisches Märchen. Ich folgte einer alten Frau, sie bekreuzte sich dreimal vor jedem in die Außenwand eingemauerten Heiligenbild, sie bekreuzte und verneigte sich vor der Kirchentür, sie warf sich im Vorraum zu Boden, und unter immer erneutem Zu-Boden-Werfen strebte sie zum Altar. Es leuchteten Lampen, es brannten Kerzen, es schwelte Weihrauch, es wurde gesungen, es wurden Gebete gesprochen, und ein Priester segnete die – es war ein Alltag – spärlich versammelte Gemeinde. Hauptsächlich waren es Frauen. Ältere Frauen. Arme Frauen. Eine alte Dame war mit einem altmodischen Damensommerhut, den gesprungene Glaskirschen zierten, und einem weißen Spitzensonnenschirm gekommen. Auch die alte Dame wirkte arm. Ein Mann war grau. Einfach grau. Es war grau in seinem Haar, in seinem Gesicht, grau in seiner Kleidung. Dann ein Mann mit einem jungen, ja blühenden Antlitz, umrahmt von einem wildwuchernden rötlichen Bart. Eine schwarzgekleidete, verhungert aussehende Frau, erschreckend magere Arme, magere Schultern, ein zerknittertes, wachsgelbes Gesicht, trat mit einem Tablett in der Hand unter die Frommen und sammelte Geld. Die Armen gaben Rubelscheine. Lenin lächelte, und Hammer und Sichel schwebten hoffnungsvoll durch die Kirche.
Im Hotel wartete Bernardus, um mir zu sagen, daß wir am Abend unsere Wolga-Reise auf dem Motorschiff Kasachstan antreten würden. Ich ging in das Warenhaus Gum, um mir ein Paar Segeltuchschuhe zu kaufen. Ich mußte mich anstellen, aber es war nicht schlimm, es warteten nur fünf oder sechs Käu-

fer vor mir. Die Käufer traten zu der Schuhverkäuferin und nannten ihren Wunsch, die Verkäuferin reichte dann dem Kunden ein einziges Paar Schuhe aus dem Regal, der Käufer betrachtete die Schuhe, und die Verkäuferin betrachtete stumm und gelangweilt den Käufer. Wenn die Schuhe dem Käufer nicht gefielen, stellter er sie wieder hin und verließ wortlos den Laden, und die Verkäuferin legte die Schuhe uninteressiert in das Regal zurück, sagten die Schuhe aber dem Käufer zu, dann öffnete die Verkäuferin lässig eine Schranke, der Kunde durfte in ein abgesperrtes Revier treten, mochte sich hinsetzen und die Schuhe probieren, er entschied sich dann, sie zu nehmen oder sie nicht zu nehmen, niemals sah ich, daß einem Kunden ein zweites Paar gezeigt wurde. Die Segeltuchschuhe, die ich mir kaufte, waren billig, aber auf dem Schiff bestätigte sich, was ich gefürchtet hatte, die Schuhe waren mir viel zu groß. Aber auch ich hatte mich schon nicht mehr getraut, der lähmenden Disziplin des Ortes verfallen, von der ernsten, gelangweilten Verkäuferin noch ein zweites Paar zur Anprobe zu verlangen. Ich ging, meine Schuhe unterm Arm, zum Champagnerstand des Warenhauses und bestellte ein Glas von der trockenen Sorte, Von der Straße kam ein Mann mit einem Besen herein, stellte den Besen neben mich, wischte sich den Schweiß von der Stirn und verlangte einen Kelch von der halbsüßen Marke. Wir standen freundschaftlich nebeneinander und tranken friedlich, freundlich unseren Champagner. Keiner sah auf den anderen herab, niemand wollte ihn ausbeuten, und wir hätten es unmenschlich gefunden, aufeinander zu schießen. Die Revolution und der Weltfriede hatten sich erfüllt. Die Zeit hätte stillstehen dürfen. Ich dachte an das Schiff und an die Wolga, mich lockte das weite Rußland, aber ich fand Moskau gemütlich und wäre gern noch geblieben.

Der Moskauer Schiffsbahnhof ist ein viergeschössiges, von Wandelgalerien umzogenes Gebäude mit dem üblichen hohen Turm, von dem ich nie wußte, ob er ein Symbol des sozialistischen Realismus oder eines idealen Strebens sein soll, dem Turm mit der nadelgleichen, in den Himmel wachsenden

Spitze, und darüber leuchtet der Sowjetstern. Eine breite Freitreppe führt zur Landungsbrücke und verbindet Moskau mit fünf Meeren, mit der Ostsee, dem Schwarzen, dem Kaspischen, dem Weißen und dem Asowschen Meer. Das dreideckige Diesel-Elektroschiff Kasachstan lag zur Fahrt nach Rostow am Don bereit. Aus grauem Stahl genietet, glich die Kasachstan einem schnellen Kriegsschiff, einem Erkundungsboot, einem Torpedoträger, aber zum Glück diente sie friedlichen Zwecken und eigentlich geruhsamen Reisen. Meine Kabine überraschte mich, eine Tischlampe aus Metall, keine rosa Seidenschirme, keine Seidenfransen, dafür ein brauchbarer Ventilator, eine elektrische Heizung, eine nützliche Aluminium-Jalousie vor dem Fenster, ein bequemes Waschkabinett, kein Plüsch, nichts Überflüssiges, im Schiffsbau haben die Russen endlich die Sachlichkeit entdeckt. Wir fuhren, es war ein schöner Abend, aber am Himmel ballten sich dunkle Wolken zusammen. Wir fuhren durch den Moskwa-Wolga-Kanal, wir begegneten Ausflugdampfern, Sportruderern, Handelsschiffen aller Art und bald auch den ersten Holzflößen, die, von Schleppdampfern gezogen, oft hundert Meter lang, mit Wohnhütten drauf, Floßknechten und Hunden, überall auf dem Wasser treiben. Auf den flachen Ufern grüne Büsche und weiße Birken, hin und wieder einsame Badende, kaum ein Haus. Wir standen an Deck und genossen die Fahrt, die weite Landschaft, den stillen Abend, und ein Matrose kam, betrachtete uns und wies einige, die mit uns waren, hinunter in die unteren Regionen des Schiffes; bevor dieser Matrose sich aber seine Opfer wählte, guckte er auf ihre Füße, und ich fragte, warum er so tat, und Bernardus sagte mir, die Schuhe mit Gummisohlen sind billiger als die mit Ledersohlen. Ich trug leider Schuhe mit Gummisohlen, neue und gar nicht billige Schuhe aus München, aber für Rußland waren es Schuhe geringeren Ansehens, doch durfte ich auf dem Oberdeck bleiben. Wir passierten die erste Schleuse, der Betrieb war völlig automatisiert, kein Mensch war zu sehen, die Schleusentore öffneten und schlossen sich wie von Geisterhand, die Maschinenhäuser waren Zweckbauten von nüchterner

Schönheit, aber auf ihren Dächern segelten Nachbildungen der Karavellen des Columbus. Im Speisesaal der Kasachstan schmückten den Eingang zwei hohe Barhocker, auf die man große schleifenumwundene Blumentöpfe mit blühenden Sträuchern gestellt hatte. Eine Kellnerin mit einem hellblauen Kopftuch, das sie zu dem jungen Mädchen des Vermeer van Delft machte, grüßte mit herzlichem Lachen; sie servierte Kaviar, diesmal roten, sie brachte Brot und Wodka, der Lautsprecher spielte einen bürgerlich gezähmten Jazz, der bürgerliche Jazz-Sänger sang ein sentimentales englisches Lied, und Ninotschka mit dem blauen Tuch entwischte immer wieder auf das Hinterdeck, wo man unter der roten Schiffsfahne nach den englischen Klängen bürgerlich tanzte; es tanzten die Matrosen, es tanzten Ninotschka und einige junge Mädchen, die, wie ich später erfuhr, zum Maschinenpersonal gehörten, und es drehten sich natürlich auch die Passagiere im Kreis, man konnte am ersten Abend nicht auseinanderhalten, wer zu den Passagieren und wer zur Besatzung gehörte, freundliche Lampen brannten, Ninotschka servierte zwischen zwei Tänzen den Borschtsch, sie war erhitzt, ihre Augen strahlten, sie lachte, wenn ich spassiwo, danke sagte, jedermann war freundlich zu jedem, es war ein glücklicher Abend, eine Stunde voll wahrer Heiterkeit, die Menschen waren herzlichen Wesens, und ihr Frohsinn war der natürlicher, unverdorbener Kinder, ohne jemals albern zu werden oder sich zu hektischer Verkrampfung zu steigern, dieses Volk war unendlich liebenswert, und es war nicht scheu und nicht unglücklich. Wir passierten zur Nacht noch eine Schleuse, Scheinwerfer flammten auf, die Geisterhände öffneten und schlossen die Schleusentore, die Maschinenhäuser waren diesmal säulengeschmückt, und auf ihrem Dachfirst standen lichtumstrahlte Tänzerinnen in wehenden Gewändern unter einem Himmel, der sich über ein menschenleeres Land wölbte. Später erhob sich Wind; aus dem Kabinenfenster sah ich, wie er die Wipfel der Bäume am Ufer beugte, sie niederbog bis ins bewegte Gras, so daß sie mit ihm wie grüne Wellen den Strom erweiterten, aber das gutgebaute Schiff zog ruhig seine Bahn.

Am Morgen kam Ninotschka und brachte Tee. Sie schob die Aluminium-Jalousie vom Fenster fort und deutete traurig hinaus auf Sturm und Regen. Ich schaltete die elektrische Heizung ein; gestern war es noch schwül gewesen; es gab ein wendisches Wetter auf dieser Fahrt. Ich wanderte durch das Schiff. Im Salon stand ein großer brauner Flügel. Eine üppige blonde Frau, eine russische Germania spielte eine schmerzvolle Weise. Ein Junge mit kurzgeschorenen Haaren stützte sein Kinn auf den Flügel und blickte mit großen Augen auf die musizierende Frau. Im Salon des Mitteldeckes gab es keinen Flügel, aber ein Klavier, und eine junge Lehrerin, die ihre Ferien auf der Kasachstan verbrachte, versuchte sich an Chopin. Kinder übten ein Brettspiel. Auch hier hatten die kleinen Jungen kurzgeschorene Köpfe, und die Mädchen trugen weiße Schleifen in ihren artig gebundenen Zöpfen. Im Unterdeck war ein Schlafsaal mit übereinandergeschichteten Holzpritschen, man deckte sich mit dem Winterpelz oder dem Mantel zu, man schlief, man ruhte, man las, man aß, Tee wurde bereitet, kleine Kinder greinten, eine Alte schimpfte einen Alten, auch hier gab es Musik, ein Mann spielte auf einer Harmonika, und die stromlinige Kasachstan war auf einmal ein uraltes Schiff, ein Floß, ein breiter Kahn mit einer Fracht voll Leben. Vor dem Maschinenraum traf ich eines der Mädchen, die am Abend so eifrig getanzt hatten, nun war sie in einen Schlosser-Overall gekleidet, hielt eine Ölkanne in der Hand, und ihr Gesicht schien mir blaß zu sein. Vielleicht war es nur der Schein der Neonleuchten, der hier unten des Mädchens Gesicht blaß machte, aber ich dachte, wie lebt sie, wovon träumt sie, was wird aus ihr werden, und ich sah sie bei Nacht in ihrem Schiffsbett noch über Lehrbücher gebeugt, und eines Tages war sie dann Ingenieur geworden, trug nicht mehr die Ölkanne, stand am Reißbrett, konstruierte Schiffsmaschinen, und ich wurde traurig und hätte ihr gern einen Zweig von den Sträuchern geschenkt, die im Speisesaal auf den hohen Barhockern blühten, aber das Mädchen stieg mit ihrer Kanne noch tiefer hinunter in das Schiff, hinunter zu ihren Maschinen, und sie lächelte nicht einmal. Auf dem Oberdeck

waren nun alle aufgestanden. Wie im Berlin–Moskau-Expreß promenierten viele in ihren Schlafanzügen, breitgestreift und bequem, und wir grüßten einander und wünschten guten Morgen, und das Leben war ungeniert familiär. Die Germania am Flügel spielte nun ein lustiges Lied. Hörte jemand zu? Sie lasen oder beugten sich über Schachbretter, ein junger Mann forderte mich zu einer Partie auf, er war ein guter Spieler, und ich verlor und verlor auch noch die Revanche, und ein grauhaariger Herr, der auf der Brust seines Anzuges vier Reihen Orden trug, schaute meiner Blamage zu, und ich fürchtete, mein Ansehen und Deutschlands Ruf leichtfertig aufs Spiel gesetzt zu haben. Wir waren nun schon lange auf der Wolga, auf ihrem breiten Wasser, die Ufer waren ferner gerückt, lagen flach und einsam in einem jetzt blassen Grün unter dem Regenschleier. Aber der Strom war belebt, Tanker, Passagierboote, Frachtschiffe, Schleppzüge und immer wieder Flöße, – ganze Wälder schwammen gefällt auf der Wolga, wanderten nach Moskau, heizten ihm ein, bauten es größer. Ein Frachter hieß Gontscharow, ein anderer Gogol, wir sahen den Tanker Dostojewskij vorübergleiten, und am Bug eines Schleppdampfers stand stolz der Name Turgenjew. Die Sowjetunion ehrt ihre Dichter.
Ich stand im strömenden Regen, im jetzt kalten Wind an Deck. Am Ufer waren nun Kirchen zu sehen, ausgedehnte Klöster, einsame Kathedralen, hier schlug Rußlands altes Herz, die Kirchen begleiteten tagelang unsere Fahrt, meist erhoben sie sich auf einer Anhöhe weithin sichtbar an landschaftlich reizvollster Stelle, aber die Kasachstan näherte sich wieder den priesterlosen Tempeln der Schleusenhäuser, stieg, von unsichtbaren Mächten getragen, den Strom hinab, fuhr auf eine Landestelle zu, einem Schiffsbahnhof, dem Moskauer gleichend, aber dieser war natürlich kleiner und aus Holz gebaut, und aus der Regenlandschaft ragte ein weißes Gebäude, das aussah wie der Verwaltungspalast einer deutschen Versicherungsgesellschaft, und man sagte mir voll Stolz, dies sei die berühmte Käsefabrik, die größte der Sowjetunion, vielleicht der Welt, aber ich sah nur die Kirchen, die uralten Kirchen von Uglitsch, die geheimnis-

voll und wie Illustrationen zu einer unheimlichen Geschichte am Fluß standen und sich weiß und zugleich traurig im Wasser spiegelten. Uglitsch ist die Stadt, in der Dimitrij, der Sohn Iwans des Schrecklichen, auf Befehl Boris Godunows ermordet wurde. Bewohner der Stadt, die den toten Knaben Dimitrij fanden, schlugen Lärm, sie läuteten eine Glocke, die Glocke läutete Sturm, und Godunow kam und ließ die Glocke auspeitschen, nahm ihr die Stimme, riß ihr den Klöppel aus dem Mund und verbannte sie nach Sibirien. Das Schiff hielt leider nur fünfzehn Minuten in Uglitsch, wir liefen durch den Regen an Land, liefen über eine Holzbrücke, über aufgeweichte Wege durch Lehm und Morast und erreichten atemlos die historische Stätte, die Kirchen und das Schloß des Zarewitsch Dimitrij. Das Schloß verblüffte, weil es so klein war, ein kleiner roter Backsteinbau, das Erdgeschoß war vermauert, eine Treppe führte auswärts der Mauer in den ersten Stock, die Fassade war schäbig, auch die Fassade der Hauptkirche war schäbig, das Gemäuer verfiel, der Verputz war abgeschlagen, aber unheimlich und gewaltig wuchsen drei Türme aus dem geduckten Schiff. Es waren keine Besichtigungen vorgesehen, alle Türen waren verschlossen, hier gab es endlich noch keinen Fremdenverkehr, aber irgendwo hing ein Glockenzug, die Chopin liebende Lehrerin, die mit uns gelaufen war, entdeckte die Kordel, wir zogen an dem Strang, und ein helles gebrochenes Läuten erklang, es war wirklich wie in einer Gespenstergeschichte, ein Greis, ein sehr hoher, ein sehr hagerer Greis in einem langen schwarzen Mantel, einen breiten schwarzen Schlapphut auf dem Kopf, erschien, und er hätte das Gespenst eines verstorbenen Fürsten sein können, vielleicht war er ein Fürst gewesen, vielleicht ein Gespenst, er nahm große rostige Schlüssel von einer Wand und öffnete uns eine Kirche und das Schloß. Die Kirche war ein Museum, in einem Holzgestühl baumelte, heimgekehrt, die Glocke, die Boris Godunow gedemütigt hatte. Dann sah man geborstene alte Wandgemälde, dunkle, fast schwarze Ikonen, einen prächtigen alten Ofen, schwere Schatztruhen, einen geschnitzten edelsteinbeschlagenen Sessel Iwans und den Sarg des armen Dimitrij. Der Sarg war sehr klein. Im Schloß lagen alte Waffen, sie hatten den Knaben nicht geschützt, die Kasachstan rief, ihre Sirene heulte, wir liefen wieder über die Brücke, wieder durch den Regen; von fern sahen wir einen halbumbauten Platz, das Forum des neuen Uglitsch, auf dem Lenin unter düsteren Wolken auf einem Sockel stand. Um Lenin herum hatte man weiße Bänke aufgestellt, die vom Strom aus wie gipserne Modelle von Bänken aussahen, und die neue Anlage, im Regen natürlich menschenleer, erschien mir unwirklicher als die alten, mit blutiger Geschichte befrachteten Kirchen.

Die Uferböschung war nun aus rötlicher Erde, das Wasser der Wolga färbte sich braun, strömte braun und träge unter dem Regen, in der Dämmerung erreichten wir einen Ort im Land verstreuter Hütten, der alte Schiffsbahnhof schaukelte und ächzte auf seinem Bohlenfloß, das Haltetau wurde der Anlegefrau zugeworfen, das Tau klatschte ins Wasser, und die Frau schimpfte, sie schimpfte mit den Matrosen der Kasachstan, schimpfte mit dem großen Polizisten, der in seinem überlangen, auf die Schaftstiefel fallenden Mantel wie ein altes russisches Denkmal am Landesteg stand, ein Betrunkener schwankte heran und wollte auf das Schiff, man hinderte ihn, er schrie nach Wodka, gab es keinen Wodka in diesem Ort, hatte der Betrunkene schon alle Flaschen geleert, ein Mädchen in einem überaus zerrissenen Kleid lief barfüßig durch den gelben Schlamm des Uferweges. Das Mädchen war hübsch. Auch sie schrie. Schrie zum Schiff hinauf. Verdammte sie ihre Geburt? War sie gefangen in diesem Ort? Die Kasachstan löste sich vom Ufer. Das Mädchen blickte nicht mehr hin. Sie blickte nach keinem Retter aus. Die Landefrau und der Betrunkene beschimpften sich. Der große Polizist stand noch immer unbeweglich. Wir erreichten den großen Stausee von Rybinsk, er soll, wie man mir erzählte, der größte künstliche See der Welt sein, wir fuhren über ein weites Meer, die Kasachstan schwankte nun, aber sie schaukelte nicht unangenehm auf den recht hohen Wellen. Manchmal ragten die Wipfel ertrunkener Bäume aus dem Wasser, unter uns lagen Felder, Wälder und Dörfer, ein wahres Sagenland.

Wird man einmal von Vineta sprechen? Eine neue Schleuse, noch größer als die anderen, in brillanter technischer Funktion stand in menschenloser Verlassenheit, und die Häuser ihrer wunderbaren Mechanik waren über den Dächern mit griechischen Rundtempeln geziert, mit weißen Säulenpavillonen, durch die einsam der Wind heulte und der Regen strich. Für eine Weile brach der Mond durch die Wolken, und wieder auf der Wolga gleitend, sahen wir hinter Sandbänken ein Kloster so stolz und prächtig auf einer Höhe stehen, als wäre es noch mächtig und reich.

In der Morgenfrühe näherten wir uns Kostroma. Wie die meisten Wolgaorte zieht auch Kostroma sich lang am Flusse hin, schöne alte Holzhäuser, eine Märchenkirche, sechs vergoldete Kuppeln, ein hoher fünfstöckiger Glockenturm mit goldener Spitze. An einem Haus in der Hafenstraße hingen mit liebevoll gemalten Bärten die deutschen Philosophen Marx und Engels und blicken würdig ins Morgengrauen. Über dem Kulturpark und wieder über einem Säulenpavillon schwebte ein Ballon und hielt ein Leninbild in der Luft. Ninotschka war noch schlaftrunken, aber schon fröhlich erregt, sie deutete mit großer Geste auf den Ballon und rief Lenin, Lenin; Ninotschka war ein Kind vom Don, und die Fahrt auf der Kasachstan war für sie ein immerwährendes Abenteuer. Überall wehten Fahnen, es war Sonntag, und Kostroma feierte sein Festival. Am Landeplatz standen Fischkisten und ruhte ein Förderband. Der Weg zur Stadt hinauf war nach dem Regen grundlos, die Häuser, niedrig, fahnengeschmückt, waren im Putz verfallen. Kostroma sah wie eine freudlose Vorstadt eines Industrieortes aus den achtziger Jahren aus, und nur die Holzhäuser wehrten sich gegen die Häßlichkeit und gegen den Tod. Frauen trugen große Körbe mit frischgebackenem Brot über die Straße. Vor dem hohen Tor des Kulturparkes versammelten sich die Sportler; ein Lenin aus Stein, bürgerlich und jovial, blickte auf sie herab. Weißgekleidete junge Mädchen gingen unter Reifen aus künstlichen weißen Blumen. Die Mädchen fröstelten. Kostroma ist eine alte Handelsstadt, ihre Kaufmannsgalerien, schöne Arkaden sind noch erhalten, aber die Schaufenster der Läden waren mit Brettern vernagelt und sahen verkommen aus. Hier war einmal mit Stoffen gehandelt worden, jetzt wurde man auf eine Textilschule aufmerksam gemacht, die groß und mit Säulen sehr fremd in einer Straße niedriger alter Häuser stand. Auf dem weiten Platz vor den Kaufmannsgalerien hatte man einmal die Wolgaschiffer, die Treidelknechte für die Saison angeworben, die Kaufleute traten als Heuerbasen auf, wahrscheinlich waren sie rechte Sklavenhalter, aber die Armen, die gebeugt die Schiffe den Fluß hinaufzogen, sind zu Gestalten russischer Romantik geworden, die Emigranten sangen ihr sentimentales Lied in Berlin und Paris, und Hollywood und Babelsberg drehten Wolgafilme. Jetzt bot ein Lautsprecher auf dem Platz fröhliche Weisen, junge Leute traten zu einem Radrennen an, Polizisten brausten, von ihrer Wichtigkeit überzeugt wie Polizisten in aller Welt, auf schweren Motorrädern mit klapprigen Beiwagen hin und her, und ich traf in den Arkaden einen alten Mann, Kostromas letzten Kapitalisten; er war sogar ein Monopolkapitalist, der einzige Schuhputzer der Stadt, ein alter Iraner, kahlköpfig und schlau, er gehörte keiner Kooperative an, er arbeitete für sich und ohne Konkurrenz, er war sein eigener Herr, er konnte zufrieden sein, irgendwoher sprach er ein wenig Deutsch, er nannte mich Bruder, und als er meine Schuhe putzte, erzählte er mir, auf einmal ein König Lear, von seinen Töchtern, die, obschon verheiratet, noch immer an seinem Halse hingen und ihm sein pfiffig verdientes Geld abnahmen. Das gab es also auch noch in Rußland, trauriges Vaterlos und geldsaugende Kinder. Es verblüffte mich wieder, und es war ganz dumm. Der Reisende in Rußland neigt von Augenblick zu Augenblick dazu, den Wert des Geldes im sozialistischen Land zu unterschätzen oder zu überschätzen. Die Radler strampelten los, die Polizisten mit ihren Motoren voran, einer würde der erste sein, ich war nicht neugierig, und die weißgekleideten Mädchen unter ihren Reifen künstlicher weißer Blumen besetzten den Platz vor den blinden Schaufenstern der vertriebenen Kaufleute. Da hörte ich die Kasachstan rufen, einmal, zweimal,

schon sah ich mich in Kostroma bleiben, sah mich als Rivale des alten Schuhputzers und als Freund reifenschwingender, sittsamer Mädchen. Ich eilte zum Ufer. Mein Schiff verließ den Landungsplatz. Ich sprang mit meinen iranisch blankgeputzten Schuhen die schlammige Böschung hinunter. Ich winkte und schrie. Die Kasachstan stoppte die Fahrt und kehrte willig zur Brücke zurück. Die Passagiere, die Mitglieder der Besatzung standen über die Reling gebeugt, sie lachten fröhlich, als sie mich laufen sahen, und der grauhaarige strenge Herr mit den vielen Orden gratulierte mir überschwenglich zur frühsportlichen Leistung. Ninotschka aber brachte aus der Schiffsküche warme, wohlschmeckende Brötchen und den immer herrlichen heißen Tee. Wir fuhren zwischen flachen Ufern.
Zwei alte Damen reisten mit uns, zwei Damen aus alten russischen Romanen, sie waren Bibliothekarinnen, irgendwo in dem weiten Land, und ihr Französisch war das Französisch französischer Gouvernanten, die 1910 in Rußland gelehrt haben mochten. So war die Sprache, in der sich die alten Damen mit mir zu unterhalten versuchten, tot und wie aus einem Wörterbuch aus der Zeit vor der Revolution. Sie aber wollten mir gerade von Neuem erzählen, von Staudämmen und Elektrizitätswerken, von Planerfüllungen und Weltveränderungen, Begriffen, die diese Frauen ehrlich zu begeistern schienen, die aber in ihrem Französisch schwer auszudrücken waren. Die alten Damen verpflegten sich selbst, im Speisesaal der Kasachstan kauften sie nur den heißen Tee, und was sie sonst brauchten, Milch, Obst, Brot und Butter, erwarben sie in den kleinen Anlegeplätzen; wie zwei gutgesinnte, graue Bibliotheksmäuse huschten sie mit kleinen Töpfen und kleinen Kannen über den Landungssteg. Ein Ingenieur reiste mit seiner Familie zum Don, am Tage führte er Frau und Kinder liebevoll über das Deck spazieren, aber am Abend schienen sie ihm auf die Nerven zu gehen, er saß dann allein und verfinstert im Speisesaal und beteiligte sich, plötzlich mit einem bösen Gesicht, am Tanz auf dem Hinterdeck. Ein alter Mann sah wie ein Bauer Tolstois aus, er trug den bestickten Russenkittel, und in seinem Deckstuhl las er den

Homer im Original; bei jeder Landung kaufte er sich junge Zwiebeln und verzehrte sie im Speisesaal zu gerösteter Buchweizengrütze. Ein Herr wanderte in einem Mackintosh und unter einer englischen Mütze über das Deck. Er hatte lange in Shanghai gelebt, ein Emigrant, nun war er heimgekehrt und lehrte Ökonomie an einer kaukasischen Universität. Er genoß die Reise auf der Wolga sehr; wahrscheinlich hatte er sich vierzig Jahre lang nach diesem Strom, nach diesen Dörfern, nach den Kirchen auf den Hügeln und vielleicht auch nach den Schleusen und Staudämmen und den säulengeschmückten Maschinenhäusern des neuen Rußland gesehnt. Es wurde unendlich viel gelesen auf der Kasachstan, die Kinder, die jungen Leute, die Eltern, die Greise lasen, sie lasen dicke und wahrscheinlich immer sehr aufbauende Bücher, wenn sie nicht gerade Schach oder Domino spielten. In den unteren Regionen füllte sich das Schiff auf jeder Station mit immer mehr Menschen, die Fahrgäste wechselten häufiger, fuhren oft nur kurze Strecken, und es kam vor, daß die Holzliegen nicht ausreichten, und dann schliefen sie, das Volk, tief, ganz hingegeben an den Schlaf, wie unerweckbar auf dem harten Boden des Unterdecks, in den Gängen, unter der Treppe, auf den Kartoffeln der Ladung, Männer und Frauen, Junge und Alte, wie in einem animalischen Rausch, und es störte sie nicht, wenn man über sie hinwegschritt, sie ähnelten der Erde, sie waren unendlich geduldig und voll geheimnisvoller Kraft.
Pless, ein freundlicher kleiner Ort auf grünen Hügeln, aber jetzt ertrank er im Regen, seine Straßen waren lehmige Bäche, und die Hütten glichen gestrandeten Schiffen. Es soll in Pless ein Sanatorium für die Mitglieder des Bolschoi-Theaters geben, aber es war für mich ein unvorstellbarer Gedanke, die Meisterinnen des Spitzentanzes auf diesen Wegen, den sterbenden Schwan auf diesen nassen, grünen Hügeln zu sehen. Ein Sohn wurde verabschiedet, die Mutter klagte wie an der Bahre eines Toten, der Vater hatte aus Schmerz zuviel getrunken, er stürzte auf dem Landungssteg zu Boden, und andere schmerzergriffene Frauen rissen ihn zurück. Eine Glocke wurde im Schiffsbahnhof

laut und wohlklingend geschlagen, es war eine Glocke aus gutem Guß, eine alte Kirchenglocke, und jetzt schlug sie hell ihr Totengeläut, aber vielleicht war es auch die muntere Stimme ihrer neuen weltlichen Nützlichkeit. Als die Kasachstan abfuhr, erhoben sich lauter die Jammerschreie. Der Sohn, der Abreisende, stand sehr blaß an der unteren Reling, Ich fürchtete schon, der junge Mann sei zum Militär, vielleicht nach Brandenburg einberufen, aber das konnte nicht sein, es war nicht die Zeit der Einziehungen.
Zwanzig Minuten Aufenthalt in Kineschma. Auf einem Hügel hinter der Landestelle eine Kirche, ein Glockenturm, eine zweite Kirche, auf dem gleichen Hügel der Eingang des Kulturparkes, rote Fahnen, Transparente, Lenin, Marx und Engels, zwischen Kirche und Park das Standbild einer Diskuswerferin, weißer Gips, keine Nacktheit, züchtige Sporthosen, sittsames Hemd, ein morastiger Weg wird oben auf dem Hügel zur Hauptstraße, Geschäfte, wieder Fahnen, unendlich viele Menschen. Wo kommen sie alle her? Außer dieser Straße ist von Kineschma nicht viel zu sehen. Die Läden sind überfüllt. Ein Mann spricht mich an und verneigt sich sehr tief vor mir, ich verstehe ihn nicht, er verneigt sich noch einmal, ich muß zur Kasachstan zurück, und ich verlasse den Mann mit einer hilflosen Gebärde, ihn nicht verstehen, ihm vielleicht nicht helfen zu können.
Ein kleiner Hafen in der Dämmerung, ein Wald auf einem Berg, das geschlagene Holz stürzt eine Schneise hinunter, am Fuß des Berges werden Flöße zusammengestellt, ein sterbender Glockenturm steht im Wasser. Die Kirche, die zu ihm gehörte, ist schon ganz in der Wolga versunken. Auf sicherem Grund wird ein Clubhaus gebaut, ein kleiner Tempel mit Säulen. Am Berghang ein paar Holzhäuser durch tief aufgeweichte Pfade kaum miteinander verbunden. Die Sirene der Kasachstan schreit. Eine Frau eilt atemlos herbei, durch einen hohen Gummibaum, den sie in ihren Armen trägt, behindert. Die Frau und der Gummibaum reisen mit uns.
Der Gummibaum ging wohlbehalten an Land. Es war sechs Uhr

früh. Wir waren in Gorki, der Stadt, die nach einem armen Jungen heißt, der in ihr lebte, nach Maxim Gorki, der hier aufgewachsen ist. Gorki ist aber das alte Nishnij-Nowgorod. Ich sah das Anschauungsbild der Geographiestunde wieder vor mir, da waren Flöße auf der Wolga vertäut und trugen den Jahrmarkt, die Messe von Nishnij-Nowgorod, da waren Kaufleute in Pelzen, und der Fluß und die Stadt wurden als ein bunter Märchenbasar vorgestellt, und man handelte mit Salzheringen und mit Fellen. Was ich zuerst erblickte, war ein Kreml, eine lange, rote, türmebewehrte Mauer, quadratisch auf eine Höhe gesetzt. Der Kreml beherrscht die Stadt seit Jahrhunderten. Die Hafenstraße freilich war wie in Lübeck, gotisch hansische Häuser, aber der Verputz war abgebröckelt, die Fenster waren blind, die Dächer verfallen. Bernardus hatte ein Auto bestellt; das Auto war aber nicht gekommen. Bernardus war immer ärgerlich, wenn eine Panne mit den Automobilen passierte; er ging in ein Lagerhaus, um zu telefonieren und zu streiten. Ich blieb allein auf der Straße. Ein Polizist kam die Straße entlang gegangen. Der Polizist beachtete mich nicht. Ein alter Mann torkelte dem Polizisten entgegen. Der alte Mann war betrunken. Er sprach den Polizisten an und hielt sich an der Uniform der Macht fest. Der Polizist wehrte verlegen den Betrunkenen ab. Der alte Mann beschimpfte den Polizisten und torkelte weiter. Auch der alte Mann beachtete mich nicht.

Ich ging eine Anhöhe zu einer Kirche hinauf. Die Kirche war wie ein barockes Wohnhaus gebaut, aus geschnitztem Holz mit gedrechselten Säulen und fünf bunten Kuppeln. Die Zeit und der Regen hatten die Farbe von den Kuppeln gewaschen. Eine rohgezimmerte Holztreppe führte zur Oberstadt. Hin und wieder begegneten mir Menschen; sie waren unausgeschlafen und mißmutig wie überall Menschen mißmutig sind, die früh zur Arbeit gehen. Die Menschen waren nicht Städter und nicht Bauern. Am Ende der Treppe fand ich ein Dorf aus Holzhäusern. Ich dachte an Gorki. Hier war Armut, hier war Enge, aber hier war auch Schönheit und ein Hauch von Poesie. Eine Katze ließ sich freundlich streicheln. Ein Hund war internationaler

Verständigung abgeneigt und bellte laut. Ich eilte einen steilen Pfad den Berg wieder hinunter. Der Weg war morastig und glitschig.

Bernardus hatte niemand erreicht, er hatte kein Auto aufgetrieben. Wir gingen durch die Straßen. Die Läden waren noch geschlossen, in engen Fenstern lagen die üblichen Waren, ein Mädchen lenkte eine leere Straßenbahn über einen leeren Platz. Diese Stadt schien gestorben zu sein. Und wirklich, sie war gestorben, man ließ sie sterben, hinderte nicht ihren Verfall, denn als wir nun doch ein lahmes Taxi fanden, fuhr uns der Chauffeur sofort hinaus aus der alten, toten Stadt und in neue Viertel, die weit draußen im Umkreis entstanden waren und immer weiter sich ausdehnten, endlose Stalin-Alleen, Gigantenbauten, eine Technische Hochschule eine noch größere Universität, ein Internat für die Studenten einer riesigen Kaserne gleich, dann weite, auch hier wieder merkwürdig menschenleere Plätze, ein Gorki-Denkmal, – der Dichter stand von Zeugnissen der Technik und des Fleißes umgeben in großer Einsamkeit. Über Schlaglöcher kamen wir zu einer Kirche, sie erhob sich auf morastigem Feld zwischen der Altstadt und den neuen Vierteln, es war Gottesdienst, ein Priester hantierte am Altar, schwarzverhüllte Nonnen mit den Gesichtern von Toten sprachen die Gebete des Priesters nach. Ein nettes, kleines Mädchen verneigte sich mit Anstand vor jedem Heiligenbild, bekreuzte sich dreimal, kletterte auf Schemel oder Gesimse, die Ikone zu küssen, warf sich wie in plötzlicher Zerknirschung auf den Steinboden nieder, eilte dann fröhlich zum nächsten Heiligen, und sie tat dies charmant, aber auch mit einer von Mal zu Mal wachsenden, befremdenden Ekstase. Ich fragte Bernardus, in welchem Konflikt die Kleine wohl lebe, war ihr frommer Eifer Flucht, Trotz, Berufung, schuf sie sich eine Märchenwelt? Bernardus sagte, in der Schule wird sie materialistisch erzogen, was sie hier tut, geht nur sie etwas an. An der Kirchentür mahnte ein Ukas, die heiligen Kerzen nur beim Priester und nicht in den Geschäften der Stadt zu kaufen. Am Kreml konnte man über den Hafen und über die Wolga blicken, wieder waren

Baustellen zu sehen, Kräne, neue Hafenbecken, und das lange Band des Stromes war der Schiffe voll. Bürokraten gingen nun geschäftig in den Kreml von Gorki hinein, die Bürokraten verkörperten auch hier die Obrigkeit. Der Mensch und das Land wurden verwaltet. Ein künstlicher Hirsch aus brauner Gipsmasse graste in einer Anlage aus echtem Grün. Das Denkmal eines Fliegers war eine gute Arbeit und hier geschickt in die Landschaft gestellt; ein Relief zeigte die Bahn seiner Flüge und ein Stern die Stelle seines Absturzes.

Das Hotel, in dem wir frühstückten, war ein alter pompöser Kasten, ein vornehmes Vierjahreszeiten-Hotel im Stil der Jahrhundertwende. Ein Portier mit einem sehr langen, mit einem außerordentlich gepflegten Bart begrüßte uns in einer abgewetzten, doch goldbetreßten Livree. Die große Halle des Gasthofes war ein Stechpalmenwald, in dem Plüschsessel unter bleichen Leinenüberzügen schliefen. Auf hohen Ehrenkonsolen standen Gorki und der Flieger in verkleinerten Ausgaben. Der Portier wollte uns den Speisesaal aufschließen, aber ein Mann, der wohl der Direktor des Hotels war, wehrte es ihm. Der Direktor führte uns über die Treppe, auf der ein Läufer unter einem Leinenschutz lag, in den zweiten Stock hinauf. An den Wänden des Treppenhauses hingen Bilder im Plakatstil der Außenschau eines Dorfkinos. Die Bilder zeigten Gorki als Kind, als Jüngling, als jungen und als alten Mann, sie zeigten den Dichter in einem Garten, sie zeigten ihn am Ufer der Wolga, im Gespräch mit Lenin und als Lehrer der Kinder. Der Direktor brachte uns zu einer Art Besenkammer, in der ein Büfett und ein paar Tische standen. In blauen Glasschalen lagen rote, weiße und grüne Blumen aus Wachs. Auch die belegten Brote des Büfetts schienen künstlich zu sein. Der Tee schmeckte nach Wundverbänden. Aus dem Fenster der Kammer sah man auf die rote Mauer des Kreml, und ich meinte zu träumen, meinte in einem alten Traum gefangen zu sein, eingemauert in einer vergangenen Zeit, die gestorben, aber nicht verwest war, irgendeine Stunde, die lange zurück lag, war hier mumifiziert worden. Ich glaubte, das Hotel sei nicht bewohnt, aber dies war ein Irrtum. Durch einen langen Gang, der nach Desinfektion und verstopftem Klosett roch, eilten Zimmermädchen mit Spitzenhäubchen und weißen Zofenschürzen, und hinter jeder Tür regte es sich, Gäste in breitgestreiften Schlafanzügen traten aus ihren Höhlen und äußerten die Wünsche von Lebenden.

Wir fuhren zum Gorki-Haus, nichts hatte sich hier geändert, wir sahen die Werkstatt auf dem Hof, in der Gorki als Färber gearbeitet hat, wir sahen die Bottiche, den kleinen, spitzwinkligen Garten, wir traten in das Wohnhaus aus Holz, in Räume, die von Armut sprachen, aber nicht ungemütlich waren, wir sahen die Bilder der bäuerischen Großeltern, den Volkskalender, aus dem der Knabe lesen lernte, einen schönen Ofen, der mit Sagengestalten bemalt war, und dann folgten die Dokumente des Ruhmes, Gorki mit den Schauspielern des Künstlertheaters, Gorki mit Lenin, die Bibliothek seiner Veröffentlichungen. Ein junger, liebenswürdiger Mensch erklärte das Haus, und wir begegneten wieder der wißbegierigen, Chopin spielenden Lehrerin, der Reisegefährtin vom Unterdeck der Kasachstan. Holzhäuser und Gärten bildeten die Straße, die vom Haus des Dichters zur Wolga führt. Die Kasachstan wurde befrachtet. Frauen schleppten Kisten und Säcke an Bord. Im Verladeschuppen lagen aus frischem Holz gebogene Schlitten, die nach Wald und nach Harz dufteten. Ein Knabe saß versteckt in dem Holz und las den neuen Volkskalender.

Gegen Abend erreichten wir ein Dorf. Eine Bretterbrücke führte zum Ufer. Auf der Brücke warteten Frauen. Sie boten Walderdbeeren, Sahne, kleine geräucherte Fische und Sonnenblumenkerne an. Der Ortspolizist stand mit roter Mütze da. Ein alter Bauer torkelte zum Schiff. Er war betrunken. Man ließ ihn nicht an Bord. Er legte sich auf die Bretter der Brücke und fiel in Schlaf. Junge Burschen, auch sie betrunken, schritten über den Alten hinweg. Die Matrosen der Kasachstan verteidigten das Schiff gegen die Betrunkenen. Der Polizist rührte sich nicht. Der Platz hinter der Brücke war ein wegloser Morast. Aus dem Morast wuchs ein Pfahl, und an dem Pfahl hing ein dröhnender

Lautsprecher. Ein morscher Holzsteg führte zu einigen Hütten empor. Die betrunkenen Burschen drückten Münzen in die Hand eines dicken, barfüßigen Mädchens und stießen es zum Schiff. Das Mädchen sollte aus der Schiffsküche Bier holen. Das Mädchen bekam kein Bier. Hinter Kartoffelsäcken stand ein anderes, ein zierliches, blasses Mädchen und weinte. Was hatte die Revolution diesem Ort geschenkt? Er hätte zur Zeit der Zaren, in der Epoche der Leibeigenschaft nicht elender sein können. Man belehrte mich. Die Revolution hatte in das Dorf Elektrizität gebracht, in den Hütten standen Radioapparate, vielleicht sogar Fernsehgeräte, es gab eine Schule, man lernte schreiben und lesen, es gab das Kulturhaus mit seiner Bibliothek, seinen Bildern, seinem Kinosaal. Wer sich bilden wollte, konnte sich bilden, er durfte auf das Schiff steigen, er mochte zur Universität, er konnte nach Moskau fahren. Am Ufer lagen flache Boote und in anderen setzten Menschen über die Wolga. Die Boote hießen »Duschegubka« oder »Verloren ist meine Seele«.

Wir waren bei den Tataren, in Kasan, der Hauptstadt der tatarischen Republik. Das Schiff fuhr in einen neuerbauten Hafen ein, der weit vor der Stadt lag und so groß wie ein mittlerer Seehafen war. Die Kasachstan hatte sich verspätet, und schon nach einer Stunde sollte sie weiterfahren. Wir mußten uns beeilen. Über der Stadt hingen Gewitterwolken, ein heißer Wind wehte, Sand wirbelte in der Luft. Der Fahrer des alten Taxis war ein echter Tatar, und er fuhr, als reite er ein ungezähmtes Pferd. Zur Stadt hin wieder Baustellen, ganz Rußland schien mir allmählich ein einziger großer Bauplatz zu sein, dann eine Moschee, wie ein Mosaik zusammengefügt, das Tor geschlossen, in eine alte Kirche hatte man unten Läden geschlagen, in der Hauptstraße hingen Fahnen, die Aufschriften der Läden waren russisch und tatarisch, überall hastende Menschen, russische und tatarische Zeitungen, Kasan war wie ein Bienenkorb, es wimmelte und bewegte sich, was wissen wir von diesen fremden, fernen Städten, und immer drückender wurde die Hitze, und der Wind wurde zum Sandsturm, drang gelb, heiß, körnig in Mund und Nase. Ein kräftiger Sprengwagen löschte die Hölle nicht. Als unser Schiff abfuhr, brach plötzlich die Sonne durch die Wolken und zeigte Kasan mit seinem Kreml, seinen Türmen, den Kuppeln seiner Moscheen glänzend und weiß in einem märchenhaften Licht.

Das Gewitter erreichte uns auf einem Stausee, der das Wasser für das große Kraftwerk von Kuibyschew speichert. Im fahlen oder grellen Schein der Blitze ragten Baumwipfel aus den Wellen, Dachfirste, Kirchtürme, überflutete, versunkene Dörfer. Uljanowsk hieß einmal Ssimbirsk. Das ist tatarisch und bedeutet »Berg der Winde«. Es war kein Berg zu sehen, es wehte kein Wind, als ich gegen Mitternacht nach Uljanowsk kam. Uljanowsk ist die Geburtsstadt Lenins. Aber auch Lenin war nicht zu sehen; er war so wenig zu sehen, wie die Familie Uljanows wohl zu sehen gewesen war, als sie in Ssimbirsk, einer Gouvernementshauptstadt, lebte. In einem großen Industriewerk brannten Lichter und Feuer. Eine lange neue Eisenbahnbrücke überspannte in großer Höhe die Wolga. Die Brücke war schön. Sie schien unter den Sternen schwerelos zu schweben. Der Schiffsbahnhof lag weit vor der Stadt. Die Stätte war zu dieser Stunde verlassen und menschenleer. Es schien niemand in Uljanowsk zuleben, – nur ein Lautsprecher. Aus dem einsamen Lautsprecher von Uljanowsk sang der deutsche Schauspieler Ernst Busch das Lied »Wolga, Wolga«, und ich sah Berlin, das Berlin von 1932, eine Stadt voller Zukunft, und alles war nun anders gekommen und war Vergangenheit, war Asche und unerkennbar verwandelt. Der Koch der Kasachstan trat zu mir auf den weiten, menschenleeren Platz vor dem Schiffsbahnhof des unsichtbaren Berges der Winde, und gemeinsam hörten wir um Mitternacht in der Geburtsstadt Lenins dem technischen Wunder zu, das einen deutschen Schauspieler hier das Wolgalied singen ließ. Die Luft war schwer. Kein Hauch war zu spüren. Nichts regte sich. Nichts, außer der Stimme im Lautsprecher. Uljanowsk, das war Stille, das waren ferne Lichter, das war Verlassenheit. Für viele war es Nazareth. Auch wer Nazareth in diesem Augenblick betrachtete, sah wohl Lichter in der

Ferne, vernahm Stille, empfand Verlassenheit. Wo mag der Nächste geboren werden? Keine Macht, kein Herodes wird es ahnen. Der Koch wollte etwas von mir. Er bat mich, in seine Kabine zu kommen. Wir stiegen in den unteren Gängen des Schiffes über die Schlafenden; sie lagen wie die Komparsen eines Wolgafilms da, und sie waren die Ewigen, die immer sein werden. Der Koch hatte bei einer Fliegertruppe in Potsdam gedient. Er holte aus seinem Koffer eine sorgsam verschnürte Mappe und zeigte mir die Garnisonkirche der preußischen Stadt, das Schloß Sanssouci, das Brandenburger Tor in Berlin und die Staatsoper Unter den Linden. Waren es Trophäen eines Siegers? Erinnerungen an eine große Zeit? Der Koch war in Stalingrad zu Hause, in Stalingrad, das zerstört und wieder aufgebaut war, und das wir in zwei Tagen erreichen würden. Der Koch fragte mich, wird es Krieg, wird es Frieden geben? Den Koch brannte die Frage. Brannte sie mich nicht? Der Koch wünschte den Frieden. Wünschte nicht auch ich den Frieden? Was konnte ich dem Koch antworten in dieser Nacht in seiner engen, kleinen Kabine auf seinem guten Schiff, das vor der Geburtsstadt Lenins auf der Wolga schwamm, und angesichts der Garnisonkirche von Potsdam und des rätselvollen Schlosses Sanssouci?

Die Morgensonne schien auf die Berge von Shiguléw. Auf dem rechten Ufer hoben sie sich steil über den Fluß und waren mit Eichen und Linden in undurchdringlichen Wäldern bewachsen. Sagen erzählen von den Wolga-Räubern, die einst in diesen Bergen und Wäldern gehaust hatten, und dann kamen wir nach Stawropol, dem Ort einer neuen Sage, dem Ort, der zehn Kilometer wandern, der einem Stausee weichen mußte, der als der alte Ort Stawropol überflutet wurde und als neuer Ort Stawropol wieder erstand. Er war eine Baustelle riesigsten Ausmaßes. In einer ungeheuren Schleuse sanken wir häusertief und fuhren in eine technische Landschaft künstlicher Häfen ein. Lange Molen, hohe Kais, kräftige Kräne, Silos in Wolkenkratzerhöhe, Elevatoren, Sand, Zement, Stein, Petroleumtanks, Ölleitungen, weithin in den Fluß gemauerte rote Wehre, Eisbrecher und die weißen Häuser der Arbeiter. Hier entsteht das große Elektrizitätswerk von Kuibyschew, das ein Industrierevier von der Wolga bis zum Ural mit Strom versorgen soll. Die Überlandleitungen hingen wie ein gigantisches Spinnennetz über dem Land und dem Wasser. Die Passagiere der Kasachstan betrachteten die Schleusen, die Anlagen, die Mauern, die Verwandlung des gestern noch bäuerlichen Gebietes in ein technisches Utopia mit inniger Anteilnahme. Von diesen Bauten berichteten die Zeitungen, von dieser Verwandlung sprach das Radio, unaufhörlich, langweilend und erregend, in monotonen Wiederholungen steigender Erfüllungsziffern, das ganze Volk mußte Entbehrungen ertragen, und doch, die Menschen freuten sich, hier das letztlich Unsichtbare entstehen zu sehen, elektrische Kraft, und der Professor für Ökonomie, der heimgekehrte Emigrant aus Shanghai sagte zu mir, wenn es Frieden bleibt, werden wir das reichste und entwickeltste Land der Erde werden. – Der Landeplatz war trostlos, eine Sandwüste, nackte, kahle Erde, die durch gewaltige Planiermaschinen plattgedrückt wurde.

Auch Kuibyschew, einst Ssamara, mit fünfundzwanzig Kirchen, einem Bischofssitz und einem Gouverneurspalast, war wie Gorki verfallen. Die neuen, die gepflegten Viertel, die Stadt, auf die man stolz war, die man zeigen wollte, das Zentrum der Industrie, die hochgeschossigen Wohnhäuser der Arbeiter, die Villen der Manager, das Clubhaus der Petroleumkumpel, ein wahrer Parthenon, weiß, glänzend und von starken Säulen getragen, lagen draußen vor der Stadt. Der alte Kern aber zeigte in der flimmernden Hitze des Tages ein müdes, ein provenzalisches Gesicht. Breite Alleen aus Ahorn und Linden, die Stämme geweißt und gespenstisch, ekstatisch ausgebrannte Wipfel in einem heißen Wind. Kein van Gogh hat sie gemalt. Den Malerhut tragen die Pferde der alten Droschken, ein Strohrund mit einem roten Stern geschmückt. Lenin hatte in Ssamara gelebt. Ein altes, festes Holzhaus trägt die Gedenktafel. Noch heute kann man hölzerne Läden vor die Fenster legen. Lenin muß sie am Abend geschlossen haben. Ein Gendarm ging vorüber, die Zarenkrone blank auf seinem Koppelschloß, und war gänzlich ahnungslos. Vielleicht kannte auch Lenin die Zukunft nicht. Eine Petroleumlampe brannte. Ein Thron kam in die Gerümpelkammer der Geschichte. Eine Weltmacht wurde geboren. Das Dramatische Theater von Kuibyschew sah wie ein Kreml aus, es sah wie ein kleiner, ehrgeiziger Kreml aus, kleine Kremltürme schmückten es. In allen Läden hingen die Bilder der Schauspieler; die Schauspieler waren sehr beliebt und sehr bürgerlich. Die Kirchen waren verschwunden. Eine weiße Kirche mit einem weißen protestantischen Turm war das ehemalige Gotteshaus der Wolgadeutschen. Im Vorraum saßen Arbeiter auf einem alten Ledersofa und frühstückten. Sie beachteten mich nicht. Das Kirchenschiff war zu einem Malersaal geworden, die Kulissen für das Theater wurden hier angefertigt, blühende, naturalistisch gemalte Bäume waren der Kirschgarten Tschechows, und auch ein zum Plakat gestalteter Lenin-Kopf war zu sehen. Im Luftverkehrsbüro hingen die Porträts von Lenin und Stalin an der Wand, und zwischen ihnen prangte ein Gemälde, das verzweifelte Schiffbrüchige auf einem wogenumspülten Floß zeigte. In den Straßen, in den Läden wimmelte es von gleichgekleideten Menschen. Im Warenhaus gab es große chinesische Thermosflaschen zu kaufen, die zwei Liter oder noch mehr faßten und gelb, grün und blau wie alte Porzellanvasen aussahen. In allen Räumen hatte die Hitze sich eingenistet und Fliegen ausgebrütet. In einem Getränkeausschank gab es lauwarme Limonade und schalen süßen Champagner. Überall war ekeliges Fliegenpapier ausgebreitet, und der süße Champagner schmeckte, als habe man das Fliegenpapier durch ihn hindurchgezogen. In einem alten Kaufmannshotel befand sich das einzige Restaurant der Stadt. Jeder Platz war besetzt. Auf allen Speisen grünten gehackte junge Zwiebeln. Obwohl es mitten am Tage war, spielte eine Jazzkapelle sanfte englische Tanzweisen. Die Menschen, die hier saßen, der Jazzkapelle zuhörten und die zwiebelbestreuten Speisen aßen, waren wie die Menschen auf der Straße gekleidet. Alle sahen gleich aus. In der flimmernden Hitze, im Schwarm der Fliegen wurde das Bild unwirklich, die Jazzkapelle, die Gäste, die Speisen, die durch schmutzige Fenster stechende Sonne verschwammen und schienen unwirklich zu sein. Die Direktorin des Hotels, eine sehr resolute und wahrscheinlich sehr tüchtige Dame, führte uns in den Hinterraum, in eine Art Chambre séparée mit Wachsblumen, herabgelassenen Portieren und verhüllten Lampen. Hier mochten sich einmal die Kaufleute von Ssamara zu galanten Rendezvous verabredet haben. Die neuen Fabrikherren von Kuibyschew betraten den Ort nicht; sie feierten keine Orgien. Die tüchtige Direktorin stellte einen Ventilator an, ein kühler Hauch strich durch die stickige Luft, die Portieren atmeten, und die Wachsblumen schienen sich aufzurichten. Der Champagner war trocken und kalt.

In der Nacht hielt die Kasachstan am Landeplatz einer Stadt, die mit vielen Lichtern, Signalen und Feuern, kilometerweit entfernt an einer Einbuchtung des Stroms lag. Die Bretter der Landungsbrücken waren glitschig, Mücken summten unter den hohen, in die leere Landschaft gestellten Bogenlampen, ein Kalb hatte sich auf die Brücke verirrt, es wurde gestoßen und gejagt, eine verlorene Kreatur, am Ufer schliefen traurige Bäume wie auf einem Bild von Munch.

Saratow liegt in der Steppe, aber auch Kuibyschew und Kasan hatten für mein Empfinden schon in der Steppe gelegen. Überall wehte derselbe heiße, über heißes Land hergekommene Wind, und überall ähnelten einander die Straßen, die Läden und die Menschen. In Saratow gab es einen Markt, es gab Erdbeeren und apfelgroße Radieschen zu kaufen, dann waren Stände da mit Katzen und Hunden aus Gips, und auf einem Tisch zwischen hartem Klippfisch und weichem Quark war eine russische Übersetzung von Werthers Leiden in der 650 000. Auflage zu haben. Im Zirkusgebäude gastierte ein ungarisches Varieté, in einer großen Buchhandlung gab es eine deutsche Abteilung, man konnte hier Heine kaufen und eine Leipziger Reklameausgabe von Boccaccio, natürlich auch noch Kinderbücher und technische Bücher aus den Verlagen der DDR, das Theater kündigte Othello an, in den Läden sah man die Bilder des Othello und der Desdemona. Othello trug einen prächtigen Bart und Desdemona ein mondbleiches Gewand. Sie glichen Meininger Hofschauspielern. Man sah auch wieder viele Chinesen in der Stadt, sie studieren an der Universität, und das Wissen Europas wird nun Asien durch Rußland vermittelt. In Saratow schien es Halbstarke zu geben, Plakate beschäftigten sich mit diesem Problem, eine wie ein aufgeregtes Huhn dargestellte Frau rief, wo ist mein kleiner Knabe, ich habe überall angerufen, bei der Polizei, auf der Arbeitsstelle, im Club? Die andere Seite des Plakates zeigte dann den etwas wildwestlich angezogenen kleinen Knaben, wie er betrunken auf einer Treppe saß. Auf einem anderen Plakat waren zwei Frauen zu sehen, sie trugen Diplomingenieurs-Gattinnen-Pelze und hatten Schafsgesichter, wo sind unsere Kinder, fragten die Frauen, und auf der Rückseite des Plakates waren sie dann angeprangert, die kleinen Schafe, sie tanzten mit den Wölfen im Wald eine Art Rock and Roll. Wer aber waren die Wölfe? Die Bilder beantworteten diese Frage nicht. Das Restaurant der Stadt lag in Saratow im ersten Stock des alten Ortshotels, keine Ventilatoren wehten Kühlung, aber die sozialistische Gesellschaft, die hier wieder zufrieden versammelt war, beim Mahle saß oder beim Bier, Offiziere, Arbeiter, Funktionäre, unterschiedslos und nicht voneinander zu unterscheiden, weder in der Kleidung, noch in den Gesichtern, und wieder keine Bevorzugungen, keine Ränge, kein Extragericht, keine Absonderung, die sozialistische Gesellschaft schien sich des Lebens zu freuen und die Schwüle hinzunehmen, wie sie in einigen Monaten auch die Kälte hinnehmen würde. Wieder lagen zerhackte, junge, grüne Zwiebeln auf den Speisen, wieder spielte eine Jazzkapelle so harmlose, so langweilige Weisen wie in einem englischen Mittelstandshotel in den traurigen kleinen Seebädern der Südküste. Wachsblumen blühten über einem Büfett, an der Wand hing prächtig gerahmt das Bild von den verzweifelten Schiffbrüchigen, und Bernardus fragte mich: Sind Sie nicht hochmütig?

Die Landschaft erinnerte nun seltsam an Sizilien oder an Spa-

nien, vegetations- und faunalose Hügel, beinahe ein kubistisches Bild. Dieser Eindruck verstärkte sich noch, als in Wolsk merkwürdig hohe und schmale dreistöckige Kornspeicher aus Holz verfallen hinter einem Strand standen, auf dem nackte Knaben kunstvoll konstruierte Flugmodelle in die Luft stießen. Wolsk war einmal ein Zentrum des Getreidehandels; man mochte es kaum noch glauben, französische Sängerinnen hatten damals in dieser Stadt gelebt, die auch jetzt noch kaum zu sehen war, Abenteuerinnen auf abenteuerlichen Reisen und hier in welch seltsame, fast schon von aller Menschheit entfernte Nächte gebettet. Wie waren die Damen hergekommen, auf der Wolga, auf dem Floß, viel weiter als Napoleon waren sie nach Osten vorgedrungen, und mit welchem Mut? Die Sängerinnen hatten die Kaufleute der Stadt und die Großgrundbesitzer der Umgebung erfreut, vielleicht hatten sie an Sommermittagen in Toiletten à la Kaiserin Eugenie unter Sonnenschirmen auf diesem Strand promeniert, und nackte Jungen hatten Schiffchen zu Wasser gelassen und sich um die bunten Vögel nicht gekümmert, wie sie sie heute nicht vermißten, und die Damen hatten ein kleines Vermögen in ihren Strumpf getan und waren nach Frankreich zurückgekehrt und mit dem Erwerbssinn ihrer Nation eine Madame Tellier geworden. Von diesem schönen Unternehmungsgeist war nun nichts mehr in Wolsk zu spüren. An der Landungsbrücke verkaufte eine Frau Eier, Milch, Sahne und Erdbeeren. Ein kleines Mädchen hockte auf sauber gewaschenen rosa Fersen und kaute Sonnenblumenkerne.
Ich wollte Stalingrad nicht sehen, ich hatte Angst vor dieser Stadt, Angst vor dem Namen, Angst vor der Tragödie, vor dem Verhängnis, vor der Legende, aber nun lag Stalingrad vor mir, lag in drückender Schwüle unter einem beinahe schwarzen Himmel, unter einer Wolke, die nicht Regen, sondern Staub barg und wie ein allzu schweres Zudeck die Stadt in Hitze und Fieber hielt. Sechzig Kilometer lang zog sich Stalingrad an der Wolga hin, eine Traumstadt, eine Albtraumstadt, oft nur eine einzige lange endlose Straße, ein Kanal für den Wind, eine Rennbahn des Staubes und vor kurzem ein Fließband des To-

des. Aber noch immer weiter griff Stalingrad voraus in das Land, eroberte, verwandelte, unterwarf es, am Ufer erhoben sich Fabriken, gemeindegroße Industriekombinate und Baustellen, dazwischen weite Sportplätze in kränkelnden Hainen eines künstlich gezüchteten Grüns und darin Tempel, echte griechische Tempel, nach den klassischen Maßen in unserer Zeit erbaut. Ich hatte über die Tempel und Säulen auf den Dächern der Moskauer Häuser und der Wolgaschleusen gelächelt. Die Tempel in Stalingrad waren nicht mehr komisch. Sie waren ernst. Sie waren griechisch. Sie waren Hellas ohne Götter. Sie waren der Ausdruck eines neuen Humanismus, eines Humanismus, der den tätigen Menschen und seine Technik anbetete, den Homo faber und seine Zeit, und noch keine Form gefunden hatte, das neue Daseinsgefühl ästhetisch auszudrücken. Der neue Humanist schuf auch Schönheit. Die Brücken, die Wehre, die Schleusen, die Staudämme, die automatisierten Fabriken waren schön. Aber aus einer alten, einer beinahe doch nicht ganz verschütteten Ahnung wünschte man sich auch zwecklose Schönheit, und zwecklose, unnütze Schönheit, die gab es nicht ohne die Götter, die gab es nicht ohne Eros, nicht ohne Unordnung, Einsamkeit, Verwirrung, Ekstase, Trotz, Verzweiflung, Höllenfahrten; Schönheit, nur Schönheit war nicht nach einem Plan zu schaffen, nicht in vier Jahren und nicht in zehnmal vier Jahren, und so rekonstruierte man die alten Tempel, baute noch einmal die alten Wohnungen der Genien, und ich glaube, man war blind dafür, daß das Haus unbewohnt blieb, daß Pan nicht kam, daß die Steine, daß die Säulen keine Seele hatten und ohne Seele auch nicht mehr schön waren. So begann hier die Zukunft, gewaltig, voll Leistungen, aber eben ohne Seele. Eine unheimliche, eine atemraubende Zukunft. Ich kam mir wie eine Ameise in einem vollendeten Ameisenstaat vor; wo ich auch hinblickte, war man geschäftig, überall wurde an einem großen Plan gearbeitet, der Mensch trat als Schöpfer auf, bewußt verwandelte er die Erde, schuf Meere, veränderte das Klima, befruchtete die Stätte. Am gewaltigsten jedoch war das Wasserkraftwerk, das hier errichtet wurde. Die Erdumwälzung, die

Landschaftsverwandlung übertraf noch bei weitem die von Kuibyschew, die mir schon gigantisch genug vorgekommen war. Der Stausee bildete das »Meer von Stalingrad«, ein Meer, das auszementiert war, eine ungeheure künstliche Wanne, ein Riesenspielzeug, in dem das Wasser schwappte. Eine Seilbrücke knüpfte von Stahlmast zu Stahlmast ein Netz über die Wolga, verband die Baustellen miteinander, transportierte schwebend Maschinen, Gerät und Material, griff mit Kränen nach den Ladungen der Kähne, saugte Zement zu den Mischtrommeln, schluckte das Öl aus den Tankern. Eine Flotte von Frachtschiffen lag auf dem Fluß; es war Hamburg, es war Rotterdam, es war London. Auf dem Stausee trieben weiße Segelboote vor dem Wind, kreuzten Rennjollen vor fahnengeschmückten olympischen Schwimmbädern mit hochragenden Sprungtürmen. Und während die Kasachstan durch dieses Wunderland fuhr, durch die technische, die götterlose, die optimistische und unheimliche Landschaft, rechnete Ninotschka mit der kleinen lächerlichen Rechenmaschine der ABC-Schützen aus, was ich an Bord verzehrt und zu zahlen hatte. Diese alte Rechenmaschine mit ihren an Drähten aufgereihten Kugeln findet man noch in jedem russischen Geschäft, in allen Kontoren der Union, und die Schnelligkeit und Sicherheit, mit der Ninotschka wie im kindlichen Spiel zu erstaunlichen Resultaten kam, war für mich reine Magie, verwunderlicher als die doch nicht begreiflichen Künste der Elektronengehirne, und Ninotschka lachte, weil ich so dumm war. Meine Wolgareise war nun geschehen und schon Vergangenheit. Wie jeder Reisende hatte auch ich das Ziel und damit das Ende der Fahrt herbeigesehnt. Doch denke ich nun an die Wolga zurück, wünsche ich, der Strom hätte mich noch weiter getragen, und die Geschichte, die Märchen, der Roman und die Utopie seiner Ufer hätten mich noch länger begleitet. Die Kasachstan war ein gutes Schiff, und immer möge ihr gute Fahrt beschieden sein auf dem bewegten Wasser der Vergangenheit, dem breiten der Zukunft, in der sanften Wiege der automatischen Zauberschleusen zwischen Moskaus Macht und Türmen und dem stillen Don. Ich

verabschiedete mich von der liebenswerten Ninotschka, ich verabschiedete mich von dem friedliebenden Koch, verabschiedete mich von dem Schiff, winkte noch einmal und traurig, und wußte, daß mir Stalingrad nicht gefallen würde.
Vom Fluß führten breite Freitreppen zur Stadt. Laternen waren wie hohe Fackeln aufgestellt, und links und rechts von den Stufen ragten stolze Säulentempel, und Säulenpavillone luden zum Verweilen ein. Täuschten die Säulen den Besucher? War Stalingrad Athen? Die Säulen täuschten den Besucher nicht. Für mich waren die neuen, die makellosen Tempel die einzigen Ruinen in der Stadt. Sonst nichts von Zerstörung! Stalingrad ist aufgebaut, es ist der vollkommenste Aufbau, den man sich denken kann. Saubere und breite Straßen, saubere große Plätze, saubere, großzügige Grünflächen, saubere, helle Springbrunnen, saubere, hohe Häuser, saubere, eintönige Fassaden, saubere, immer aufgeräumte und immer menschenleere Balkone. Eine geplante Stadt. Eine unheimliche Stadt. Eine Millionenstadt und doch tot. Ein Ort des imponierendsten Lebenswillens und doch traurig. Die breiten, gepflegten, die mit Bäumen bepflanzten, die von hohen Kandelabern erleuchteten Straßen laufen ins Nichts. Nur die Straße des Friedens hat einen Blickfang und ein Ziel; sie führt geradenwegs in das All, das erobert werden soll. Säulengeschmückt steht dort ein Planetarium, das Geschenk »der Werktätigen der Deutschen Demokratischen Republik«, wie eine Tafel verkündet, und auf dem Dach des Gebäudes wandelt eine Frau in einem langen Gewand und hält das Universum in der erhobenen Hand. Ein flügelschlagender Adler krönt das Bild, Ist es der Adler des Prometheus? Ist es Zeus? Der Himmel ist schwarz und leer. Durch die Straßen bläst der Wind, jetzt heiß und im Winter wohl eisig. Wie überall in der Sowjetunion scheinen die Menschen zu eilen. Die kleinen Jungen tragen Uniformen wie kleine Soldaten, die kleinen Mädchen tragen schwarze Kleider und weiße Schulschürzen und haben Schleifen im Haar, sie sehen wie kleine Pensionatsmädchen aus einer Schweiz aus, die es nicht mehr gibt, und Jungen und Mädchen gehen so ernst und tapfer zur Schule als rück-

ten sie ins Feld. Aus dem Fenster meines Hotels blickte ich auf das Warenhaus, auf das große Warenhaus voll Fernsehapparaten, praktischen Schuhen, häßlichen Kleidern, chinesischen Familienthermosflaschen, Konserven und Champagner, und in dem Keller dort drüben hatte sich das deutsche Drama vollendet, war ein Wahnsinn zusammengebrochen, hatte der unglückliche und irrende General Paulus kapituliert. Zerstörung, Tod, Inferno, ein unheimlicher Ort und, wie ich meine, für die nächsten Jahrhunderte gezeichnet. Ein Lautsprecher stand auf dem Platz und sang in höchsten Tönen »Santa Lucia«. Ein Baum reckte seine Zweige zu meinem Fenster. Hatte er die Hölle überlebt? Wie schnell wachsen Bäume? In meinem Zimmer standen die Plüschsessel unter bleichen Leinenüberzügen, und auf den Nachttisch war ein altes russisches Bauernhäuschen aus Alabaster gestellt. Zwei Herren, zwei Schriftsteller waren zu mir gekommen. Sie lebten freiwillig in Stalingrad; sie schrieben dort Bücher, sie hielten Vorträge, sie lehrten russische und ausländische Literatur. Wir saßen auf den leinenbezogenen Plüschsesseln, der Lautsprecher sang »O bella, bella Napoli«, das Warenhaus war voll Kunden, eine Gedenktafel erinnerte an Paulus. Die freundlichen Herren fragten mich, was ich in Stalingrad sehen wolle, und ich wußte, sie erwarteten, daß ich die Kampfstätten, daß ich die Kriegerdenkmäler, daß ich den Aufbau, das Traktorenwerk sehen möchte. Ich wollte aber dies alles nicht sehen. Ich wußte, daß es dies gab, ich wußte, daß die Erde voll Leichen und zersprengter Munition war und daß im Traktorenwerk Tag und Nacht gearbeitet wurde. Was wollte ich in Stalingrad? Ich wußte es nicht, ich war verzweifelt, und wahrscheinlich konnte man in Stalingrad nur verzweifelt sein, aber die sympathischen Herren, die vor mir auf den bleichen Leinenüberzügen saßen, waren gar nicht verzweifelt.

Wir fuhren auf den umkämpften Hügel. Der Hügel war ein Eisenberg. Die Hand hob nicht Sand, sie hob rostige Splitter aus dem Grund. Der Hügel war ein Leichenberg, ein Brudergrab, wie es die Russen nennen. Die Kuppel eines Panzers war auf einen Stein gesetzt, dies war das Denkmal, ein Denkmal für hunderttausend Tote. Hatte es sich gelohnt? Das Land schien mir wüst. Auch die Baustellen erschienen mir von hier aus wüst, das ganze aufgebaute Stalingrad war wie eine einzige Wüste. War dies der Preis der Zukunft? Ein Autobus kam den Hügel heraufgefahren. Eine Reisegesellschaft stieg aus, eine Reisegesellschaft wie überall in der Welt, ein Erklärer, Touristen in Hemdsärmeln und mit photographischen Apparaten. Was wollten sie hier aufnehmen? Das Grauen? Zwei Amerikaner waren unter den Touristen, Betreute des Intourist, dann Bäuerinnen, Bäuerinnen mit Kopftüchern. Eine der Bäuerinnen warf sich nieder und küßte die Erde. Der eine Amerikaner photographierte die Frau, als sie am Boden lag und die Erde küßte. Wir fuhren durch die Stadt, wir fuhren durch die lange, lange Straße, die Stalingrad ist. Neue Häuser, hohe Häuser, neue Bäume, schnellgewachsene Bäume, Wind, Sand, der schwarze Himmel, dann wieder Säulen, Tempel, Fabriken, ein finsterer Wald aus Schornsteinen, das Stahlwerk »Roter Oktober«, in Riesenbehältern an Laufkränen das geschmolzene Metall, die weiße Glut der Walzstraßen, ein einziger Mann an der Steuerung, Urkräfte ihm untertan, Hephaistos, er war Hephaistos, der Gott des Feuers und der Gott der Schmiede, und er war auch in seinem Heim zu besuchen, ein Klavier war dort und auf dem Klavier ein gehäkeltes Deckchen und auf dem gehäkelten Deckchen Nippes, eine Standuhr in Vogelkrallen gehalten, auf dem gedeckten Tisch ein Bowlengefäß aus Kristall, nie benutzt, eine Zimmerlinde auf unsicherer Konsole, Fransenlampen, in Schleifen zur Seite gehaltene Portieren, Sofaschützer, Sesselschützer und immer wieder Decken und Spiegel und natürlich ein Radioapparat und ein Fernseher, geschnitztes, verschnörkeltes Gehäuse, das bürgerliche Wohnzimmer von einst, vor dem Traktorenwerk Panzer, Panzer die das Werk verteidigt haben, hohe Maschinenhallen, Fließbänder, in jeder Minute ein Traktor, stämmig, sachlich, zuverlässig, geschickte Arbeiter, intelligente, gut verdienende Frauen, stolz auf das Werk und stolz auf die Lampenschirme und die Deckchen zu Hause und auf das Klavier, an dem das artige Töchterlein die Schule der

Geläufigkeit übt, und zweifellos sehenswert war der Kulturpalast der Fabrik, natürlich Säulen, ein Säulenportikus, und auf das Dach Gestalten der Arbeit wie Götter gestellt, innen Turnhallen, Gymnastiksäle, Tanzsäle, Festräume, ein Hallenbad, ein Musiksaal mit allen Instrumenten eines großen Orchesters, ein Theater, ein richtiges Theater mit einer großen Bühne und mehreren Rängen, ein Kino selbstverständlich, ein extra Kindertheater, ein kleines Mädchen schminkt sich fröhlich zum Harlekin und wird später genau so fröhlich Traktoren bauen, reich ausgestattete photographische Ateliers für Amateure, ein Raum mit Leinwänden und Farben für Sonntagsmaler, doch noch kein Rousseau zu entdecken, die Anfänge erst, langweilige Landschaften, traurige Stilleben, und dann die Bibliothek, ein Lesesaal einer Universität würdig, freundliche, eifrige Bibliothekarinnen, in der deutschen Abteilung Goethe, Schiller, Heine, herausgegeben von Wolfgang Harich, zu zwölf Jahren Zuchthaus verurteilt, Büchner, selbst Hölderlin und dann Thomas Mann und Brecht und Arnold Zweig, die Verlage Mitteldeutschlands, kein Buch aus der Bundesrepublik, in der Ehrenhalle hingen Photographien, die Porträtierten sahen so traurig aus, daß ich dachte, sie seien nun geehrte Verstorbene, aber sie lebten noch, sie waren Helden der Arbeit, verdiente Stachanowisten, sie hatten das Soll überschritten wie Cäsar den Rubikon, sie hatten die Norm heraufgesetzt, sie waren geehrt, wurden sie geliebt, wofür hatte die Arbeiterbewegung gekämpft, für den Zehnstundentag, für den Achtstundentag, für die Fünf-, für die Viertagewoche, für Freiheit, für Muße, gegen die Peitsche des Akkordes, wir fuhren zurück, wir sahen das Haus des Pawlow, es war wieder aufgebaut, ein großes tristes Mietshaus, der Unteroffizier Pawlow hatte es verteidigt, ganz allein hatte er es während der Kämpfe verteidigt, zuweilen war er der einzige kämpfende Russe an diesem Ufer gewesen, im Keller des Hauses schliefen jetzt Kinder, es war Mittag, es waren die Kinder eines Kindergartens, sie wurden betreut, die Eltern bauten Traktoren, schmiedeten Stahl, in der Wohnung wartete das Klavier, deckchenbedeckt, nippesbestellt, die Kinder durften

Stachanow nacheifern, sie konnten die Welt verändern, sie mochten neue Tempel bauen und vielleicht fanden sie auch eine göttliche Seele, die in ihren Tempeln wohnen wollte, noch schliefen sie, der Wind trug nun roten Sand in die Stadt, irgendwo brannte die Steppe, brannte die Erde, vor dem Bahnhof stand Stalin aus Stein, Stalin als Feldherr, er blickte steinern auf gepflegte Anlagen und auf ein Brudergrab, ich erreichte das Hotel, der Lautsprecher sang nun fröhliche russische Chöre, ich schloß die Fenster, ich zog die Portieren zu, ich streichelte das alte russische Bauernhäuschen aus Alabaster auf meinem Nachttisch, ich schaltete die Glühbirne in seinen Mauern ein, seine Fenster leuchteten rot, ein milder Schein, und nun verstand ich es endlich, begriff ich die Fransenlampen, das Häuschen aus Alabaster, die Eule aus Alabaster, deren Augen glühen, selbst das deckchenbehangene Klavier, dies war Gemütlichkeit, dies war Traulichkeit, war Daheimsein, Beisichsein, war menschliches Maß in der Gigantenwelt der entfesselten Technik und des sozialistischen Aufbaus. Am Abend war Festival in der Stadt. Aufmärsche, Musik, Turner, weißgekleidete Mädchen. Ein Feuerwerk stieg zum schwarzen Himmel auf. Raketen zerplatzten, Funken, glühende Schrapnelle. Erinnerten sie an nichts? Sie erinnerten an nichts. Sie beleuchteten den Tag, sie strahlten in die Zukunft. Vor dem steinernen Stalin wurde getanzt. Dies war nicht Paris. Dies war nicht der Vierzehnte Juli. Hatte man hier keine Bastille gestürmt? Dies war die erfolgreiche Revolution. Die Revolution, die sich durchgesetzt hatte. Man tanzte züchtig. Es tanzten Jünglinge zusammen, und es tanzten Mädchen zusammen. Man denke ja nicht, daß hier platonische Seelen sich fanden! Dies war Schüchternheit. Dies war Keuschheit. Es war nicht ohne Schönheit, und es ergriff mich, wenn ich auch bedauerte, daß Eros und Dionysos, die Faune und die Nymphen, die Bacchanten und die Mänaden nicht zum Festival geladen waren. Eines der weißgekleideten Mädchen bat mich sittsam zum Tanz. Sie tanzte nicht mit mir; sie tanzte mit Deutschland, ihre Zuneigung war Versöhnung, und ihr Schritt bedeutete Friede.

Noch am selben Abend floh ich aus Stalingrad. Der Meteorologe des Flughafens rief an, daß das drohende Gewitter sich nicht entladen und die Maschine zum Schwarzen Meer starten würde. Die freundlichen Stalingrader Schriftsteller tranken Champagner mit mir; Champagner tranken Matrosen, Soldaten, Turner und Arbeiter jeder Profession, die Jazzkapelle des Hotels spielte, spielte den harmlosen, langweiligen Jazz der Sowjetunion, Bogenlampen erhellten gespenstisch den langen, häuserlosen Weg zum Flugfeld, das einsam in der Nacht, noch immer einsam in der trostlosen Landschaft der Schlacht lag. Im Restaurant des Flughafens waren alle Stühle mit Leinenhüllen überzogen und sahen wie eine Versammlung von Toten aus. Das Flugzeug hatte außen grobe Nieten, und innen hatte es Plüschsessel. Die Sessel waren weich, und die Passagiere räkelten sich schon vor dem Abflug in den Schlaf. Sie sahen nicht wie Manager, nicht wie Geschäftsleute, sie sahen arm aus, aber keinem schien das Fliegen ungewohnt oder eine Sensation zu sein. Auch die Stewardeß schlief, eine eher mütterliche als girlhafte Gestalt, und ich dachte, vielleicht schlafen auch die Piloten, und der Flug wird ewig währen. Im Morgengrauen waren wir über dem Schwarzen Meer. Aus der Höhe sah das Schwarze Meer blau aus. Nebel verhüllte den Kaukasus. Prometheus war nicht zu entdecken, und dann landeten wir, schon bei strahlender Sonne, auf dem Flugplatz, der nach der Gottesgeißel des unsterblichen Rebellen und nicht nach dem Wiener Sozialisten wörtlich Adler hieß.
Die Straße ging unter Palmen, sie führte an einem Meer vorbei, das nun grün war und glitzerte. Die Landschaft war ein Park. Sie ähnelte der französischen, der italienischen Riviera und war doch ganz anders. Sie war unmenschlich. Sie war unmenschlich gepflegt. Von der Küste bis hinauf zu den Hängen des Kaukasus sah das Land wie eine Gärtnereiausstellung aus, wie eine preisgekrönte Gartenbau-Fleißaufgabe, Kennwort subtropische Schönheit. Die Blätter der Agaven glänzten wie blankgerieben, der Oleander blühte nicht nach Gottfried Benn in Hadesfarben, er blühte wie angestaubt, kein Wildwuchs, kein Schmutz, kein

Unkraut, keine Unordnung, geräusch- und geruchlose elektrische Autobusse fuhren über den Asphalt der breiten Alleen, weiß und tot standen die gipsernen Statuen züchtig bekleideter Sportler zwischen sorgsam geschnittenen Hecken, und am Abend hingen die weißen Kugellampen der Stadtbeleuchtung wie desinfizierte helle Trauben über dem reinlichen Land. Sotschi war die vollkommene Kurstadt. Es war ein Stalingrad der Erholung, es war auf seine Weise gigantisch, es war eine geplante Landschaft, eine geplante Natur, geplante Stille. Die Lautsprecher waren vorhanden, sie waren in Bäumen und Büschen versteckt, aber nur zu bestimmten Stunden erfreuten sie mit fröhlichen, diesmal wie eine Arznei dosierten Chören die Wandelnden in den prächtigen, den immer aufgeräumten, den staublosen Avenuen. Es gab Hotels, es gab Sanatorien, es gab Theater, es gab Bibliotheken und einen Zirkus, und sie waren von riesigen Maßen. Die Sonne brannte. Am Strand saß man zu Tausenden, man sonnte sich in dreieckigen Badehosen und in winzigen Bikinis, was dem allgemeinen puritanischen Lebensstil durchaus nicht widersprach. Selbst nackt waren alle gleich. Man sah Matronen, man sah überquellendes Fleisch so dürftig bekleidet, und hübsche Mädchen fielen im winzigen Anzug überhaupt nicht auf, man hatte genug braungebrannte Haut gesehen, Haut war Haut, Weib war hier Weib, war eine Gattung, zur Mutterschaft befähigt, nicht mehr, und Eros besuchte den Strand nicht. Das Meer war herrlich, ein durchsichtiges, lichtgrünes Wasser von angenehmer Wärme. Am Horizont zogen große Dampfer von Odessa nach Batum. Die türkische Grenze war nahe, aber kein Boot steuerte zu einem türkischen Hafen.

Mein Hotel war ein weißer Palast an der See. Der Palast war in Appartements aufgeteilt, jedes Appartement bestand aus einem Schlafzimmer, einem Baderaum, einem Salon; im Salon standen die Stoffsessel unter den bleichen Leinenhüllen. Im Hotel wohnte die sozialistische Gesellschaft, es überraschte mich immer wieder, daß es die sozialistische Gesellschaft gab, daß es sie wirklich gab, daß sich im alltäglichen Leben niemand

über den anderen erhob. Das Haus war kein Bonzenpark. Es gab keine umzäunten Reservate für höhere Chargen. Das im Westen verbreitete Gerücht von ihren Orgien halte ich für ein Märchen. Es wohnten Arbeiter in dem Hotel. Es wohnten Generale in dem Hotel. Die Generale wurden nicht bevorzugt. Im Speisesaal sah ich den indischen Botschafter in Moskau mit seiner Familie, einen amerikanischen Zeitungskorrespondenten mit seiner russischen Frau, die ihren Urlaub in Sotschi verbrachten, natürlich auch Funktionäre, natürlich auch Beamte, ein paar Kommunisten aus Frankreich, eine Delegation junger Arbeiter aus Mitteldeutschland. Sie aßen alle das gleiche, reichliche, lieblos zubereitete Essen. Am Abend spielte die Jazzkapelle, sittsam, langweilig, bürgerlich. Die Gesellschaft tanzte. Sie tanzte sittsam und bürgerlich. Ich fragte Bernardus, warum man überall in der Sowjetunion diese dumme, kleinbürgerliche Schlagermusik und nicht den echten Jazz, den schönen wilden Jazz der Neger spielte, und Bernardus sagte mir, daß Sympathien für die politischen Rechte der Neger nicht gleichzusetzen seien mit einer Übernahme ihrer Kultur, und ich möchte doch bedenken, daß die arbeitenden Menschen Rußlands sich am Abend erholen und freuen wollten, und dies täten sie bei den mir so peinlich bürgerlich erscheinenden Klängen der Hotelkapellen.
Ein freundliches Intourist-Mädchen holte mich zu einer Rundfahrt ab. Der Botanische Garten war so groß wie eine kleine Stadt, und in gepflegter Sauberkeit blühten da die Gewächse der Tropen, wuchsen Bambus, Papyrus, Bananen, und Säulenpavillone und Säulentempel und künstliche Wasserfälle gediehen prächtig, keine Nymphe badete, kein Faun sprang aus dem Gebüsch, und die Kieswege, die wie frisch gewaschen aussahen, waren makellos, waren großartig und großartig langweilig. Auf den gepflegten Wegen, von seltenster Blumenpracht umgeben, promenierten die Gäste und erholten sich planmäßig. Das Intourist-Mädchen hatte den Kopf voll Zahlen, sie war ein wandelndes statistisches Jahrbuch der Schwarzmeerküste und des Kaukasus, und sie nannte erstaunliche Ziffern der Erholungs-

plätze, des Aufbaues, der Gesundung. Die Zahlen sagten mir nichts. Wir besuchten die Sanatorien. Sie waren gewaltige, säulengeschmückte Kurmaschinen. Ihre Einrichtungen waren zweifellos vorbildlich. Die Ärzte waren freundlich, sie waren gut ausgebildet, sie waren eifrig um das Wohl ihrer Patienten besorgt, und die Statistik berichtete aus dem Mund des Intourist-Mädchens von der steil ansteigenden Kurve der Heilungen. Der kranke Mensch wurde wieder arbeitsfähig gemacht. Man tat viel, man tat alles, um dieses Ziel zu erreichen. Manche Kranken wohnten mit ihren Familien in den Sanatorien, weil man herausgefunden hatte, daß Familienglück die Kur beschleunigen könne. Die Sanatorien lagen auf Hügeln, und eigene Fahrstühle verbanden sie mit dem Meeresstrand. Eines der Hauptkurmittel waren die starken Schwefelquellen der Mazesta. Stalin hatte sie gebraucht. In dieser Halle hatte er auf den bleichverhüllten Stühlen gesessen, in dieser Schwefelwanne war er massiert worden. Sein Arzt, ein Georgier, führte mich durch die Anlagen. Sie waren weitläufig, sie waren prächtig. Der Arzt führte mich in die Behandlungsräume, eine Arbeiterin aus Stalingrad tauchte ihre erschöpften Füße in eine Schwefellauge, die Arme eines Drehers aus dem Ural wurden mit Schwefelwasser überrieselt, ein gelähmter Mann lag nackt in einem Becken. Mir war es peinlich, heranzutreten, den Mann, die Frau vorgeführt zu bekommen, aber ihnen schien mein Besuch eine Abwechslung zu bedeuten, sie redeten eifrig, baten mich, alles genau zu betrachten, ihre Krankengeschichte zu hören, und sie waren hoffnungsvoll und waren sehr stolz auf die Behandlung, die ihnen widerfuhr. In einem Schwefel-Schwimmbad, in einer Halle, deren Dach man je nach dem Wetter öffnen oder schließen konnte, spielten Genesende mit großen Wasserbällen, auch dies gehörte zur Kur, wie auch die Tanzsäle, die Musikräume, die Bibliotheken, die jedes Sanatorium in reicher Ausstattung besaß. Die Kur ist für den Patienten, oft auch für seine Angehörigen kostenlos. Der Staat oder die Gewerkschaft oder der Betrieb des Kranken bezahlt die Rechnung. War der Patient nun eine Nummer hier, lästiges

Anhängsel eines Krankenscheines, der an die Kasse weitergereicht wurde? Ich hatte nicht den Eindruck. Ich glaube, daß jedem Kranken wirklich die beste Behandlung zuteil wurde, und daß die Ärzte sich auch bemühten, ihm ganz gerecht zu werden. Aber wie man den Patienten manchmal aus therapeutischen Gründen nicht aus seiner Familie entließ, so gab ihn auch seine Arbeitswelt nicht frei, sie sorgte für ihn, sie betreute ihn, sie stellte ihn wieder her, er war nicht allein mit seinem Leiden, der Betrieb stand hinter ihm. Das mochte für die meisten wohl recht sein, aber bedeutete es nicht für einige Gefangenschaft, der nie zu entrinnen war? Es gab in Sotschi kaum Läden, wozu Läden sagte das Intourist-Mädchen, die Leute, die hierher kommen, werden in ihren Hotels oder in ihren Sanatorien verpflegt, sie haben alles. Immerhin gab es einen Markt in Sotschi, und auf dem Markt verhandelten Bauern aus dem Kaukasus die freien Spitzen ihrer Erzeugung, es gab dort Obst und Gemüse zu kaufen, und man fand sogar etwas Schmutz und etwas Unordnung, der Markt war menschlich, ich entdeckte eine Landfrau, die aus einem Tonkrug roten Isabella-Wein ausschenkte, diesen Bauernwein, der eigenartig nach Blüten schmeckt, gibt es nur an den Hängen des Elbros, ich trank mit dem Intourist-Mädchen Isabella-Wein, und auch das Mädchen wurde menschlich, es vergaß seine Zahlen und kaufte auf dem Markt Mirabellen und grüne Gurken ein.

Bernardus hatte indessen die Sage von einem Heiligen Berg gehört, und daß es oben auf dem Berg das beste Schaschlik weit und breit gebe. Ich träumte von einer Oase, ich sah, den Wolken nah, eine verfallene, alte, schmutzige Hütte stehen, ich sah in der alten, schmutzigen Hütte einen alten, schmutzigen Tscherkessen an einem schmutzigen, rauchenden Herd in schmutzigen, verbeulten Pfannen köstliche Gerichte braten. Wir fuhren auf den Berg. Ich träumte, nun kämen wir zu Prometheus, zu dem Adler, zu dem Fels, in die Wildnis. Es war ein herrlicher Abend. Wir fuhren eine prächtige, gepflegte Straße in Serpentinen den Berg empor. Sportler aus Gips standen am Wege und stimmten mich mißtrauisch. Und oben auf dem Berg, da war er dann, der bekannte, gepflegte, der saubere Intourist-Tempel, der Intourist-Tempel mit Säulen und spitzem, hohem Turm, der Tempel mit der bürgerlichen Jazzkapelle, schon hörte ich ihre zahmen Klänge, schon sah ich die Ehepaare sittsam tanzen, und das Schaschlik gehörte zu den üblichen, zu den reichlichen, den immer mit liebloser Routine zubereiteten Speisen. Ich war im Kaukasus, ich war auf dem Heiligen Berg. Der Adler kam schon lange nicht mehr. Und was aus Prometheus geworden war, das wußte niemand hier. Ich aber glaube, er war Bürgermeister geworden, Stadtoberhaupt der perfekten Kurstadt, des viel und mit Recht gerühmten Sotschi.

Was weiß, was sieht man von einem Land, das man überfliegt? Gelbe, braune und grüne Teppiche durch Wolkenschleier. Kaukasier reisten mit mir durch die Luft. Gesichter aus einer anderen Zeit. Jägeraugen, Räubernasen, Hirtenhände. Ihre Anzüge waren von heute, sie waren schwarz, provinziell, feierlich. Im Gepäcknetz lagen breite, weiße Strohhüte. Die Kaukasier saßen tief in den weichen Plüschsesseln, rauchten die Zigarettenmarke »Kreml«, betrachteten fleißig die witzlosen Bilder der satirischen Zeitschrift »Das Krokodil«, schauten nie zum Fenster hinaus, waren nicht neugierig auf das Land unter ihnen, auf die bunten Teppiche der Felder, sie flogen nach Moskau, flogen zu einem Amt, zu einem Kongreß, sie waren ernste Leute. Zuweilen ging die Stewardeß durch die Reihen und bot Bonbons an. Die Stewardeß war eine kräftige Person, und in ihren großen Händen hielt sie leicht ein riesiges Tablett mit einem Berg aus Süßigkeiten. Die Kaukasier kauten gehorsam die Drops. Im Flugzeug roch es bald nach Himbeeren, doch nicht nach Wald und Garten. Ein Augenblick in Krasnodar. Wir berührten die Erde, um zu tanken. Krasnodar war nicht zu sehen. Man war dort und war nicht dort. Irgendwo am 45. Breitengrad, zwischen dem Schwarzen, dem Kaspischen, dem Asowschen Meer. Eine Baracke. Ein paar Schuppen. Davor Blumenbeete. Große entfaltete Chrysanthemen. Lorbeerbäume. Ein Stalindenkmal. Stalin als Feldherr in einem langen Soldatenmantel. Er blickte streng auf das Rollfeld. Der Platz

war wie ein abgemähter Getreideacker. Das Flugzeug rumpelte wie ein Traktor über die Stoppeln. Keine Sperren, keine Kontrollen, keine Polizei, keine Zollbeamten. Vor den Blumenbeeten knieten Frauen und jäteten das Unkraut. Die Frauen trugen bunte Kopftücher. Die Frauen schauten nicht zu den Flugzeugen auf. Sie beachteten die Passagiere nicht, die eine Viertelstunde verweilen und nie wiederkommen würden. Im Restaurant gab es Tee und Wodka. Einer der Kaukasier frühstückte. Er aß Kaviar, und zu dem Kaviar speiste er in Butter geschwenkte Kartoffeln. Der Flugzeugführer aß einen Gurkensalat. Seine blaue Uniform war stäubchenlos und mit goldenen Streifen benäht. Er sprach deutsch mit mir. Er fragte, gefällt es Ihnen? Meinte er Krasnodar, meinte er Rußland, meinte er den Flug? Ich sagte, mir gefällt es. Der Flugzeugführer strahlte. Er hatte ein gutes, ein zuverlässiges, ein freundliches Gesicht. Wir wollten über die Wolken steigen, aber die Wolken waren zu hoch, wir flogen durch weiße, graue und schwarze Sturmböen. Das Wetter stieß uns; wir stuckerten wie über Stock und Stein. Die Kaukasier schliefen, rauchten, lutschten Bonbons, lasen das »Krokodil«, das keinen biß. Niemand fürchtete sich. Die Luftfahrt war hier kein Abenteuer. Landung in Woronesh. Tiefhängende Wolken, drückende Schwüle, heißer Wind und Staub. Die Stadt war, weit entfernt, eine graue Silhouette unter grauem Rauch. Baracken, Blumen, Tee, Wodka, Kaviar, ein ernstes Denkmal, Frauen mit Kopftüchern. Der Pilot schaute zuversichtlich zum drohenden Himmel auf. Er sagte, wir kommen noch bis Moskau. Er weckte Vertrauen. Auch die Maschine weckte Vertrauen, grau, gedrungen, grob genietet. Wir durchbrachen die Wolkendecke. Wälder lagen unter uns. Grüne Meere. Dann eine Chaussee. Sie ging wie ein schnurgrades Band durch die Flur, kein Anfang, kein Ende zu sehen. Die Chaussee kam aus der Landschaft und verlief in der Landschaft. Kein Dorf. Keine Stadt. Nur Weite. Endlose Weite. Und dann im Sonnenlicht die Türme, die wuchernde Breite von Moskau und der glitzernde, schlängelnde Fluß.
Ich war zum zweitenmal in Moskau. War ich heimgekehrt? Ich

kannte nun die Stadt, kannte die Wege zum Kreml, zum Fluß, zum Haus der Schriftsteller, ich fand die Stände des trockenen Champagners. Im Hotel Moskau wohnten nun andere Delegierte, andere Reisende, andere Neugierige, Pilger, Asiaten, Verschwörer, Dummköpfe, Weise und Gelehrte, andere Menschen aus aller Welt, aber das Haus war unverändert, die große Wabe, in der es wimmelte und summte, in der Glas klirrte und Telephone pausenlos läuteten, in deren Gängen man an einander vorüberhastete zu dem überanstrengten Kreislauf der Fahrstühle, und man wußte nie, sollte man zueinander freundlich sein oder einander mißtrauen. Ich blickte aus meinem Fenster wieder auf Moskau, wieder auf seine Türme und seine Dächer, ich blickte hinunter auf die vermummten Arbeiterinnen, die nun Erde auf den erstarrten Asphalt schütteten. Sah ich die Hauptstadt nun anders nach meiner Reise, begriff ich sie?

Ich hatte das Land gesehen, den Wind, die Erde, die Ernte, die Sonne, den Staub, ich hatte Dörfer und Städte gesehen, Größe und Verfall, Menschen, Nationen, Rassen, armen Reichtum, reiche Armut, technische Wunder, unverbrauchte Kraft, viel, sehr viel Idealismus im Reich des Materialismus, Selbstlosigkeit, aber auch einen erschreckenden Fatalismus gegen das Fallen der Lose, eine Gleichgültigkeit gegen das Glück des einzelnen, verkannte Schönheit, verfehlte Schönheit, sinnlos geplante Schönheit, und ich ärgerte mich, daß dieses große, liebenswerte Land so brav, so puritanisch, so konformistisch war.

Der deutsche Botschafter hatte mich zu einem Empfang in seine Residenz geladen. Das Haus war schön; es war geräumig, es war solide, es war behaglich, es hatte einst einem reichen Kaufmann gehört. Ein Cocktailempfang. Man stand herum. Die Deutschen kannten einander; sie waren Diplomaten, Journalisten, sie hatten miteinander zu tun. Auch die Russen, die gekommen waren, kannten einander; sie waren Diplomaten, Beamte, Funktionäre, sie hatten miteinander zu tun. Aber kannten auch die Deutschen die Russen, die Russen die Deutschen, verbanden sie irgendwelche Interessen außer mißtrauischer Beobachtung, verband sie Hoffnung oder wenigstens Angst? Die Gesichter der Russen waren verschlossen. Die deutschen Gesichter waren im Dienst. Die Angehörigen der Botschaft bemühten sich, russisch zu sprechen. Ich glaube, sie sprachen es gut. Die Russen wiederum sprachen auch deutsch, auch sie bemühten sich philologisch. Aber hatte man sich polyglott etwas zu sagen? Wollte man sich etwas sagen? Die Unterhaltung verlief doppelsprachig einsilbig. Sie stockte immer wieder. Dann sprachen die Deutschen mit Deutschen, die Russen mit Russen. Man stand herum, man leerte die Gläser, ein Diener brachte neue, bot Gebäck, bot Sandwiches an, aber, genau genommen, verkehrte man nicht miteinander, es war eine Begegnung wie von Parlamentären während eines Waffenstillstandes. Ein Lachen klang deplaziert. Gut, vielleicht gab es hier keine Freundschaft, durfte es keine geben. Aber konnte man aus gesellschaftlichem Anlaß nicht liebenswürdig sein und, was man nicht fühlte, heucheln, wie man früher in den Ambassaden geheuchelt hatte, konnte man nicht lächelnd böse miteinander, charmant verstimmt sein? Vielleicht war es eine Hoffnung, daß man nicht heuchelte. Vielleicht war es auch schon das Ende der Beziehungen. Der Botschafter hatte sich entschuldigen lassen. Er hatte sich verspätet. Dann kam er und sah müde aus. Dr. Haas sah wie ein Schachspieler aus, der von einer schwierigen Partie, deren Ende und Ausgang man noch nicht absehen konnte, aufgestanden war, um einen Augenblick lang Luft zu schöpfen, während sein kluger Gegner den nächsten Zug überlegt.

Moskau ist konservativ. Das Restaurant »Praga« hatte schon mein Onkel besucht. Das war vor dem ersten Weltkrieg gewesen, und noch lange hatte der Alte davon geschwärmt. Was waren das für Bankette gewesen, die Tafel war unter der Speisen Last zusammengebrochen, Balalaika-Orchester hatten gespielt, Kosaken hatten getanzt, Tänzerinnen die Röcke gehoben, Sängerinnen gejubelt. Heute wollten viele ins »Praga« hinein und wurden abgewiesen. Sie standen zu Haufen vor der Tür. Der Portier mit langem Bart und goldenen Tressen hob abwehrend die weißbehandschuhten Hände. In allen Taschen klapperte Geld. Man hatte Geld in Moskau, viel Geld, man hatte hart gearbeitet für das Geld, man wollte es ausgeben. Dies waren Chauffeure, Eisenarbeiter, Maurer, Techniker, Leute vom Lande, Kranführer von den Baustellen in der Steppe, sie wollten feiern, sie wollten hauptstädtischen Glanz sehen, aber alle Tische waren bestellt, alle Stühle waren besetzt, das Paradies war geschlossen. Als Ausländer kam ich hinein, der Goldbetreßte öffnete spaltweit die Tür, und da stand ich dann. Das »Praga« war kein Festsaal, es war ein Festhaus, in drei Stockwerken saß man dicht zusammengepreßt und feierte. Was feierte man? Geburtstage, Jubiläen, Amtsfreuden, Beförderungen, bestandene Examen, Betriebsglück. Fünf, sechs Orchester spielten. Sie spielten gleichzeitig. Eine Sängerin jubelte, eine gewaltige Frau, langgewandet, wogenden Busens, die schwarzen Haare straff gescheitelt. Es war wie zu meines Onkels großer Zeit. Nur die Kosaken gab es nicht mehr, die Tänzerinnen gab es nicht mehr. Die Tänzerinnen und die Kosaken hatte die Revolution verschlungen. Bogen sich die Tische? Sie standen voller Flaschen, Wein, Sekt, Bier, Schnäpse, aber vor allem gab es Limonaden. Die Limonadenflaschen waren fest verkorkt, und wenn man sie öffnete, knallten sie wie Champagnerpfropfen. Es war das Geräusch einer Operette. Aber es war eine Operette ohne Frivolität. Es wurde breit gefeiert. Es wurden Trinksprüche gehalten. Man ließ einander hochleben. Man umarmte, man verbrüderte sich. Hauptsächlich waren es Ämter und Betriebe, Arbeitsgemeinschaften, die hier feierten. Wahrscheinlich wurden Spesenkonten verzehrt. Vereinzelte Paare saßen bescheiden und wie erdrückt zwischen den riesigen Tafelrunden. Tobten hier Gelage, ereigneten sich Orgien? Es war Kantinenübermut, der hier sprudelte. Es war Herzlichkeit, es war Biederkeit, es war keine Sinnenlust, keine Ausschweifung. Das Essen war das Intourist-Essen. Der Kaviar war wie immer gut. Der ungesalzene Lachs war wie immer herrlich. Die rohen, grünen Gurken waren wie immer vorzüglich. Ich fürchte, mein Onkel hätte geweint.

Vergleichsweise exklusiv und wenig besucht war die große Bar im Hotel Sowjetskaja. Es war eine schöne Bar, eine lange Bar, eine Bar mit vielen vertrauenerweckenden Flaschen. Es spielte keine Kapelle. Es sang kein Lautsprecher. Weder zahmer Jazz, noch jubelnde Chöre. Der Raum tat wohl. Seine Stille beglückte. An der Bar saßen ein paar Männer. An der Bar saß der Schriftsteller Konstantin Simonow. Ich wurde ihm vorgestellt. Er hatte traurige Augen. Er hatte die traurigen Augen eines Schriftstellers, und sie erinnerten mich an eine Begegnung mit Hemingway an einem Morgen vor dem Krieg, einem Morgen auf der Terrasse des »Dome« in Paris, wir hatten getrunken, und Hemingway hatte die traurigen Augen, die traurigen Augen des Schriftstellers, die Simonow nun hatte, nach dem Krieg, vor welchem Krieg, nachts in der Bar des Hotels Sowjetskaja in Moskau. Simonow trank ein Gemisch aus Cognac, Wodka und Zitronensaft, und er lud mich zu einer Mischung von Cognac, Wodka und Rotwein ein. Es war ein umwerfendes Getränk. Es war ein gutes Getränk. Simonow war in Ceylon gewesen. Er sprach von den Urwäldern. Er sprach nicht von der Literatur, er sprach nicht vom sozialistischen Realismus, er sprach nicht von seinen Stalinpreisen, nicht von seiner Zeitschrift »Nowy Mir«, nicht von der Auflage von 150 000 Exemplaren, nicht von dem Roman von Dudinzew, den er gedruckt hatte, nicht von der ersten zurückgezogenen Fassung von Fadejews »Junger Garde«, für die er sich eingesetzt hatte, nicht von dem Regimentskommandeur Baburow aus seiner Erzählung »Noch ein Tag«, nicht von dem Helden, der Angst hat, er sprach von der Sonne Ceylons, von seinem Flug über den Himalaya, er sprach von Getränken und von der Trunkenheit. Er war mir sehr sympathisch. Wir saßen in der großen Bar wie in einem Schiff. Wir waren schließlich allein. Wir kannten den Kurs des Schiffes nicht. Aber wir ahnten den Kurs des Schiffes. Wir wußten, daß die See unruhig und gefährlich war.

Als ich heimging, fuhren große Spreng- und Reinigungswagen durch die vollkommen menschenleeren Straßen von Moskau.

Millionen schliefen. Die Wagen putzten den Asphalt einer toten Stadt.

Nach Leningrad, der alten Hauptstadt, der Stadt Peters, der Stadt Raskolnikows, der Stadt der unruhigen jungen Leute, der Stadt der Revolution fährt der Blaue Expreß, einer der bequemsten Züge der Welt. Die Gerade ist die kürzeste Verbindung zwischen zwei Punkten; dies hatte auch ein Zar vernommen, und er verband Moskau mit Petersburg durch einen Bleistiftstrich. So wurden die Schienen gelegt. Kaum ein Ort an der Strecke. Flachland und Seen. Es gab nur Schlafabteile in diesem schönen Zug, sie waren geräumig, mit blauen Polstern möbliert, mit blauer Seide ausgeschlagen. Zu jedem Abteil gehörten ein Waschraum und eine Körperdusche. Die Lautsprecher schwiegen hier. Auf den Gängen blaue Läufer. Eine marineblau gekleidete Stewardeß betreute die Holzkohlenglut eines Samowars. Heißer guter Tee. Das schwarze Kleid und die weiße Spitzenschürze einer Kellnerin. Lachs- und Kaviarbrote, Cognac und Wodka. Lachen. Klirrende Gläser. In der Mitte des Zuges eine Bar, eine winzige Bar mit zwei hohen Barhockern. Das Mädchen war hübsch. Es war das hübscheste Mädchen, das ich in Rußland gesehen hatte. Sie trug Hosen, schlechtgeschneiderte, viel zu weite enge Hosen; aber nach vier Wochen Sowjetunion waren die Hosen doch bemerkenswert. Das Mädchen war sehr jung. Auch ihr Begleiter war sehr jung. Er saß auf dem zweiten Hocker. Ich stellte mich zu ihnen. Waren sie nun die unruhigen jungen Leute, Rußlands goldene Jugend, von der kein Roman, aber eine Sage berichtet? Sie tranken Zitronenlimonade und aßen Apfelsinen. Ich wollte Simonows Mischung aus Cognac, Wodka und Zitronensaft probieren, aber der Bar waren die Zitronen ausgegangen. Die jungen Leute boten mir höflich von ihren Früchten an. Der junge Mann wollte mir auch seinen Stuhl abtreten. Wir konnten uns etwas auf englisch verständigen, und die jungen Leute erkundigten sich nach Filmen, die sie nicht gesehen, von denen sie aber gehört hatten. Ich hatte die Filme aber auch nicht gesehen. Ich fürchte, es waren langweilige Filme. Die jungen Leute erkundigten sich nicht nach Philosophen, nicht nach Schriftstellern, nicht nach unruhigen, aufrührerischen Geistern, nicht nach Ideen, nicht nach Büchern, nicht nach den Geheimnissen der ihnen unbekannten abstrakten Malerei. Die jungen Leute waren ernste junge Leute. Sie waren junge Fachleute. Sie waren beim Film. Sollten sie nach Venedig oder nach Cannes kommen, sie werden bei den Festspielen nicht auffallen. Das Mädchen wird sich gutsitzende enge Hosen kaufen und hübsch unter Hübschen sein. Es enttäuschte mich, es stimmte mich traurig. Meine Einladung zu einem Simonow-Drink lehnten sie ab. Sie lehnten sie höflich ab; sie tranken keinen Alkohol, liebten es aber auf hohen Hockern vor der Bar zu sitzen. Ich glaube, sie kannten Simonow gar nicht, oder sie hielten ihn für einen Drehbuch-Autor, und hätte ich zu ihnen von seinen traurigen Augen gesprochen, sie würden mich niemals verstanden haben. Und wer in Europa und Amerika kennt Hemingways traurige Augen?

Am Morgen stand neben mir ein frischgeduschter Gott. Er war der weißgekleidete, strahlende Kommandeur der russischen Ostseeflotte; auf dem Bahnsteig begrüßten ihn die Offiziere seines Stabes. Sie begrüßten ihn wie Offiziere eines Frachters ihren Käpten begrüßen, ohne stramme Haltung, ohne Hackenzusammenschlagen, und es gefiel mir, wie mir auch Leningrad gefiel.

Wir fuhren über den Nevsky-Prospekt, Petersburgs berühmte lange Hauptstraße, wohlerhaltene Gebäude, und, was mir auffiel, waren Läden, waren viele Geschäfte, sogar Restaurants und Kaffeehäuser, Konditoreien, bunte, lustige Markisen über den Schaufenstern, und mochten es auch dieselben Waren sein, die Einheitsfabrikate der Sowjetunion, die hier angeboten wurden, gegen Moskau hatte sich das Straßenbild belebt, war freundlicher, heiterer, differenzierter und damit auch toleranter geworden. Man hastete auch nicht, man flanierte in Leningrad. Das Hotel »Europa« hatte den Glanz des Adels bewahrt, der hier verkehrt hatte. Behagliche Salons, echte Teppiche, Schlafzimmer in Alkoven wie Lupanare eingerichtet, gewaltige

Kachelöfen und riesige altmodische Badewannen in den Waschräumen. Das Restaurant war ein Wintergarten, Kübelpalmen und allerlei Grünwuchs unter einem Treibhausdach. Am Abend, es war in den hellen Nächten, war der Blick über die Dächer ein schöner und schwermütiger Traum. Manchmal dachte man an Holland. Man wandelte an Grachten und unter Bäumen. Dann war man in Hamburg, Lübeck, Kopenhagen, gekachelte Austernkeller, Salzwind vom Meer, die lichten Horizonte, Schönheit und immer etwas Todesahnung dabei, beschwingte Melancholie. Viel Geschichte. Die Stätten der Geschichte waren ehrfurchtsvoll bewahrt. Peter der Große reitet eine Woge, er führte Rußland zum Meer. Sein Sommerpalast – ein Landhaus im Sommergarten. In den Alleen mythologische Gestalten, Rokoko-Dianen und Minerven; die Matrosen der Roten Flotte gehen brav über die Kieswege. Das Winterpalais, grünweiß und noch immer königlich. Hier begann die Revolution. Hier siegte die Revolution. Das zum Meer geführte Zarenreich kapitulierte vor der Mannschaft der »Morgenröte«. Der Kreuzer »Aurora« hatte die rote Fahne gehißt und seine Geschütze auf den Palast gerichtet. Die »Aurora« liegt im Hafen, ein plumper Kasten, ein Veteran aus dem Russisch-Japanischen Krieg, recht unbeweglich, gänzlich unheldisch, man glaubt nicht an Ruhm, man glaubt an schlechtes Essen, an Würmerfraß wie auf der »Potemkin«. Eine schlichte Villa. Der Zar hatte sie seiner Lieblingstänzerin geschenkt. Ein kleiner Gitterbalkon. Hier hatte Lenin die Revolution ausgerufen. Massen hatten das Haus umtobt. Heute ist es wieder still um die Villa, eine vornehme ruhige Fassade, aber die Tänzerin ist nie mehr zurückgekehrt. Lenins letzte illegale Wohnung in Petersburg. Eine Kammer. Ein Eisenbett, ein Bücherregal, eine Petroleumlampe. Kargheit. Man mag an Calvin denken. Philosophen sind gefährlich. Das eigenartigste Revolutionsdenkmal ist eine Hütte in Rasliv. Lenin hatte sich in dieser Hütte verborgen. Nun steht sie, ärmlich, strohgedeckt, von Granitblöcken des Gedenkens ummauert da. Das letzte Denkmal der Revolution aber ist die Untergrundbahn von Leningrad: neuer als die

Moskauer, noch tiefer, noch prächtiger in die Erde gebaut. Rundtempel decken die Zugänge. Die Rolltreppen, Gleitbänder für Menschenfracht, fahren wohl fünf Minuten hinab oder hinauf. Die Leningrader nutzen die Zeit. Sie lesen. Sie lesen auf den Rolltreppen dicke Bücher. Die Schächte sind wohltemperiert, von Kalt- oder Warmluft durchströmt, die Stationen gleichen den Marmorgalerien eines Schlosses. Noch in dieser Prachthalle blickt er von seinem Buch nicht auf. Er ist ein junger Mensch. Er ist ärmlich gekleidet. Liest er die Geschichte des Raskolnikow?

Eine Frau führt mich, eine kleine Bibliothekarin; sie ist den Schauplätzen nachgegangen. Dostojewskij mietete sich immer gern in Eckhäusern ein. Aus seinem Fenster mußte eine Kirche zu sehen sein. Dies ist das Haus Raskolnikows. Eine Mietskaserne. Noch heute eine Mietskaserne. Düster. Grauer, abgebröckelter Verputz. Im Hof aufgeschichtetes Holz für die Öfen. Der rumplige Verschlag des Verwalters. Hier holte Raskolnikow das Beil, hing es in die Schlinge unter seinem Mantel. Das Beil liegt da. Er könnte es heute holen. Aber welche Ungeheuer sind totzuschlagen? Ein schmutziger Torweg. Ein hübsches, kleines Mädchen spielt mit einem Ball. Große, unergründliche Augen auf den Besucher gerichtet. Dies ist Sonjas Haus. Der Kanal. Eine Brücke. Raskolnikow ging diesen Weg, versteckte die ärmliche Beute. Hier waren Holzhäuser und Kneipen. Jetzt stehen hier Gebäude aus Stein. Die Kneipen sind verschwunden. Das Licht fällt merkwürdig fahl, und der Platz ist langweilig. Eine Kaserne wird abgerissen. Ein Bagger greift in den Grund. Ein Kindertheater wird hier gebaut, eines der großen, schönen Bühnenhäuser für die Jugend, wie man sie in vielen russischen Städten findet. Im Hof der Kaserne aber sollte Dostojewskij hingerichtet werden. Die Trommeln schlugen, dröhnten zum Tod, zur Unsterblichkeit. Dostojewskij hörte seine Begnadigung zum Totenhaus, die Begnadigung zu seinem Genie.

Im Hotel »Europa« besuchte mich ein junger Schriftsteller. Er hatte ein Buch des Tauwetters geschrieben, des Tauwetters

nach Stalins Tod, er war in Diskussionen verwickelt. Wir saßen auf den Plüschstühlen der Adelszeit und unterhielten uns über den sozialistischen Realismus. Der Realismus ist zu einem wahren Fetisch geworden. Sie würgen daran. Der junge Schriftsteller sagte mir, ich war in Westberlin und habe dort in einer Kunstausstellung zu meiner Verwunderung kein einziges realistisches Bild gefunden. Ich zeigte dem jungen Schriftsteller Reproduktionen einiger Bilder von Beckmann und Klee. Beckmann nannte der junge Schriftsteller einen großen Künstler. Von Klee sagte er, ich begreife ihn nicht. Der junge Schriftsteller wollte mit mir Wodka trinken. Auch ich wollte mit dem jungen Schriftsteller Wodka trinken. Ich sagte, gehen wir zum Hafen, gehen wir in eine Seemannskneipe. Er sagte, Sie meinen einen Seemannsclub? Ich sagte, nein, keinen Club, um Gottes willen keinen Club, eine Kneipe mit Matrosen aus allen Ländern, mit wilden oder sentimentalen Mädchen, mit einer grauen, klugen Katze, mit einem dreckigen, muskelstarrenden Wirt, mit alten Säufern, mit ganz und gar verkommenen, lustigen oder traurigen Leuten. Der junge Schriftsteller sagte, so etwas gibt es in Rußland nicht. Auch sein Gesicht war traurig. Wie soll da die Literatur gedeihen?
Ich ging an einer Gracht entlang. Junge Leute beobachteten mich und folgten mir. Sie sprachen mich an. Sie wollten amerikanische Zigaretten von mir haben. Ich hatte keine amerikanischen Zigaretten. Die jungen Leute waren enttäuscht. Sie sahen anders aus als die jungen Leute in Moskau. Sie sahen westlicher aus, aber in Moskau hatten sie die besseren Gesichter. Ich ging am Hotel Astoria vorüber, in dem Jessenin, auch er, wie Majakowski, ein Sturmvogel der Revolution, sich die Pulsadern geöffnet und mit seinem Blut eine Hymne an das Nichts geschrieben hatte. In einem Nähsaal wurde noch zu später Stunde gearbeitet. Zwanzig junge Mädchen beugten sich im bleichen Licht eines Kellers über dunkle Anzüge. In einer großen Konditorei durftete es nach Marzipan, nach Früchten, nach Zucker und Schokolade. Aus der Backstube kamen frische Schaumrollen. Man stellte sich nach den Schaumrollen an. Auch Offiziere

stellten sich nach den Schaumrollen an, solange sie warm und lecker waren.
Ich besuchte das Haus Puschkins. Wieder rührte mich die Erhaltung. Selbst in den schlimmsten Notzeiten der Revolution und des Krieges blieb die mit schönen Möbeln ausgestattete Wohnung des Dichters unangetastet. Jedes Dokument sprach hier von Intrigen, alles bereitete auf ein Drama vor, und die schöne Frau Puschkin lächelte, in Pastell gemalt, wie der leibhaftige Engel des Todes.
Die Festung Peter und Paul, eine Insel, grau, böse, nun sind Angler an ihrem Ufer, Badende steigen erschauernd in kaltes Wasser. Man kann die Verliese des Zaren sehen. Steinhöhlen unter dem Wasserspiegel, ein Eisenbett, eine Kette, eine feste Tür. Vor den Zellen nun immer ein Bild und eine Lebensbeschreibung eines Gefangenen. Lenins Bruder, ein schönes, ein klares Jünglingsgesicht, einundzwanzig Jahre alt, er wurde hingerichtet. Ein junges Mädchen, ein blühender Mund, träumende Augen, sie wurde hingerichtet. Gorki war hier gefangen. Er wurde auf die Proteste der Welt hin freigelassen. Wer würde heute protestieren? Wer würde sich heute noch durch einen Protest bedrängt fühlen und einen Dichter freilassen? In der Kathedrale stehen die Särge der Zaren, weiße Marmorsarkophage, vergoldete kaiserliche Adler, silberne und goldene Totenkränze. Das Volk besichtigte die Kerker seiner Revolutionäre, es besichtigte die Särge seiner Zaren mit der gleichen intensiven Teilnahme, mit dem gleichen Ernst und mit dem gleichen Schweigen. In einem Museum sah ich Plakate aus den Tagen der Revolution, Aufrufe, Maueranschläge, Beschwörungen. Welch ein Anfang! Welch ein Mut! Die Plakate waren kühn. Große, klare Linien, die Farben in wirkungsvollen Feldern, nichts von den Doktrinen eines kleinbürgerlichen Realismus. Die Avantgarde hatte diese Plakate gemalt, die Avantgarde hatte nicht den Hund, sie hatte ein Volk vom Ofen gelockt, die Avantgarde hatte zum Aufstand gerufen, sie war in Petersburg, sie war in Moskau, sie war in den Dörfern und auf dem Land, sie war in Berlin, in Paris, in Zürich verstanden

worden. Warum gab es in Rußland keine Avantgarde mehr? Warum fürchtete man sie in Moskau?
In Moskau schenkte man mir Postkarten, ein schweres Paket farbiger Reproduktionen der Gemälde russischer Maler, Bernardus sagte, sehr moderner russischer Maler, ich weiß nicht, ob er dies ernst oder ironisch meinte, und die Bilder waren wohl in unserer Zeit gemalt, sie stellten Ausschnitte der russischen Gegenwart idealistisch dar und waren doch aus materialistischer Anschauung geschaffen, sie glichen gestellten, verlogen verschönten Photographien eines unwahrscheinlichen Alltags, als Malerei wären diese Tableaus schon 1880 nicht mehr diskutabel gewesen, nur Hitler hatte das noch für Kunst gehalten und in seine Ausstellung gehängt, diese Postkarten waren nicht künstlerisch, sie waren kulturhistorisch interessant, sie zeigten, wie das Sowjetvolk sich sah oder sich sehen sollte, verklärt, fröhlich, sauber, brav, sittsam, der Arbeit, dem Plan, dem Aufbau, dem Vaterland hingegeben, doch auch den kleinen Freuden des Familienlebens zugetan, in den Uniformen der Partei oder der Armee saßen Väter auf dem Sofa aus rotem Plüsch, spielten mit den Söhnen Schach, ein kleines Mädchen mit sauberen Schleifen im Haar hockte artig am Klavier, eine zweite Tochter war über ein Lehrbuch gebeugt, und die liebe Mutter brachte gerade einen Teller mit frischgebackenen Keksen und hielt ihn in der in der Pose des Augenblicks für ewig erstarrten Hand. Hier war Rußland ein verriegeltes, ein dreimal vermauertes Land, führend in der technischen Entwicklung, kühn zum Monde strebend, aber behütet vor neuem Wind, vor der Unruhe der Geister rings um seine Grenzen. Der schlechte Geschmack eines Diktators war im Lande künstlerisches Gesetz geworden. Ich begegnete sehr intelligenten Russen, die ihre erstarrten Bilder ehrlich schön fanden und mir einzureden versuchten, die russischen Maler seien die wirklich modernen, und Picasso und all seine Jünger, ganz Westeuropa male noch immer wie man 1918 in der Sowjetunion gemalt habe, doch eines nicht allzu fernen Tages werde man auch im Westen die Reize der realistischen Malerei entdecken und den Anschluß an

die Sowjetunion finden. Andere Russen wieder versicherten mir lakonisch und überzeugender, was wollen Sie, wir brauchen Bilder für vierhundert Millionen Menschen, die noch vor wenigen Jahren nicht gewußt haben, daß es Farbe und Leinwände gibt.
Boris Polevoi, mein Gastgeber, war aus Griechenland zurückgekehrt. Er hatte die echten, die alten Säulen, er hatte die Häuser und Berge der Götter, er hatte den Parthenon gesehen und die häßliche Stadt Sparta in ihren zertrümmerten Wällen. Polevoi war von großer Gestalt, nun braun gebrannt, er war nervös und wirkte herzlich. Er lud mich in das Restaurant der Schriftsteller ein, und er tat, als führe er mich in einen Raubtierkäfig. Betrunkene würde ich sehen, am Mittag schon Betrunkene, Exzentriker, Ekstatiker und Irre aller Art. Ich freute mich schon auf so erlesene Gesellschaft, aber die ich traf, waren Weltleute. Ihre Gesichter unterschieden sich vom Antlitz der Straße, sie waren nicht uniform, sie waren individualistisch, und die Kleidung der Schriftsteller war elegant und von persönlicher Art. Die Kollegen waren in der Welt herumgekommen. Sie kannten nicht nur Prag und Warschau und Ostberlin und Peking, sie waren am Kurfürstendamm gewesen und in Paris und in Rom und in London, und sie hatten nicht, wie man im Westen sagen würde, die Freiheit gewählt, sie waren heimgekehrt. Polevoi hatte sogar die Vereinigten Staaten von Amerika besucht. Er erzählte mir von seinem Freund, einem amerikanischen Millionär, und daß der Freund ihm einen Stier, den Stier »Troubadour« als Geschenk nach Moskau gesandt habe, und daß »Troubadour«, nun mit russischen Kühen in glücklicher Ehe, auf einer Kolchose ein wollüstiges und angenehmes Leben führe. Beiläufig fragte mich Polevoi, ob ich einen sowjetischen Millionär kennenlernen wolle, und ich sagte, ich möchte ihn kennenlernen. Dann erkundigte sich Polevoi nach meinen Eindrücken von Stalingrad. Er hatte als Soldat auf dem schaurigen Hügel gelegen, dem Leichen- und Stahlhügel, dem Fremdenbesichtigungshügel nun, den ich gesehen hatte. Was konnte ich Polevoi erwidern? Ich wünschte ihm, er möge nicht noch einmal

auf dem Hügel liegen, nicht noch einmal Soldat sein. Wir tranken unsere Gläser aus. Natürlich leerten wir sie auf die Freundschaft, leerten sie auf das Leben und nicht auf den Tod. Das Essen war vorzüglich. Es war endlich ein mit Liebe gekochtes Essen, im Club der Schriftsteller wurde mit Liebe gekocht, die Schriftsteller wurden gut gefüttert. Der Herausgeber einer literarischen Zeitschrift aß Krebse. Er saß Krebse aus der Moskwa. Sie schmeckten wie die Krebse aus der Oder, die man einst in Berlin bekam. Der Mann, der die roten Scheren der Krebse brach, hatte Joyce, Proust und Kafka studiert. Er liebte Joyce, Proust und Kafka und liebte Goethe und Shakespeare und liebte die russische Literatur und sprach nicht vom Realismus. Ich dachte an die Postkarten in meinem Hotelzimmer, und ich erzählte Polevoi von diesen Bildern, die wie gestellte Photographien eines entstellten Lebens wirken, und Polevoi sagte mir, er finde die Bilder auch nicht gut, das sei ein schwieriges und trauriges Kapitel, und er fragte mich, ob ich mit ihm ein Genie besuchen wolle, einen Bildhauer, der an diesem Tag den Lenin-Preis erhalten hatte.

Wir fuhren durch Moskaus endlose breite Straßen, wir erreichten neue Viertel hoher Wohnblöcke, und vor dem Kellereingang eines riesigen Mietshauses saß, umgeben von Hunden und Katzen, ein lieber alter Mann, der Bildhauer, der an diesem Tag den Lenin-Preis bekommen hatte, und Journalisten waren schon bei ihm gewesen, und er hatte nicht begriffen, was sie von ihm gewollt hatten, und Photographen waren zu ihm gekommen, und er hatte ihr Blitzlicht wie ein Unwetter ertragen, und er empfing unsere Glückwünsche, und sie sagten ihm nichts, und er schlürfte ärmlich gekleidet, mürrisch, gestört, nach Schnaps und nach Alter und nach Schlaflosigkeit und langer Wanderschaft riechend, von seinen Katzen, seinen Hunden gefolgt, in den Keller, und da war sein Atelier, war sein Werk, ein Werk aus Holz, und es war erstaunlich. Der Bildhauer Enze stammt aus den undurchdringlichen Wäldern der Mordwinen, und was er geschaffen hat, ist ein Wald schmerzlicher Gestalten, ein Wald leidender Gesichter. Polevoi hatte es gesagt, Enze war ein Genie. Er war kein primitives Genie, er hatte in Berlin, in Paris, in New York und zuletzt in Argentinien gearbeitet. Er war erst vor kurzem heimgekehrt, heimgekehrt nach Rußland, in die Nähe der Wälder, die er auch in den Steinwüsten der Städte nie verlassen hatte. Sein Werk war ein Wald. Es war aus Bäumen, aus Stämmen geschnitzt, krummgewachsen, windgebogen, verästet, es war ein unheimlicher, wahrscheinlich grausamer Märchenwald voller Ungeheuer im Keller eines langweiligen Moskauer Neubaues, das Werk war ekstatisch, leidenschaftlich, urbildlich, verworren, vielleicht war es gar nicht zur Kunst zu zählen, es mochte Irrsinn sein, aber es war faszinierend und hatte echte Größe, wahrscheinlich war es russisch-genial, aber glücklicherweise von keinem Diktatorspruch gebändigt, Rügen erreichten den alten Mann nicht mehr, wie ihn auch nicht Ehren erreichten. Enze hatte den Lenin-Preis nicht zur Kenntnis genommen, aber der Staat wollte nun seinem Werk, das allen offiziellen Lehren von Anschaulichkeit, Verständlichkeit und sozialistischem Realismus Hohn sprach, ein glanzvolles Museum bauen. Und was würde geschehen, fragte ich Polevoi, wenn ein Dichter erschiene, ein Genie aus den Wäldern, von dem der junge Brecht geträumt hatte, ein Rimbaud aus einem Dorf in der Steppe und gegen alle Tabus verstieße? Er soll nur kommen, sagte Polevoi, ich würde ihn in meine Arme schließen, und er breitete seine langen und starken Arme aus und spreizte seine kräftigen Hände.

Ich besuchte den Millionär, den sowjetischen Millionär, von dem Polevoi gesprochen hatte, und der Millionär empfing mich in einer schönen, mit gepflegten Empiremöbeln ausgestatteten Wohnung. Im Musikzimmer standen zwei Flügel. Weiche Teppiche bester Provenienz dämpften die Schritte. Vitrinen bewahrten altes Porzellan. In der Bibliothek waren die Werke der russischen und der ausländischen Literatur in prächtigen Ausgaben versammelt. An den Wänden hingen kostbare Stiche und gute Bilder des vergessenen russischen Impressionismus. Der Millionär klatschte in die Hände. Er hatte mich zum Tee eingeladen. Ein Dienstmädchen öffnete die Tür zum Salon, und auf dem reich gedeckten Tisch stand Champagner jeden Geschmackes, wartete Wein, lockten Schnäpse, war Kaviar, Stör, Schinken, Eingemachtes, Toast, Erdbeeren, Kuchen, verschiedene Sorten Eis und natürlich auch Tee, aber man sah den Tee vor all dem andern gar nicht, und der Millionär nötigte mich herzlich, zuzulangen. Der Millionär sprach deutsch. Der Millionär sprach französisch. Er sprach von London. Er sprach von Paris. Er sprach mit Kennerschaft. Er besaß ein Landhaus vor Moskau. Er reiste ins Bad. Er hatte einen großen Wagen. Er hatte einen Chauffeur. Er zeigte mir das Bild seiner jungen und schönen Frau. Warum besaß er dies alles? Wie kam es, daß er Millionär war, Millionär in der Sowjetunion? Die Kinder liebten ihn. Der Millionär schrieb Fabeln, er schrieb Kinderbücher, er schrieb Stücke für die Kindertheater, und nie konnte er seine Tantiemen aufessen. Er war sehr klug. Er lächelte. Er lächelte mir zu und hob sein Glas mit dem besten Champagner des Landes und trank auf die Kinder und auf die Freundschaft.

Über Moskau, sagt das Sprichwort, geht nur der Kreml, über den Kreml nur der Himmel. Es war der Tag vor meiner Abreise. Ich mußte endlich in den Kreml gehen. Man durfte nicht in Ägypten gewesen sein, ohne die Pyramiden besucht zu haben. Ich ging durch das Borowizki-Tor, ich ging in einem Strom von Besuchern, von Leuten vom Lande, von Familien mit Kindern, es war wie in Potsdam an einem Sonntag, ich kam zu dem Platz der Kirchen, eine prächtiger, eine märchenhafter als die andere, rote, blaue, grüne Kuppeln, angekettete goldene Kreuze, ich sah den Glockenturm des Iwan Welikij, die Glocken läuteten, wenn ein Zar den Thron bestiegen hatte, sie hatten nicht geklungen, als Stalin starb und in sein pompöses Grab zog, ich sah Wandgemälde byzantinischer Kunst, ich sah Kronleuchter mit mehr als tausend Kerzen und sah sie sich im kalten Marmor der Wände und im blanken Mosaik des Bodens spiegeln, ich sah ein Jüngstes Gericht und sah die alten Kaiser von Rußland vor Gott dem Richter erscheinen, und ich sah ihre Särge ihnen zu Füßen,

aus Erz gegossen und stumm, ich sah Johannes den Täufer den Sarkophag Iwans des Schrecklichen beschirmen, ich sah Iwans Sessel, in dem er die Messe gehört hatte, ich sah die größte Glocke, die je gegossen wurde, schiefergrau, ungeheuer dick und zersprungen, ich sah eine Riesenkanone mit Gesichtern und Laubwerk aus Bronze, ein Geschütz aus dem nie geschossen wurde, ich sah die Kanonen Napoleons, die gefeuert und verloren hatten, ich sah Aladins Schätze, sah die Symbole und den Glanz der Macht, Kronen zu Hauf, Throne und Zepter wie zum Ausverkauf gestellt, ihre Gewichte aus Gold, ihre Lichter Edelsteine, und ich sah Ostereier aus Smaragden und Rubinen und andere Juwelen so groß wie Ostereier, perlenbestickte Kleider, diamantenbesetzte Schwerter, – es war eine einzige, große, imponierende Rumpelkammer. Vor dem Regierungsgebäude warteten schwarze würdige Automobile in mehreren Gliedern wie zu einer Parade aufgereiht. Bernardus sagte ruhig, es wird eine wichtige Sitzung sein. Es gab an diesem Tag keine Gerüchte in Moskau, keine Vermutungen, kein Flüstern. Es gab keine Militärposten um das Haus, es gab keinen Polizeikordon im Kreml. Alles war still. Alles war friedlich. Alles schien alltäglich zu sein. Jedermann war ahnungslos. Nichts meldeten die Diplomaten ihren Regierungen, die ausländischen Journalisten witterten keine Sensation. Es war der Mittag, an dem Molotow, Malenkow, Kaganowitsch und Schepilow in die Wüste geschickt wurden.
Am Abend dieses Tages besuchte ich wieder die Eremitage. Die Militärkapelle spielte Puccini. Die Kugellampen brannten. Die Venus von Milo bedeckte schamvoll ihre Blöße. Der Sekt, die Limonaden wurden ausgeschenkt. Die Moskauer saßen auf den Bänken, sie promenierten in den Alleen. Man drängte zum Puppentheater. Die Vorstellung war ausverkauft. Ich hatte mir schon vor Tagen eine Karte bestellt und durfte eintreten. Die Puppen waren oppositionell gesinnt. Sie verspotteten geheiligte Einrichtungen. Man sah den Trichter eines Lautsprechers, man hörte die jubelnden Chöre, die Chöre, die mich auf meiner Reise begleitet hatten, und dann sah ich sie hinter dem Trichter

sitzen – das Puppentheater ließ mich sie sehen –, gelenkte, pathetische Marionetten.
Die gläsernen Frühstückswagen klirrten, die Mädchen in den Zofenkleidern lachten, die Fahrstühle, die Staubsauger summten, unaufhörlich klingelten die Telephone, hasteten die Menschen durch die langen Gänge, das Hotel Moskau lebte und atmete und nahm von mir keine Trinkgelder an. Es war mein letzter Morgen in Rußland, phantastische Welt, am Nachmittag wollte ich auf dem Hradschin bei Kaiser Karl und dem Golem sein. Ich ging noch einmal in die bunte Kirche inmitten der Stalin-Allee-Paläste. Es war ein Sonntag, und das Gotteshaus war nun überfüllt; noch vor der Tür bekreuzte man sich und warf sich ekstatisch zu Boden und küßte die Stufen der kleinen Steige. Es waren nicht nur alte Frauen, die hier beten wollten; aber alle, die zur Messe gekommen waren, Greise und Jünglinge, Großmutter und Enkelkind sahen sonderbar aus, sie sahen wie Außenseiter der Gesellschaft aus, wie ganz frühe oder wie ganz späte Christen, und das machte ihre Andacht unbürgerlich und aufregend. Vor der Kirche hielt ein deutscher Volkswagen mit dem Kennzeichen für das Diplomatische Corps, und zwei junge Leute stiegen aus dem Wagen aus und photographierten die Kirche. Ich ging noch einmal in den faszinierenden Irrgarten, in das große Warenhaus Gum, das auch am Sonntag geöffnet war, und wieder empfand ich den Schauer, in einer Phantasie des Piranesi zu agieren. Und dann sah ich zwischen den allrussischen Völkern, unter den Schlangen, die sich bildeten, den Neugierigen und den Käufern deutsches Militär, Offiziere wie in vergangener Zeit, das Koppel umgeschnallt, die Mütze stolz und hoch, verwunderlicher Anblick, sie waren Freunde hier, sie waren Genossen, eine Lehrabteilung der Armee der DDR, und sie kauften für ihre Frauen in Erfurt, für ihre Freundinnen in Döberitz das in kleine Kristall-Kreml abgefüllte Parfüm »Rotes Moskau«. Ich folgte den befremdend Gekleideten, den Landsleuten aus dem anderen Vaterland zur Getränketheke; sie sprachen sächsisch und bestellten eine braune Limonade. Ich trank ein Glas des trok-

kenen, herrlichen russischen Champagners und beobachtete ein blondes Mädchen, eine Verkäuferin der Zeichengeräteabteilung, die, mit einem Zirkel und ganz versonnen in ihr Tun, unentwegt Rosetten auf ein Papier zeichnete, während ihre Kundschaft zu einer Schlange zusammenwuchs.

Auf dem Flugfeld stand das berühmte Düsenpassagierflugzeug Tupolow 104 und sah wie ein böser schneller Drache aus. Der Drache war von Peking gekommen. Er wurde aufgetankt. In der Halle des Fluggebäudes warteten Chinesen. Die Chinesen wollten nach Paris. Ich besaß noch Rubel. Lenin lächelte auf den Scheinen. Man durfte die Rubel und Lenins Lächeln nicht mitnehmen. Ich lud Bernardus, den Freund, der mich hochmütig fand, wenn ich traurig war, zu einem letzten Wodka ein. Der Ökonom des Flughafenrestaurants stellte sich mir aber in den Weg und ließ mich nicht in die geheiligten Räume. Ich sollte erst meinen Mantel in der Garderobe abgeben. Ich konnte in zwei Stunden nach Prag fliegen, aber ich durfte im Flughafenrestaurant von Moskau keinen Wodka im Mantel trinken. Der Grenzbeamte blickte in meinen Paß, ich wollte meinen Koffer öffnen, aber der Beamte sagte, das Gepäck von Schriftstellern kontrollieren wir nicht. Ich stieg in den Drachen ein, in das schnellste Passagierflugzeug der Welt. Das Flugzeug hatte weiche bequeme Plüschsessel. Neben mir saß ein Mann mit rotversiegelten Säcken, ein diplomatischer Kurier. Mir fielen alle Kriminalromane ein, die ich gelesen hatte, und ich dachte, der Kurier neben mir würde gleich erschossen werden; aber er wurde nicht erschossen. Die Chinesen waren eingestiegen, ein Franzose, ein englisches Paar, auch Russen. Für einen Augenblick hatte man das peinliche Gefühl, sich einer Höllenmaschine anvertraut zu haben. Dann war man schon zehntausend Meter hoch über den Wolken. Das Flugzeug schien still zu stehen. Die Zeit schien still zu stehen. Zwei Stewardessen kamen. Sie lachten, wie alle russischen Kellnerinnen, Serviererinnen, Zimmermädchen lachten. Sie boten Wodka an. Sie servierten Geflügel. Sie brachten Obst und Gebäck. Wieviel Zeit war wahrlich im Flug vergangen? Hatte der Flug überhaupt schon

begonnen? War ich noch in Rußland, schwebte ich noch über Rußland? War ich wirklich in Rußland gewesen? Der Drache spielte eine Minute lang wieder Höllenmaschine, spuckte Feuer und Rauch, und man stand auf dem Flugfeld von Prag.
In Prag kontrollierte man das Gepäck von Schriftstellern.

Mein Großvater – oder war es gar Fritz Reuter – pflegte zu sagen, Berlin sei ein Dorf, aber London, – London sei eine Stadt! Nun stammte mein Großvater jedoch aus Anklam, und Fritz Reuter kam aus Stavenhagen, mecklenburgisch-vorpommerschen Ackerbürgergemeinden weitab von der Welt, und so waren sie vielleicht nicht gerade berufen, große Städte gegeneinander auszuspielen, aber Fritz Reuter besaß den durchdringenden Blick, das erkennende Gefühl und das beschwörende Wort des Dichters, und der Großvater war Kapitän beim Norddeutschen Lloyd und lenkte stolze Raddampfer über die Meere, so daß sie beide vielleicht doch Männer von gewichtigem Urteil waren.

England ist eine Insel. Man lernt dies in der Schule, und glaubt es dann zu wissen; aber erst wenn man hinreist, erfährt man es. Man ist gezwungen, die Erde zu verlassen, das trotz all seiner Erfindungen dem Menschen gemäße Element, und sich der Luft oder dem Wasser anzuvertrauen. Noch vor dreißig Jahren erregten die Kanalschiffe die Phantasie der Knaben und der Defraudanten. Auf kleinen deutschen Bahnhöfen hingen unter den Fahrplänen des Lokalverkehrs weißblaue Plakate, die einen bärtigen Seemann in Sturmkleidung zeigten, der mit starken Armen Hoek van Holland und Harwich umspannte, und zwischen seinen mächtigen Händen plätscherte das weite Meer und schwamm der zuverlässige Dampfer der Gesellschaft vom Kontinent zur Insel. Die Plakate sind verschwunden, Knaben und Kassierer träumen von dem Flugzeug, das über den Atlantik oder über den Pol fliegt, aber das Kanalschiff sieht heute noch genau wie auf den alten Bildern aus, sauber und zuverlässig, so liegt es in Hoek am Kai, die Züge aus Deutschland und die Züge aus Österreich fahren vor dem Fallreep vor, und Leuchtfeuer, Nebelhörner, Möwengekreisch und der Salzgeschmack der Luft vermitteln dem Binnenländer das Abenteuer Seefahrt, dem er für ein paar Stunden sich hingeben will. Mit den Planken des Bootes hat man englischen Boden und das neunzehnte Jahrhundert betreten. Man hält den Kapitän für Joseph Conrad und die Stewardeß für die Queen Victoria. Der Purser – Zahlmeister, Geldwechsler und Bürochef des Schiffes – steht wie der leibhaftige Erste Lord der Admiralität vor seinem erleuchteten Office, in dem die Pfundnote seit Menschengedenken die Königin der Währungen ist. Jeden Moment kann ein Börsencoup gelandet, ein Weltreich erobert und die Schlacht bei Trafalgar geschlagen und gewonnen werden. Im Salon erzählen Leute aus Klagenfurt Geschichten wie von Kipling, und Herren und Damen aus den rhein-mainischen Gegenden promenieren in der kühlen Nacht auf Deck, vergessen für eine Weile die Geschäfte und meinen, nach Indien zu segeln. Rudolf Diesel, der Erfinder, vergaß seine Sorgen nicht, vielleicht daß auch die Zukunft aus dem Wasser ihr böses Gesicht hob und ihn erschreckte, Rudolf Diesel verschwand in der Nacht von diesem Deck und wurde nie wieder gesehen. In der Bar bestellt man nachlässig-weltmännisch einen Whisky und wundert sich, daß er zu Hause billiger ist. Sollte jemand in der Nähe sein, der schon lange in England lebt, wird er über die Steuern und die Abgaben klagen. Der echte Engländer schweigt und trinkt Bier. Das Bier ist dunkel, sämig und bittersüß, und schon sein Anblick allein macht müde. Die Queen Victoria hat die resolute Art eines besorgten Feldwebels und scheint selbst Schiffsuntergängen gewachsen zu sein. Sie zeigt dem Gast die Schwimmweste unter dem Kopfkissen, erklärt das Reglement für den Katastrophenfall und wünscht eine gute Nacht. Nun mag man nicht ins Bett, sondern wie »Steuermann Rüstig« in die gemütliche Koje fallen und sich dem leichten, vielleicht Schwindel bringenden Schaukeln anheimgeben und dem erregend-einlullenden Wellenschlag gegen die eiserne Schiffswand. Das ist eine schöne Art zu reisen, man hat noch Zeit, die Überwindung der Entfernung zu fühlen und mit ihr mitzukommen. Das Fenster der Kabine, man nennt es natürlich seemännisch das Bullauge, ist rund, verschraubt, messinggefaßt, und wenn man Glück hat und der Mond scheint, sieht man draußen die weite See, ein grünlich wogendes und, gestehen wir es doch, unheimliches Feld mit den weißen Köpfen der Gischt. In Harwich teilt man die Menschheit in Briten und in Fremde. Der Engländer, der noch am Abend nichts als ein Mitreisender war, ist am Morgen als Brite erwacht. Er ist fröhlicher, er ist rosiger geworden, er ist gewachsen. Seine Kleidung hat nun eine ungeahnte und unnachahmliche Würde. Stolz erhobenen Hauptes schreitet er an den Fremden vorbei zu einer nur für ihn weit geöffneten Pforte; es ist eine Heimkehr des verlorenen Sohnes, und die anderen Reisenden warten wie Bittsteller vor einer verschlossenen, von Polizisten bewachten Tür. Wie in Spanien mißtraut man auch in England dem Fremden; am liebsten, so scheint es, würde man ihn nicht in das gelobte Land führen, und man versucht mit Bürokratie der bedauerlichen Lage, einige dieser undurchschaubaren Subjekte doch hereinlassen zu müssen, Herr zu werden. Draußen vor der englischen Tür versteht man nicht, daß Casanova und Karl Marx und Revolutionäre und Königsmörder ohne Zahl nach England als nach der Insel der Freiheit flohen. Erst wenn man hinter der Tür, erst wenn man in England ist, begreift man dies wieder. Der Polizist, ein weiblicher, wies mich zu einem Immigrations-Officer, der wie ein Lehrer auf einem Katheder thronte, aber wie alle englischen Amtspersonen von angenehmstem Wesen, leise und überaus höflich war. Leider schien er mich für einen Propheten zu halten. Er wollte wissen, was ich in London tun, wo ich in London wohnen, wen ich in London sehen und wie lange ich in London bleiben werde. Wer kann das vorhersagen? Was wußte ich, wohin Luft und Leidenschaft mich treiben würden? Um den freundlichen Gentleman zu beruhigen, nannte ich ihm ein Hotel, das eine Erinnerung an Virginia Woolf war, doch hätte ich ihm ebensogut sagen können, daß ich bei Sherlock Holmes in Bakerstreet logieren wolle. Zu meiner Beschämung trug der nette, höfliche Beamte den Namen, den ich leichtfertig angegeben hatte, ernst in eine Karte ein, die ich unterschreiben

mußte. Nach dieser Formalität war ich frei; England vertraute mir, es packte mich bei der Ehre, und ich nahm mir vor, mich dieses Vertrauens würdig zu erweisen.
Die rosigen und fröhlichen Briten hatten, während ihre Gäste vor den Schulpulten der Einwanderungsbehörde warteten, den Bootstrain nach London besetzt. Der Zug sah sehr vornehm aus. Er erinnerte mich etwas an den Moskau–Leningrad-Expreß; nur der russische Zug war noch viel, viel vornehmer. Immerhin, blaue Polster und weißgedeckte Tische versprachen dem Reisenden, der, noch fröstelnd in der kühlen Morgenluft, auf dem Bahnsteig stand, Wärme, Behagen, Genuß und Sättigung. Aber leider gab es für die zugelassenen Fremden keinen Platz mehr in diesem schönen Gefährt, und man verwies sie auf eine später fahrende, langsamere und viel weniger angenehme Bahn. Dies hätte verstimmen können; doch löste für mich, wie in aller Welt, ein Gepäckträger das Problem, indem er den unsichtbaren gordischen Knoten der Verblüffung durchhieb, mich zum Eroberer weihte, in den Zug führte, an einen der gedeckten Tische setzte, meine Koffer drunterschob und mir mutmachend zublinzelte. So gewährte mir Fortuna, mit drei fröhlichen, rosigen Briten zu frühstücken. Die Zeremonie nahm mich sehr für das Königreich ein. Das Frühstück war die rechte und feste Grundlage, auf der Insel und in London zu bestehen. Es duftete im Wagen nach Speck, nach Fisch und nach heißer Milch. Ich war bei Dickens eingeladen. Der Tee war schwarz wie die Nacht in Indien, die Hafergrütze hatte die graue Gemütlichkeit eines Nebeltages, und Speck und Eier waren so englisch, wie man es sich nur vorstellen kann, sie waren wie bei Lyons, dem merkwürdigen Schlaraffenland der Insulaner. Wer wundert sich nun doch, daß meine Tafelgenossen zum Frühstück die »Times« lasen, angenehm stumm wie die Fische blieben, die sie geräuchert verzehrten, und sich nach Ende des Mahles kurze Pfeifen mit nach Honig riechendem Tabak anzündeten?
Der Liverpool-Street-Bahnhof ist eine Ruhmeshalle des Zeitalters der Dampfmaschine. Schwarz, düster, aber auch kühn

flicht die Eisenkonstruktion ein Zelt des Fortschritts und der Gemütlichkeit. Die Zivilisation zeigt sich hier mütterlich; man könnte von dem Busen sprechen, an den sie ihre Kinder nimmt und sie vor Regen bewahrt; der Ausschank von Schnaps und Bier geschieht an einem Knotenpunkt des Weltverkehrs altväterlich betulich; und noch der Mörder, der, von Sherlock Holmes beobachtet, den Koffer mit der Leiche zur Aufbewahrung gibt, hat menschlich gesittete Züge und achtet die Spielregeln. Mein Freund, der Gepäckträger, natürlich wieder ein anderer, setzte mich in ein Taxi, doch noch bevor ich dieses altmodische, unscheinbare, überaus praktische und behende Vehikel bewundern konnte, geschah etwas Merkwürdiges: zwei Herren stiegen zu mir ein und setzten sich auf den Rücksitz der Taxe. Der Fahrer, dem ich, um den freundlichen Beamten von Harwich nicht zu enttäuschen, das Hotel in Bloomsbury genannt hatte, die Erinnerung an Virginia Woolf, war mit den neuen Fahrgästen offenbar einverstanden, wenn nicht im Bunde, er lenkte sein Fahrzeug in einen Trubel hinein, zweistöckige Autobusse stampften wie rote Elefanten um uns herum, während wir selber den Maßen nach auf einer flinken Schildkröte durch einen Zauberwald reisten, »ja, London, das ist eine Stadt« wollte ich schon rufen, aber dann ratterte das Taxi durch lauter Hintergassen, wie sie mir vorkamen, Backsteinbauten wie Fabriken aus den Gründerjahren rahmten eintönig und recht verkommen die Straßen, am Abend hätten hier Gaslaternen brennen können, und die Herren mir gegenüber sahen nun auf der Fahrt durch unbekannte Gegenden in eine ungewisse Richtung wie die Verbrecher bei Edgar Wallace aus, schlimme Bauernfänger, der eine dick und brutal-gemütlich und der andere klein und verschlagen und mit einem Rattenmund, und sie lächelten, und ich lächelte, und wir fuhren und fuhren, und London war eine große Stadt endloser, geschundener Backsteinzeilen, schlechtgekleideter Menschen, rauchdurchzogener Luft, windgetriebenen Unrats, bis das Abenteuer sich in Nichts auflöste, die Herren vor einem tristen Hochbahnhof ausstiegen, mit dem Chauffeur ordentlich abrechneten, der dann Bloomsbury zu-

steuerte, freundlicheren, gebildeten Gefilden inmitten der Riesenstadt, ich sah die verehrte Dichterin nachsinnend und ganz in ihrer Welt um trauliche Squares wandeln, viktorianische Häuser, ein Betonkoloß erhob sich, die neue Universität, als strebe sie dem Turm der Wissenschaften in Moskau nach, kleine grüne Rasen, Baumschatten, Liegestühle, menschlich, freundlich, intellektuelle Neger, intellektuelle Inder unter Turbanen, Studentinnen in bunten Tropentrachten, schließlich das ganze Commonwealth, das Britische Museum mit seinen Säulen, wir hielten vor dem Hotel, ach, wäre der Immigration-Mann aus Harwich doch mein Zeuge gewesen, wie das Unvorhergesehene die besten Vorsätze und alle Eintragungen in die Fremdenkarteien durchkreuzt, das Hotel der Virginia Woolf war besetzt, und der Taxilenker riet mir zum nächsten besten, zwei Häuser weiter, dort nahm man mich auf.
Das Zimmer blickte auf einen kleinen Garten hinaus. Da stand im Zentrum von London eine Laube aus Holz, morsch und schief, und vielleicht blühte hier im Sommer Jasmin, und ein Rokokostuhl träumte dort weiß zwischen ungepflegten Beeten, und so hatte auch dieser Garten die urbane Gemütlichkeit der Kriminalgeschichten, der erfundenen und der wirklichen, der Stuhl war wie von Hitchcock hingestellt, meisterhaft, dieser Einfall, hätte man gesagt, und Christies, der Gehängte, der Mörder aus der Londoner Wirklichkeit hätte in diesem Fleck Natur hinter dem Britischen Museum und unter immer windbewegten kahlen Ästen sein Opfer verscharren dürfen, vielleicht tat dies auch der Wirt des Hauses, ein stets aus dem Souterrain beflissen freundlich, wie verprügelt auftauchender Geselle, verfolgt von den hellen, klappernden, manchmal singenden, manchmal scheltenden Stimmen seiner Frau und seines Dienstmädchens, die beide jungmädchenhaft wirkten und vertraut miteinander lebten in einer Frauenwelt von leichter Laszivität und großer Schlampigkeit, die man sonst und zu Unrecht den Italienern zuschreibt, nicht untüchtig dabei, aber träge und den Tanzweisen eines immer laufenden Lautsprechers und der Erregung durch die Filmstar-Skandalgeschichten der Abend-

blätter anheimgegeben. Im Hotel herrschte offensichtlich das Matriarchat, mit merkwürdiger Gleichgültigkeit gegen den Tod in der undichten Gaszuführung des Kamins und leichtfertig unisoliert gelegten elektrischen Leitungen. Es wohnten Reisende nicht eigentlich bürgerlichen Wandelns hier, aber da sie weder das Licht des Geistes noch das Feuer der Empörung erhellte, gehörten sie auch nicht zur Bohème, nicht zu den zornigen jungen Leuten und waren wohl junge Schullehrer, von blassen, jungen Frauen begleitet, die London sehen wollten, und hin und wieder ein düsterer Schnurrbartvogel, der in undurchsichtigen Geschäften reiste. Sie alle waren herrisch zu dem freundlichen, verschüchterten Wirt und duckten vor der Frau und dem Mädchen, die darauf bestanden, das Frühstück sei vor neun Uhr einzunehmen, und dann dunstete das Haus nach ranzigem Speck, brutzelte es britisch in schmutzigen Pfannen, und im Souterrain-Salon, unterirdisch höllendämmerig mit einem Streifen fahlen Straßenlichts in einem Gitterschacht, floß vor dem laufenden Radio, dem stechend hitzenden, süßlich duftenden Gaskamin, bläuliche warme Milch in einen spülichtfarbenen Tee.
Wie jeder Kontinentale, wäre ich bei meinem ersten Ausgang beinahe überfahren worden, ich blickte nach links, und das Auto kam von rechts, aber in London ist der Fußgänger König, und der Autofahrer, statt zu schimpfen, sagte »sorry«. Nirgendwo kann man sicherer über die Straße gehen als im dichtesten Verkehrsstrom der englischen Hauptstadt. Und dann gibt es die gelben Lampen, ewig leuchtende Monde, die dem Wanderer die sicheren Furten im Strom der Wagen weisen, die Übergänge, die ihm das Menschenrecht wiedergeben, die hier stets respektierte Würde, vor den Motoren zu passieren. Ich ging zum Strand, es war gegen Mittag, ich näherte mich der City, und da sah ich sie, die Herren in schwarzen Anzügen mit den steifen schwarzen Hüten, die Ritter der Royal-Exchange, die Höflinge der Bank von England und hundert anderer Banken traditionsreicher Namen, und das ehrenwerte Volk der Anwälte und der Richter spazierte hier in kärglicher Sonne, für

eine Weile der Perücke der Rechtsprechung entronnen, und zuweilen sah man gar einen Hohenpriester des Pfundes und der Usancen, den Zylinder würdig und waagerecht auf dem stolzen Haupt. Man meine nicht, daß das Schauspiel komisch sei; sie trugen ihre Citytracht natürlich und anständig, und ihr Anblick weckte sofort Vertrauen, Vertrauen zur englischen Währung, Vertrauen zum Britischen Weltreich, und die Überzeugung, daß, Indien hin, Suez her und Cypern und Malta dazwischen, der Löwe weiterleben wird. Es war die Mittagsstunde, die Stunde der Clerks, sie strömten aus den Büros, den Schalterhallen, den Kanzleien, sie kamen noch weltumbraust aus den Redaktionsstuben der Fleetstreet, sie füllten die Straßen, eine Männerwelt, in der die Stenotypistinnen und Sekretärinnen geschlechtslose, der Liebe entsagende Vestalinnen eines sachlichen, von Männern bedienten Kultes waren, ganz im Gegensatz zu Paris, zu einem Mittag etwa auf der Place Vendôme, mit all den bunten Sternen der hohen Schneiderkunst – eine Milchstraße erotischer Sonnen. Diese Clerks nun stellten sich an, sie stellten sich geduldig in langen Reihen vor kleineren oder größeren und zu dieser Stunde hoffnungslos überfüllten Eßwirtschaften auf, einige vor bürgerlichen Mittagstischen, aber die meisten vor den Ausgabestellen totenbleicher Sandwiches. Dies hätte deprimieren können. Aber es gab die Pubs und die Inns, den Chefs, den gehobenen Stellungen und den freien Flaneuren vorbehalten, Tempel der Gemütlichkeit aus gebeiztem Holz und voll Rauch, die, selbst wenn sie gestern errichtet waren, wie aus der Zeit vor Londons großem Brand aussehen. Da stehen sie nun im Pub, die steif Behüteten, die Würdigen, die Rosigen und Zuversichtlichen, jeder ein Gentleman unter Gentlemen, selten sieht man eine Frau, braun wird das Bier aus dem Schanktisch gepreßt, der Whisky, der Gin kräftigen den Lebensgeist, von einer gesottenen Lammkeule werden breite Scheiben geschnitten, den Leib zu stärken, und immer riecht es gesund nach Curry, weil Indien einmal zur Krone gehörte; doch noch gemütlicher sind die alten Portwein- und Sherrystuben, solide Eichenfässer, die noch unter Segeln über das Meer rei-

sten, sind voll von dunklen oder lichten Säften, deren Duft ein strenges, ritterliches und süßes Iberien in diese Räume zaubert, als hätte eine katholische Majestät der Krone von England willkommen Tribut gezollt.
Ich suchte ein Restaurant, um zu Mittag zu essen, fand es auch und nach kurzem Anstehen einen freien Stuhl, doch was mir vorgesetzt wurde, bestätigte den schlechten Ruf der englischen Küche, den man nicht für eine Sage halten soll. Die Suppe war aus einem sonderbaren, vollkommen geschmacklosen Pulver hergestellt, dem Gemüse hatte man mit Fleiß das Aroma entzogen und es grellgrün gefärbt, das Roastbeef, von dem man doch annehmen durfte, es sei eine englische Nationalspeise, schien aus einer Gummilösung gebraten zu sein, und der Nachtisch war aus geheimnisvoll gelierter roter Tinte bereitet. Ich blickte mich um und sah zu meiner Verwunderung keine offenen Särge neben den Speisenden stehen, und von einer Entvölkerung der Stadt, wie zur Zeit der großen Pest, konnte erstaunlicherweise nicht die Rede sein. Ich erlebte es dann, daß ein ähnliches Essen im Speisesaal eines ersten, eines berühmten Hotels serviert wurde, zu dem sich die Herren und die Damen den Smoking oder ein schlicht wirkendes Abendkleid angezogen hatten, die kläglichen Speisen von mehreren Brigaden strenger Kellner in feierlichster Manier vorgelegt bekamen und dazu entzückte Gesichter machten, als wollten sie sagen [und sagten es wohl auch]: Haben wir nicht ein wundervolles Dinner? Eine böse Fee muß Englands Herde verflucht haben, selbst gute Köche, die aus Paris, Italien, Indien, Java, China in großer Zahl nach London kommen, verlieren nach kurzer Zeit all ihr Können. Ich entdeckte aber später in der Nähe von Old-Bailey, dem peinlichen Kriminalgericht, eine Wirtschaft, in der die würdigen Richter speisten, und da gab es urenglische Gerichte, Lamm- und Nierenpuddinge, Backpflaumensoßen und Mehlbeutel von vorzüglicher Zubereitung, so daß ich wieder meinen möchte, daß die Beschäftigung mit Verbrechen in England dem behaglichen Lebensgenuß verschwistert ist.
Um London zu besichtigen, um es sich anzueignen, bedient man

sich am besten der roten städtischen Autobusse, klettert auf ihr Oberdeck und fährt ins Blaue. Die Busse führen überall hin; ihre Linien erschließen den Zauberwald der Riesenstadt; sie tragen dich willig und gut. Zunächst muß man sich aber vor ihren Stationspfählen anstellen. Ein jeder Engländer tut es, er tut es ernst und leidenschaftlich, und wenn überall sonst das In-der-Schlange-Stehen die Nerven strapaziert, in London beruhigt es sie. Man wartet in einer Reihe wohltemperierten gesunden Menschenverstandes. Selbst Egoisten unterwerfen sich den Spielregeln und profitieren von der Reibungslosigkeit im Getriebe einer Massengesellschaft. Heinrich Heine hat London einen Wald von Häusern genannt; es ist ein Zauberwald, in dem die Welt sich trifft und wo sich in jedem Augenblick Wunder ereignen. Oben auf den roten Bussen fliegt man durch die Straßen, gleitet durch Schneisen, schwimmt in Schächten und denkt mit dem Rollen der Millionen Räder ringsum: dies ist eine Stadt, dies ist eine Stadt, dies ist wirklich eine Stadt. Wir haben nichts dergleichen mehr. London ist eine Einheit, eine Hauptstadt, eine Weltstadt, eine Metropole mit einem Zentrum und mit Zentren, mit einem kräftigen, spannungsreichen Gefälle von Reich und Arm und Vornehm und Niedrig und Laut und Still, von Öffentlichkeit, Geschäftigkeit und privater Zurückgezogenheit und Einsiedelei. Nirgendwo anders kann man so einsam, so glücklich oder unglücklich einsam in der Menge sein. Noch immer ist die Stadt ein Schmelztiegel der Völker und der Rassen; man sieht Neger, noch im Busch geboren, weise Brahmanen, lächelnde Asiaten und die stolz sich erwachsen fühlenden, selbstbewußten neuen Nationen Kanada, Südafrika, Australien und immer wieder Reiche und Arme, den schwarzen Millionär und den schwarzen Bettler, gelbe Ärzte und gelbe Kranke, den Schafkönig und den mittellosen Rückwanderer aus Neuseeland, und sie genießen brüderlich Schutz und Recht der Gesetze, von denen Anatole France sagte, sie verbieten Armen und Reichen gleichermaßen, unter Brücken zu schlafen und Brot zu stehlen.

Die Themse teilt London wie die Seine Paris; aber es gibt kein linkes Ufer, das hier das rechte wäre. Viele feste Brücken führen über den Strom, aber wo führen sie hin? Man weiß es eigentlich nicht. Es gibt Einheimische und Fremde, die nie die rechte Seite des Flusses betreten haben, es sei denn den Waterloo-Bahnhof, von dem man zu Freuden, doch zweimal zum Tod nach Frankreich fuhr. Der Weg nach Wimbledon geht über die Chelsea-Brücke, und die Königliche Familie, die Royalties, die Ritter des Hosenbandes, des Geldes oder des Talentes fahren in den zeremoniellen Salons ihrer lautlosen Rolls-Royces zu den Grass-Courts und Spitzenhöschen von Wimbledon-Park an roten Mauern vorbei, Backsteinhäusern und Fabriken, die, ruß- und staubverschmiert und unverputzt, nicht verkommen, aber auf eine hoffnungslose Art traurig sind. Keine Bombe, kein Stein wird geworfen! Die Revolution ist der wortgewaltige Bevan, ist die Schlagzeile seiner Reden, und bald wird er seiner Königin Minister sein. Im Battersea-Park humpeln, auch sie traurig, an Stöcken, doch in prächtige rote Röcke gekleidet und die Brust mit Medaillen geziert, die Veteranen des britischen Heeres. In Indien, im Sudan, am Gelben Fluß, hinter dem Lesseps-Denkmal, im grünen Irland, im heißen Afrika und in Flandern wohnten sie auf den Kanonen und verdämmern nun, vom Feuer des Mars, von der Sonne der Tropen und Wüsten verschont, im matten Licht der Heimat und der Majestät; sie, die gegen alle Rassen kämpften, bemühen sich nun um das Wohlwollen der Kinder, die im Park spielen und die alten Soldaten mit dem gleichgültig hochmütigen Blick einer Jugend betrachten, die den Mond erobern, doch nicht mit dem Mahdi oder dem Nasser ringen will. In Lambeth tanzt niemand den Lambeth-Walk, und selbst das Festival of Britain vermochte der Gegend keinen dauernden Glanz zu verleihen. Die Reisegesellschaften besuchen George Inn, die historische Herberge in Southwark, ein windschiefes, ehrwürdiges Haus, noch immer eine Eß- und Schankwirtschaft mit hölzernen Galerien, wo Chaucer, der Morgenstern der englischen Dichtung, gezecht haben soll, und Dickens erwähnt in »Little Dorrit« den Ort. Zur Mittagsstunde sitzen im Hof unter der berühmten Galerie an wetterkranken

Gartentischen die Schreiber der Lagerhäuser und Behörden der Nachbarschaft, die Angestellten der Bahnhöfe und der Post und trinken ihr schwarzes Bier, das sie, geht eine Frau vorüber, zu breiten Scherzen anregt, als wäre es noch Shakespeares Zeit. Gelächter gluckst dann über alle Galerien zu den alten müden Balken der verräucherten, gemütlich abenteuerlichen Räume auf. Die nüchterne Borough High Street wird für einen Augenblick elisabethanisch. Southwark war ein Freudenviertel. Wo Kleinbürgerinnen und Kontoristinnen herrschen, zeigten Buhlerinnen die nackten Brüste, und das Volk strömte angeregt zum Globe-Theater, dem großen, hölzernen, magischen O, von dem nur noch eine Tafel an der Mauer einer erfolgreichen Brauerei spärliche Kunde gibt. Von der Waterloo-Brücke blickt man auf das Parlament und Westminster. Das Zifferblatt von Big Ben leuchtet am eindrucksvollsten durch Nebel. Auch in der Finsternis gibt man sich Rechenschaft von der Zeit. Der Fluß enttäuscht. Zu Stunden der Ebbe entblößt er schamlos Geröll und Unrat in seinem Bett. Die Ufer kennen keine Angler und keine Bouquinisten, und der Hafen hat nichts von Hamburgs Weltumarmung; er verliert sich in der düsteren Abgeschlossenheit der Docks, in der sich die Schiffe verstecken.

Was in Paris zur rive gauche gehört, das lateinische Viertel, die Bohème und die Nachtfreuden, wohnt in London auf dem Hauptufer in unmittelbarer Nachbarschaft des Offiziellen und der Geschäfte, in Chelsea, Soho, der Universitäts- und Museumsgegend. Chelsea ist urenglisch, es ist freundlich, zuweilen ländlich, kleine Häuser sprechen von einer soliden, gebildet bürgerlichen Vergangenheit, von Familienleben am häuslichen Kamin. Jetzt ist Chelsea eine Mode, eine teure Mode jüngerer Leute; sie heißen oder spielen die Zornigen und sind es selten. Die Häuser haben noch die alten, schlichten, etwas verträumten Fassaden, aber die Mieten sind wolkenkratzergleich gestiegen, die Wohnungen sind umgebaut, atelierartig eingerichtet, ein jedes Zimmer ein Bildnis des modernen Lebensstils, ein Farbfoto für eine kostbar gedruckte Architekturzeitschrift. Schauspieler, Nachtclubbesitzer, Adelskinder haben hier ihre Gar-

çonnière, und die jungen Intellektuellen strapazieren ihr Talent, um mit dem Aufwand der Snobs Schritt halten zu können. Zu dem Aufwand gehören schöne Mädchen und alte Automobile. Es lohnt die Anstrengung. Die Mädchen sind sehr schön, und die Automobile sind sehr alt. Beide werden am Sonnabendmittag auf der Kings Road, dem Boulevard von Chelsea, spazierengeführt. An den Automobilen ist viel poliertes Kupfer, an den Mädchen viel glänzendes, oft kupferrotes Haar. Chelsea ist das Viertel der wadenengen Hosen, der netten, wohlproportionierten, gern gezeigten Hintern und der schweren Wollsweater, wie für die Umseglung des Cap der Stürme gearbeitet. Zuweilen halten sich Kinder an der mütterlichen Hosennaht fest. Auch die Zornigen haben Nachkommen und gehen nicht die Wege des Doktor Malthus. Wie überall in London ist man sonnenhungrig; scheint das Gestirn, klappt man das gelackte Verdeck des Kinderwagens oder das zerschlissene des kostbaren alten Automobils zurück und streckt das Gesicht in das Licht. Oder man trinkt Milch oder Bier vor der Tür der Läden und der Pubs. Innen an der Theke stehen die professionellen Außenseiter, die konformistischen Verächter des Konformismus mit kurzen Pfeifen, kurzem Haar und kurzen Bärten, wie von John Osborne, Colin Wilson oder Dylan Thomas geschrieben, und lesen angewiderten Gesichts die dicken Sonntagszeitungen, die mit keinen neuen Parolen die Langeweile zwischen allgemeiner Weltgefährdung, roten Monden, versagenden westlichen Raketen und der sozialen Sicherheit des fortschreitenden Wohlfahrtsstaates verscheuchen.
Soho, zwischen Oxford Street, Regent Street, Shaftesbury Avenue und Charing Cross Road, also zwischen Warenhäusern, Geschäften, Kontoren, Massenabfütterungsstätten und den größten Verkehrsströmen gelegen, ist eine Insel der Gemütlichkeit. Man nennt Soho [Soho ist ein Jagdruf, so ho hetzte man in den Waidgründen, die hier einst lagen, die Hunde] ein Ausländerviertel; Ausländer wohnen und ernähren sich hier, aber die Gemütlichkeit ist englisch. Soho Square – das sind alte Bäume und noble schmale Häuser und Kunstschmiedegitter

und so stille Fenster, daß man hinter ihnen Thomas Carlyle vermuten möchte, und am Abend, nachdem er über Helden und Revolutionen geschrieben, sieht man ihn mit seiner jungfräulichen Gattin Hand in Hand um das Karree spazieren. Im Schaufenster einer Verlagsbuchhandlung liegen die Memoiren bedeutender, aus der Weltgeschichte emeritierter Persönlichkeiten. Charme und Esprit dieses Platzes vertrugen sich bisher ausgezeichnet mit den Mädchen, die sich in den nahen Gassen anbieten, und ihren zu Messerstechereien neigenden Freunden. Aber nun haben leider Filmkonzerne die Idylle entdeckt. Sie reißen die alten Häuser ein oder stocken sie barbarisch auf, und von den Zementburgen ihrer Verwaltungen, die so entstehen, erdrücken auf riesenhaften, nachts angestrahlten Plakaten die Brüste der Jayne Mansfield die Nobilität des Ortes, den spröden, idealistischen Geist Carlyles und die Erinnerungen und Rechtfertigungen der enttäuschten Staatsmänner. Die Straßen sind am Abend ein bißchen Reeperbahn, aber viel weniger bieder. Hier wohnten einmal französische Emigranten, Refugees des Glaubens und Exilierte der Geburt, und wenn die Gegend heute ein Reich der Kellner, der Nachtbarangestellten und italienischen Händler ist, so hat sie sich doch noch Gewissensfreiheit und feine Sitte bewahrt. Ich sah einen Bettler in Soho, der durch keine andere Geste als seine Würde bat. In Lumpen gekleidet, stand er da, als gehöre ihm zumindest ein Schloß, und drückte man ihm einen Schilling in die Hand, verneigte er sich mit der übertriebenen Höflichkeit eines sehr großen Herrn, der achtbaren, aber bürgerlichen Freunden begegnete. Man kann die Speisen aller Länder in Soho kosten und wahrscheinlich auch jede Art von Liebe. Die Speisekarte wird gern in fremder Sprache ausgehängt; ein Torero, ein Gondoliere, ein Negerhäuptling, ein Mandarin, ein Inder hoher Kaste, oder sagen wir ihre Kostüme, fungieren vor den Lokalen als die Portiers. Die Mädchen stehen gegen die Häusermauern oder eine Plakatwand gelehnt, oft eine Zigarette im Mund, in recht dekorativer, manchmal arroganter Haltung da. Der Polizist, der Bobby mit dem klassischen Konstablerhelm, wacht wie sein eigenes Monument auf der anderen Seite der Straße und sieht über die Mädchen hinweg. Zuweilen kommt eine Doppelstreife weiblicher Polizei des Weges gegangen und spricht kameradschaftlich mit den Damen. In diesem Viertel kennt jeder jeden; und gegen den Gast, den Kunden, den Geld- und Steuerbringer hält man zusammen. Die Tanzlokale nennen sich Clubs, für ein paar Münzen wird man Mitglied und darf bis zum Morgen bleiben. Immer noch ist man lustig in Soho, der Commis ist es wie der Marquis, und nach Theaterschluß finden sich Gesellschaften in großer Toilette ein; die Besucher der teuren Plätze begegnen hier den Schauspielern, die sie eben bewundert haben. Ein Tanzclub der Halbwüchsigen, diesmal ein echter Club, zu dem Geld keinen Zutritt gewährt, ist im Gemeindehaus einer Kirche, ist dort im Keller untergebracht, und nirgendwo werden die Trommeln so wild geschlagen, kreischen die Saxophone so heiß wie in dieser von Geistlichen gegründeten und beaufsichtigten Unterwelt. Jugend bevölkert auch die vielen neuen Espressostuben, sie sitzt gern eng gedrängt, wippt auf Stahlrohrsesseln und lauscht, bei verdunkeltem Licht magisch, paradiesisch entrückt, der Schallplattenmusik. Und immer wieder hört man den Choral der Heilsarmee. Sie marschiert durch die Straßen wie durch einen Film, ihre Banner wehen, ihre Trompeten schmettern, und mutig schallt der Gesang. Wo und wann die Armee auch auftritt, es ist der Tag vor der Apokalypse. An den Kreuzpunkten hält die Truppe ihre Meetings ab, und Freudenmädchen und Nachtexistenzen nehmen gern eine Strophe Frömmigkeit mit. Überhaupt ist Soho ein beliebter Ort religiöser Diskussionen, oft stellt sich einer zwischen die parkenden Automobile und zeugt mit lauter Stimme für seinen Gott. Oder ich sah einen Neger, der sich ein kleines Predigtpult mitgebracht, es an einer Ecke aufgestellt hatte und nun Gottes Wort verkündete, bald aber mit anderen, sehr intellektuellen, sehr rational gebildeten Negern in heftigen Streit über verzwickte Fragen der Exegese geriet. Wen sonst noch bewegt so der heilige Text? Noch vor dem ersten Weltkrieg waren die Neger Heiden, und dicke Damen und blasse Mädchen strickten für sie wollene Strümpfe; jetzt ist das Apostolat schwarz und London Missionsgebiet. In Soho gibt es, trotz mancher Nachahmung von Paris, keine Existentialisten, weil jeder hier auf das natürlichste existentiell lebt. Wer sich bewußt zur Bohème zählt, wirkt altmodisch. Im schmalen Raum eines Zeitschriften- und Tabakladens mit Kaffeeausschank versammeln sich die grauen Löwenmähnen altgedienter, vom Schicksal und der Weltgeschichte nach London verschlagener Gäste des Romanischen Cafés und des Pariser du Dôme. Sie zehren von Erinnerungen, und ein paar junge Leute neben ihnen, die über betont vernachlässigter Kleidung mit Gesicht und Haar die Büsten römischer Cäsaren kopieren, warten anscheinend auf Godot. In anderen Läden dieser Art hängen Modezeitschriften im kleinen Schaufenster und stehen hinter einem Paravent sehr bürgerliche, würdige Herren vor dem Verkaufstisch und betrachten mit ernsten, oft sogar wütenden Gesichtern die Photographien nackter Menschen. Niemals wird zwischen den Kunden dieser Geschäfte ein Wort gewechselt; anscheinend hassen sie einander oder das Laster und die Schwäche, die sie im Nachbarn sehen. Am Rande von Soho liegen Foyles Buchhandlung, das Palace-Theater, ein Markt und schließlich Piccadilly Circus. Foyles rühmt sich, in zwei Häusern und acht Etagen jedes Buch neu oder antiquarisch vorrätig zu haben. Es ist ein Garten Eden für Leser, ein Labyrinth, in dem man den Tag verlieren kann. In den engen Passagen zwischen den hohen Regalen sieht man Chinesen die Propheten in hebräischer Sprache und orthodoxe Rabbiner chinesische Schriften lesen. Im Palace feiert Sir Laurence Olivier als »Entertainer« von John Osborne Triumphe. Das Theater ist für Monate ausverkauft. Die Gesellschaft besucht gern ein der Gesellschaft anrüchiges Stück, und aus Limousinen strengsten Hofstiles steigen Damen, die wie Herzoginnen auf den Bildern der Society-Illustrierten aussehen, sehr würdig, recht komisch, ein Diadem im Haar und, ich kann mir nicht helfen, darüber einen Hauch von Gin, und wirklich, sie sind es, Herzoginnen, die hier aussteigen und von Neugierigen freundlich bewundert werden. Der Markt von Soho ist nicht so

schön wie der auf Roms Campo de'Fiori, aber er bemüht sich doch, bunt und laut und voll Gerüchen zu sein. Für die Chorgirls des Windmühl-Revuehauses in Windmill Street ist dieser Markt Heimat und romantische Kulisse ihrer jungen Blüte. Und dann ist da Piccadilly Circus, Knotenpunkt des Verkehrs und der großen Geschäftsstraßen, in der Nacht wohl Europas reklamebeleuchtetster Ort. Piccadilly Circus gehört nicht zu Soho und ist doch sein hellster Stern, der bis nach Australien, nach Canada und Afrika strahlt wie einst die Lichter der Ecke Unter den Linden–Friedrichstraße in die deutsche Provinz. Hier muß man gewesen sein, Engländer und Foreigner; Winston Churchill, und wer gerade Prince of Wales war, erkletterte in Jugendübermut die Eros-Statue in der Mitte des Platzes, die nicht den Gott der Liebe darstellt, sondern den Engel der christlichen Nächstenliebe und nicht aus Gold, sondern aus Aluminium ist, aber wen stört es, man hält sich an den Gott und glaubt an das Gold. Amerikanische Matrosen saßen auf dem Brunnenrand unter dem geflügelten Wesen, an Mädchen fehlte es nicht, noch an Liebe irdischer und himmlischer Art, und die Guinness-Uhr, die funkelnde Brauerei-Reklame, kündete die Guinness-Time, und Bier und Whisky strömten in hundert Bars und Kneipen aus tausend Hähnen und Flaschen in Millionen durstige Kehlen. Hier und dort führen Stufen von Piccadilly Circus in Kellerlokale hinunter, wo in einem freundlichen Hades des Porters und des Whiskys, der Männergespräche, der unheimlichen Krebs- und Muscheltiere und weißer, roter und grüner Nelken noch immer Dorian Gray in narzißtischer Versunkenheit sein schönes Gesicht in matter Lache spiegelt.
Intellektueller und vielleicht auch poetischer als Soho ist das Viertel um das Britische Museum, sind die drei kleines Squares, Bedford, Russell und Bloomsbury, grüne, tulpenbunte oder wintergraue Teppiche zwischen den Häusern. Die Geographie schließt die Universität und ein Offenluftbad ein. Es ist die Welt der Forschung, der Altertumskunde, der Kunstschulen, der wissenschaftlichen Antiquariate, der vornehmsten literarischen Verleger, der inspiriertesten theosophischen Gesellschaften,

und über allem liegt ein feiner Duft von Formaldehyd, der aus den Kliniken kommt, und mich immer an Jonas, den konservierten, zur Schau gestellten Leichnam eines Wales erinnerte. T. S. Eliot schreitet im Joch des Lektoramtes bei Faber & Faber gebeugt durch die Gegend. Die Häuser gehörten Adelssippen, waren Heime berühmter Gelehrter und ererbte Wohnstätten der großen, untereinander verschwägerten Intelligenzfamilien, eines höchst exklusiven Kreises, dem Virginia Woolf und ihr Mann Leonhard Woolf entstammten. Auf den kleinen Squares ist mitten in der Stadt gut zu sonnen und schön zu träumen, man kann den Regen wie im Wald auf das Laub der Bäume fallen hören, den Nebel traulich im Gezweig und den Mond romantisch am Himmel sehen. E. M. Forster, Aldous Huxley, Stephen Spender liebten das Quartier, es regte sie zu traurigen und umstürzlerischen, zu pessimistischen und idealistischen Gedanken an, und im Museumspub gegenüber den griechischen Säulen traf sich die neue Dichtung und trank Feuerwasser von den Karibischen Inseln. Es gibt noch den Rum von Jamaica, die literarischen Debatten, die heißen Köpfe, die lieben Plätze, die Sonne, den Mond, den Regen und den Nebel, aber die Häuser sind jetzt Studentenhotels geworden, und die ausländische akademische Jugend, besonders die schwarzen und braunen Kinder des Commonwealth prägen das Gesicht der Straßen und Schenken, beleben es tropisch, denn immer öfter verschmäht diese Generation den europäisch-englischen Anzug, zu dem ihre Väter strebten, und wandert in der heimatlichen Urtracht, wie in den Stolz ihrer jungen nationalen Unabhängigkeit gekleidet, durch London. Am Morgen hocken in all den kleinen Teestuben eifrige Leser der »Times«, des »Manchester Guardian«, doch auch des »Daily Worker«. Am Abend treffen sich viele in den beiden monumentalen Gebäuden des Clubs christlicher junger Männer und christlicher junger Frauen. Von der Straße blickt man durch ein Fenster in eine Turnhalle hinab und kann dann – verschieden schillernde bunte Fische in einem Aquarium – bei gymnastischen Tänzen eine neue und vielleicht hoffnungsvolle Freundschaft der Rassen beobachten. Aber in

irgendeinem Schaufenster der Great Russell Street wacht ein lächelnder Buddha über chinesische Drucke, scheinen zwei Fo-Hunde zu bellen, und regt ein Drache die Schwingen zu neuem Flug.
In einem Warenhaus in Oxford Street sah ich künstliche Palmen und künstliche Seerosen und exotische Teiche aus allerlei Kunststoff auf ihren Käufer warten, und ich fragte mich, ob altgediente Colonels des Indischen Heeres sich zu Hause nun Urwaldzimmer einrichten, merkwürdig grün, gespenstisch blau und dämonenweiß. Auch künstliche Affen kann man erwerben und ausgestopfte Elefanten und lebende Löwen und echte Safariausrüstungen, gefährliche Großwildbüchsen und Behaglichkeit für ein Camping an den Polen. In der berühmten Bond Street steht ein Pferd in einem Schaufenster für Kinderkleidung, Publicschool-Mützen und -Schlipse und Internatshüte sind dazu geschaffen, in den Sattel zu heben, aufs hohe Roß zu setzen, aber die Rosinante des Geschäftsmannes wirkte schon gramzerfressen. Der Geschmack alten Reichtums herrscht, wenn er zuweilen auch nach dem neuen Reichtum Amerikas schielt, eine Vorliebe für das Solide und Diskrete, das Renommee eines Geschäftes scheint oft nicht seine Auslage, sondern etwas, das man wissen muß, zu sein, nämlich, daß George Brummell hier schon kaufte oder der siebente Eduard, in manchen Stücken funkelt der Glanz der Sage, diese Brillanten sollen die schönsten aus Sir Ernest Oppenheimers afrikanischen Minen sein und jene Saphire und Smaragde aus der Schatzkammer eines Märchenfürsten kommen. Bewacht werden die Läden, wie man zunächst meint, vom englischen Heer persönlich, die Portiers sind ehemalige Unteroffiziere in sehr echt wirkenden Uniformen, und sie versehen mit ihren Orden geschmückt nun einen Dienst, der sie offensichtlich zu Verteidigern der Gesellschaft macht. In Savile-Row wohnen, noch vornehmer als ihre Kunden, die Herrenschneider, sie heißen die Geburtshelfer des Gentleman, und ihre Firmenschilder sind zurückhaltender als die von Fachärzten. Im Hochparterre warten die Stofflager, liegen in altmodischen Panzerschränken die Maße

des Betreuten und oft noch die seines Urgroßvaters, und der Empfangschef gleicht einem Standbild der Korrektheit. Die Gehilfen und die Näherinnen arbeiten im Souterrain. Haus neben Haus kann man sie durch unverhangene Fenster unter ewigem Glühlampenlicht auf den Schneidertischen sitzen sehen wie die armen Stickerinnen in Oscar Wildes Märchen vom Jungen König. Gekrönt wird das Haupt des Gentleman von einem Hutmacher in St. James Street, dessen raffiniert vernachlässigtes Schaufenster provozierend zerbeulte und verstaubte Kopfbekleidung zeigt, wie sie sich, dem Lumpensammler entgangen, auf den Speichern alter Familien finden mögen; der Laden unterhält eine Kutsche, und jeder Hut, der angefertigt wurde, wird zweispännig zu seinem Besteller gefahren, der manchmal im Buckingham Palace wohnt. St. James Street und Pall Mall sind die Straßen der Clubs, der Männergesellschaften, die in Räumen aus Marmor und edlem Holz schweigsam saßen und meinten, die Welt zu regieren, wie sie heute schweigend den Niedergang des Empire mißbilligen, und doch ist aus dieser hochgezüchteten Gruppe wirklicher Herren oft einer aufgestanden und hat für Probleme, die unlösbar schienen, die überraschendste und glücklichste Lösung gefunden oder wie Mountbatten in Indien gerettet, was noch zu retten war, das Gesicht des guten Verlierers.
Zur Stunde der Wachablösung versammeln sich Untertanen und Fremde vor dem königlichen Palast, der im Herzen Londons freistehend in guter Luft im Grünen liegt. Die alte Königin des neunzehnten, des letzten großen englischen Jahrhunderts, die Queen Victoria sitzt aus Marmor gehauen auf dem Platz vor dem Schloß und schaut wie eine strickende strenge Großmutter der Britischen Reiche dem erhebenden Schauspiel zu. Die Zeremonie ist gewaltig. Die Garde in ihren roten Röcken, mit ihren weißen Schärpen und den schwarzen, aus dem Krimkrieg stammenden Bärenfellmützen führt ein Ballett vor, und zwischen den komplizierten Pas gibt es dramatische Dialoge der sich ablösenden Posten und ein Feldwebelgeschrei über den Hof, das Himmelstoß und Platzeck neidisch machen könnte

und sehr an T. E. Lawrences Szenen aus dem englischen Soldatenleben, an das schreckliche Buch »The Mint« denken läßt, während die Offiziere mit bloßem Degen, den sie aufrecht und gerade wie Erstkommunikanten ihre Kerzen tragen, anscheinend unbeteiligt vor dem Palast spazierengehen und vielleicht Heiratsaussichten erörtern oder die Schwierigkeit, Samuel Beckett zu begreifen. Aber endlich verlassen Ihrer Majestät trainierte Tiller Boys, ein stolzer Tambourmajor, eine Kapelle voran, die Schloßfreiheit, und vor oder hinter ihnen reiten die Horse Guards, Ritter auf schwarzen Pferden die breite Straße The Mall hinunter, vorbei am Lancaster House, am roten St. James Palast, am Marlborough House, vorbei an den Kriegen der weißen und roten Rose, an der Hinrichtung Karl I. und an des Herzogs von Marlborough aus der Familie Churchill Aufstieg und Fall und Reichtum, und zur Rechten der liebliche St. James Park mit Mrs. Dalloways beschwingt-melancholischem Wandel, nach Whitehall hin, der Residenz der großen Elisabeth, wo sie dann unbeweglich stehen, Pferd und Mann in einer photogenen, eigentlich sinnlosen Wache, und Fahnen wehen vom Gebäude der Admiralität, vom Hochhaus des War Office, und Scotland Yard ist in der Nähe mit seinen Detektivgeschichten und im Halfter der Habeaskorpusakte und das schlichte Haus in der kleinen Downingstreet, die wie für alte Damen geschaffen ist, ihre Pudel spazierenzuführen, wo Kriegserklärungen erlassen und abgegeben wurden, pomplose Macht und Nervenzusammenbrüche der Diplomaten, die dem Pontius Pilatus nacheifern und ihre Hände in Unschuld waschen, und Blut- und Tränen-Reden, und das Royal Air Force Memorial, der mitleidlose Adler der gefallenen jungen Flieger und der Kenotaph für die Gebliebenen der beiden Weltkriege, »The Glorious Dead« und dann Trafalgar Square mit Nelson auf seiner Säule, der nun ein Taubenhirt ist wie der heilige Markus in Venedig, und am Abend beleuchtete Springbrunnen, die den echten Sieg, die wirkliche Gloire der Vergangenheit und noch immer die Lebensfreude der sieglosen Gegenwart illuminieren, Glanz bis zum großen Ballhaus am Strand, wo in einem

der Stühle entleerten alten Theater das immer neue Spiel Boys meet Girls zu einer Jazzkapelle Peitschenschlag sich ereignet, Gedränge auf der Tanzfläche, Geschiebe im Foyer, Liebe auf dem Balkon, schäbiges Parkett, verblichener roter Seidencharme der Wände, schale Getränke, und Commis und Herzöge, NATO-Matrosen, Fremde, Ladnerinnen, verzweifelte Heiratsschwindler, Witwen, wilde Lordstöchter, ein neuer Hogarth-Reigen in alter Angst vor Alter und vor Tod und hin bis zu Westminster, Kirche, Burg, Rittersaal und Pantheon, letzte Ruhestätte von Kardinälen und Fürsten, von ritterlichen Totschlägern und ihren nicht weniger ritterlichen Opfern, von Hochverrätern, die der Tag richtete und die Historie rehabilitierte, von John Gay, der die Bettleroper schrieb und der Bertolt Brecht von 1728 war, der Hof und der Erzbischof von Canterbury fühlten sich beleidigt, aber sie verneigten sich doch vor dem Dichter und vor dem Tod und wehrten ihm das Grab neben den Heiligen und den Königen nicht.
Auf den Stufen der St. Pauls Kathedrale auf der Höhe von Ludgate Hill am Anfang der City sonnen sich am Mittag die Büromädchen, so weiß wie Schnee und so rötlich wie der Fuchs im Feld vor der Meute. Rundum tappen die Autobusse wieder wie Elefanten um eine Lichtung im Wald. Die Kuppel der Kathedrale erinnert an St. Peter in Rom, aber das Licht ist matt und rührend. Liebe gibt es überall, im Widerschein des Mittelalters, in den Höfen und Gärten des Temple, unter den Rechtsbeflissenen der Inns of Court, im Licht des Fortschrittglaubens an der Ufermauer des Victoria Embankment, wo sie umarmt stehen, traumversunken wie an der Seine und im Schimmer vaterländischer Euphorien auf dem Schiff »Discovery« des unglücklichen Polarforschers Captain Scott, das Paare und Knaben gern besuchen, und ich sah da eine Schule, Kinder in Anzügen, die zivil und doch uniform waren, das Kleid des Gentleman, und ihre Gesichter waren einheitlich ausgerichtet, während man ihnen vom Sterben des Helden im Schneesturm erzählte, zweifellos wird so eine Klasse gezüchtet, und ich dachte an andere Kinder, die ich in Leningrad auf dem Kreuzer »Aurora« kennenlernte,

auch ihnen wurde von nationalem Ruhm gesprochen, auch sie trugen Uniform und hatten das Zuchtgesicht einer Klasse, einer jüngeren, einer neueren, aber in England wie in Rußland lebte in diesen Kindergesichtern das gleiche fanatische Bekenntnis zur Elite. Vom Ufer aus kann man die Tower Bridge sehen. Sie ist stolzestes neunzehntes Jahrhundert, eine Burg wie eine altdeutsche Weinstube. Der Tower selbst wieder läßt an den historischen Kreml denken, viel Ähnlichkeit, Blut und Macht und Schätze und Besucher hier wie dort. Der Engländer liebt das Schauspiel und identifiziert sich mit ihm. Die Tower-Wächter in ihren bunten, plusterigen Uniformen aus dem sechzehnten Jahrhundert wirken ebensowenig verkleidet wie die britischen Richter und Anwälte unter ihren gepuderten Zopfperücken. Jedermann nimmt sie ernst. Über Rasen und Weg hüpfen große schwarze Raben. Ihre Flügel sind gestutzt, sie tun Dienst und werden dafür gut gefüttert. Sie sind die Komparsen einer Gespenstergeschichte. Wenn die Raben aussterben, heißt es, wird London untergehen. Vorläufig fördern sie den Fremdenverkehr und passen wunderbar in ein Milieu, dessen einziger Konkurrent die Schreckenskammer im Wachsfigurenkabinett der Madame Tussaud ist. Im Tower wie bei der erfolgreichen Madame drängt man über dunkle enge Treppen zu Hinrichtungsblöcken, zu Mordszenen, zu Folterwerkzeugen und Galgenhügeln. Im Tower trägt der Schrecken den Glanz der historischen Heereskunde von der Ritterrüstung bis zur Kanone der Luftabwehr, und in der Wachsfigurenschau stehen in Eintracht die Massenmörder, die berühmten Bauchaufschlitzer neben den Großen oder Entsetzlichen, Siegern und Geschlagenen des Krieges, den wir erlebten.

Ein wohlmeinender Engländer warnte mich vor dem East-End, vor Whitechapel, Limehouse und der Gegend der Docks. Er sagte, gehen Sie allenfalls am Vormittag hin, besuchen Sie den Petticoat Lane Markt, die Trödelschau in der Unterrockgasse und knöpfen Sie Ihre Taschen zu. Ich schlug den Rat in den Wind; ich wanderte am Tage und in der Nacht durch das East-End, und in einem Lokal, das mein Engländer berüchtigt genannt hätte, nähte mir die dicke Wirtin gutmütig eine abgerissene Schlaufe an meinem Mantel fest. Es sind nur ein paar Autobusminuten vom Geld und der Würde der City bis zur Untergrundbahnstation von Aldgate, der Whitechapel Road und der Commercial Road, die zu den West- und Ostindischen Docks führt. Merkwürdigerweise wütete gerade hier der Krieg, traf der Blitz, und man sieht Ruinen, neue Betonhäuser und Schutthalden, die nun ein merkwürdiges Interseptum schaffen, eine Scheidewand zwischen den Welten des Reichtums und der Armut, der großen und der kleinen, der sauberen und der schmutzigen Geschäfte. Vor den Bomben ging das gemächlicher ineinander über. Petticoat Lane ist ein Gewimmel, ein Jahrmarkt billiger Waren in engen, langen Gassen zwischen hohen, roten Häusern. Jüdische Namen, deutsche Namen, polnische Namen. In den hohen, roten Häusern wird nicht gewohnt, sondern gearbeitet. Hier sind die traurigen Ateliers der Konfektion, der Lohnschneider, der Stückarbeiter, der Akkordnäherinnen. Am Sonntagmorgen drängt sich's, reibt sich's bei den ritualen Bäckern, den rabbinalen Schlächtern, in den koscheren Wirtschaften. Es riecht und klingt wie einst in Galizien, nur die wundergläubigen Chassidim, die frommen Talmudjünger sind gestorben. Dafür gehen ernste Inder über den Markt und in Wolldecken gehüllte Neger, Stewards und Heizer der nahen, hinter Häusern und Mauern verborgenen Schiffe. Whitechapel Road ist trostlos, kein buntes Elend, keine Romantik des Kriminalromans, ein hartes Leben, ein harter Handel. In Whitechapel weht der Wind kälter als im West-End. Aber man strebt auch hier nach Bürgerlichkeit, und sei es im Tode. Ich sah ein Begräbnis, man trug den Toten aus seinem tristen Reihenhaus, aber das Beerdigungsinstitut war mit drei Rolls-Royce-Wagen vorgefahren, man schob den Sarg in den ersten, der mit venezianischen Gondellaternen geschmückt war, in die anderen Limousinen stiegen die Trauergäste, viele lange schwarze Schleier wehten, und auf den Dächern der hohen, stolzen Automobile ruhten die Kränze und Blumen. Es war ein pompöser Anblick, bewegend und erhebend, und die schwarzen Rolls Royce mit den blendenden Nickelbeschlägen ihrer Stirnen waren rechte Fahrzeuge des Hades. Ähnlich der Whitechapel Road ist die Commercial Road, aber lebendiger, ewig belebt durch den nie abreißenden Strom der Lastwagen, die Waren zu den Schiffen bringen und von ihnen holen, Englands Import und Export läuft über diese Straße, schwankt hochgestapelt vorbei, und in den Autobussen sitzen die Männer, die von der Goldküste kommen, aus Hongkong, vom La Plata und wieder hinausfahren werden auf die See und nun ein paar Tage suchen und nicht finden dürften, was sie versäumt zu haben glauben. Seemannsheime, Seemannsmissionsgesellschaften, Matrosengewerkschaften, paritätische Heuerbüros, wieder die Heilsarmee und die Läden, die für Sturm, Eisdriften und glühende Sonne ausrüsten. Die Schiffe sieht man nie. Sie sind in die Hafenbecken wie Mäuse in ihr Loch gekrochen. Soweit die Docks zugänglich sind, erblickt man gelegentlich hinter Speichern und Zäunen ihre Masten und die Antennen ihres Heimwehs. Eine Dockstraße kann eine unheimliche Kulisse sein. Auf einmal steht man allein zwischen den Lagerhäusern, ringsum geschlossene Luken, kein Mensch, kein Laut, seltsame Gerüche, Hanf, Teer, Gewürz, fremder Felder Duft, und dann ein Rascheln, ein Huschen, ein Umzug des Rattenvolkes. Am Ende einer solchen Straße, am Wapping Wall liegt das alte Seemannswirtshaus »Prospect of Whitby«. Die unteren Räume der Schenke haben den Zauber der Seegeschichten von Robert Louis Stevenson, während die oberen Gemächer zu einer Sehenswürdigkeit degradiert sind. Die Fenster schauen auf den Fluß, und Flußfischer und allerlei sonderbare Existenzen, die vom Strom leben, verfolgen, das Bierglas auf ein Faß gestellt, Ebbe und Flut, und im oberen Restaurant sitzen an weißgedeckten Tischen Männer, die in Automobilen gekommen sind, wie reiche Reeder oder Pfefferhändler aussehen und einen Fisch zu hellem, trockenem Sherry essen. Lime House, Lime-House-Blues, ein Gassendschungel, chinesische Gaststätten, Papierdrachen, verhangene Fenster, der chinesische Wirt lächelnd unter einer Laterne, irgendwo Kindergeschrei, in einer

Kneipe ein grauhaariger Neger, der einen dünnen Milchkaffee trinkt und sich an der Tasse die mageren, langen Hände wärmt, um die locker die Haut hängt, sonst kein Gast, auf dem Tisch Sandwiches mit einer grellroten Wurst, Schweigen. Hier waren die Slums, hier sind sie noch, aber kein Slumleben, wenn man es sich mit Dirnen und Trunk denkt, hier ist eher von einer braven Armut zu sprechen. Man bemüht sich, sie zu beseitigen. Wo Bomben gefallen sind, hat man neue Häuser im Bungalow-Stil auf grünem Rasen errichtet, große Fenster und billige Mieten, doch noch wirken die freundlichen Bauten seltsam wie eine plötzliche Fata Morgana in der grauen Wüste des Elends.

Aus dem Stadtplan aber heben sich wie Luftzelte die hundert grünen Parks von London, ein jeder mit Rasen, mit Wasserflächen, mit Schwänen, mit Fischen und mit Schafen. Es sind Freistätten. Man darf den Rasen betreten, darf seinen Liegestuhl hinstellen, wo man will, darf ausgedehnte Picknicks halten, sich mit Hunden im Gras wälzen, darf sich küssen und umarmen, – die öffentlichen Parks von London sind jedermanns privatester Garten. Die Engländer, sagt man, seien steif. Ich finde, sie sind liebenswürdig. Es zeichnet sie Toleranz aus. Noch der Citymann mit rundem Hut und korrektem Schirm nimmt auf einem Gartenstuhl und beim Studium der Finanzzeitung an nichts Anstoß. Man liebt sich viel auf dem Rasen, und die Mädchen ereifern sich, die Kameraden zu verführen, sie sind der weitaus aktivere Partner, mit allen Mitteln versuchen sie den immer etwas trägen Geliebten zu erregen, die Paare spielen Ophelia und Hamlet, »ein schöner Gedanke, zwischen den Beinen eines Mädchens zu liegen«, doch wenn der Mann mutig geworden ist, richtet das Mädchen sich auf und stößt ihn zurück. In den höchsten Kreisen pflegen die Debütantinnen der Gesellschaft Feste zu geben, sie, die Mädchen sind es, die den Freund einladen, die ihn ausführen, ihn bewirten, die auf dem Heimweg schon die Hingabe mimen und dann vor der Haustür mit Gelächter enttäuschen. Zum Hyde Park sind es wenige Minuten aus städtischster Geschäftigkeit und der Hyde Park ist Draußen, ist Land, ist England mit sanften grünen Hügeln, schön und frei,

soweit man das Auge schweifen läßt. Am Tor stehen auf ihren Kisten die Redner, auch sie Günstlinge der Freiheit. Da wird angeklagt und geschimpft, da wird gerupft und geschmäht, und gelassen vernimmt es der Bobby. Welch kluge Gewalt! Und welche Einsicht in die närrische Natur des Menschen, daß man jeden Narren hier gewähren läßt. Jeder spricht hier für jedermann, und es scheint mir ein Akt natürlicher Komplexbefreiung zu sein. Die Gitter des Hyde Park ziert das Wappen der Krone, aber das Königreich ist im Rahmen menschlicher Unzulänglichkeit eine wahre Demokratie.
Vor dem Hyde Park erhebt sich mächtig und düpierend Marble Arch, als Triumphbogen für die Ausfahrten des vierten Georg gedacht, aber mit einer für die goldene Staatskarosse zu engen Passage erbaut, ist der Marmorbogen das sympathische Denkmal einer lieben Schildbürgerei. Ihm gegenüber liegt ein Lyons Corner House, das mit fürstlicher Ausstattung und billigen Preisen die sozialen Gegensätze ausgleichende Schlaraffenland der Londoner. In langen Reihen sah ich sie dort brav und geduldig und in großer Freiheit vor den Pforten zum Paradies anstehen, und hinter einem Fenster erblickte ich viele Köche, die wie richtige Köche, wie Köche von Märchenkönigen aussahen mit ihren hohen, hohen Mützen, ihren vielversprechenden Bäuchen und dem blendenden Weiß ihrer Kleidung, und alle diese königlichen Köche legten ein jeder zwei dünne Scheiben durchwachsenen Speck in eine Pfanne, schlugen Eier drüber und stellten's aufs Feuer, immer wieder, immer wieder ... Sonst taten sie nichts.

Ich sah die Engel über dem Tiber schweben, die Brücke war wie von ihrer Flügel Kraft gehoben, der Erzengel mit dem Schwert stand triumphgekrönt auf den bleichen Steinen der Hadriansburg. Wie reines Gold strömte der Fluß. Der Kahn glitt sacht aus dem Tag. Ein Netz umfing sanft die silbernen Fische. Schnee fiel in die Nettelbeckstraße in Berlin. Es gibt sie nicht mehr. Ein Teppich aus schütterem Gras deckt die Gräber. Ein Feldpfad führt drüberhin. Ich sah das Gemälde im Fenster des alten Antiquars; er ahnte sein Unglück nicht. Rom mochte ewig, Berlin aber schien von Dauer und von Bestand zu sein. Der Autobus vom Grunewald zum Alexanderplatz, ein Nachen voll Rechtsanwälten, schaukelte durch den Kanal der Häuser aus den fetten Gründerjahren. Die Mündelsicherheit blickte auf mich herab. Die Schüler des Herrn von Seeckt schritten zuversichtlich zur Bendlerstraße; vorschriftsmäßigen Sitzes die roten Biesen; von der Marne, von Versailles, vom Femewald und von den Übungsplätzen in Rußland kein Stäubchen auf ihrer Ehre. Buchhandlung neben Buchhandlung bot Ranke und Treitschke an, die Werke Friedrichs des Großen, Bismarcks Erinnerungen, des Kaisers Memoiren, auch Felix Dahn und Gregorovius' »Wanderjahre in Italien«, selten das Wort Trakls, des Jünglings, des Dichters, des Sehers, von des Krieges Bosheit und der Menschen Blindheit zerrissen: »In der zerstörten Stadt richtet die Nacht schwarze Zelte auf ...« Vineta Berlin. Fernweh nach Rom. In der Vorstellung der meisten lebt es in einem verklärenden Licht. Es ist das Licht auf den bekannten römischen Ansichten von Canaletto und Pannini, das Licht auf den Rombildern der deutschen Romantiker, der Abend am Tiber, das Colosseum im Sonnenuntergang, das Lager in der Campagna, Mauern und Türme, die, hoheitsvollen himmlischen Heerscharen gleich, in der blauen Luft stehen oder gar in ihr zu schweben scheinen, es ist das Licht, das wie eine Zauberessenz Rom zu bloßer Romantik, zu rein spiritueller Existenz und schönem Glücklichsein läutert. Die Stadt dieses Lichts hat nichts Irdisches. »Und so haben Sonne und Mond, eben wie der Menschengeist, hier ein ganz anderes Geschäft als anderer Orten, hier, wo ihrem Blick ungeheure und doch gebildete Massen entgegenstehen.« Goethe am 2. Februar 1787.

Als Kind betrachtete ich die Kupfer des Piranesi. Ein Traum, in dem man sich verlor. Gespenster, Schatten, ein Labyrinth ohne Ausweg. Schwarz lebt ein dunkles Rom in den Veduten des Meisters. Der Himmel ist bewölkt. Kein Engel triumphiert oder hilft. Kein Licht verklärt. Klein steht der Mensch vor einer Architektur, mit der er sich umbaute. Kein Stein ist der Schwerkraft enthoben. Mühsam schichtete Menschenhand, Sklavenhand, Heroenhand ihn zur Mauer, zum Bogen, zur Kuppel. Jeder Zoll zum Himmel hoch kostete Schweiß und war Verzweiflung und Tantalos' Tat, war ein Wall gegen die feindliche Natur und die unerbittliche Zeit, und das Ende heißt immer Zerstörung, Verfall. Die mächtigen geborstenen Zeugen der Vergangenheit, gewaltige wiederauferstandene Tote, Aquädukte wie Ungeheuer, die Bäder der Cäsaren wie gigantische Schweinekoben, Säulen wie weiße Schlangen aus Verschüttung und wucherndem Unrat der Gegenwart von 1750 stehen gegenüber den glatten rationellen Fassaden der Jesuitenkirchen und schwärmen aus in die Fallgruben, Treppen, Gänge, Verliese, Käfige, Martersäle des Phantastischen Gefängnisses. Der Mensch hat sich in Rom gefangen.

Rom, das ist Gesittung, und Gesittung ist immer ein hoher Preis, ist Entwicklung und Gefährdung, ist praktischer Gemeinsinn und jedermanns Traum von Anarchie, Rom ist uralt und ohne Alter. An jedem Tag war die Stadt modern. Es ist kein Unterschied zwischen einst und jetzt. Daß Explosionen uns vorantreiben, ist belanglos, und Reisegesellschaften besuchten von jeher den capitolinischen Felsen. In allen Ecken riecht Rom nach offenbarter oder bezwungener Mordlust, nach tödlicher oder überwundener Angst, nach stetigem Untergang und Auferstehungswunder – der Vogel Phoenix hebt sich andauernd aus seiner Asche. Man errichtet das Haus der Zivilisation und überläßt es den Schafen. Matronen und Dirnen, in manchem Jahrhundert ausschweifend in Tugend und Laszivität, in anderen Tugend und Laszivität gleichermaßen eiskalt vortäuschend, gehören ranggleich zur Kulturgeschichte des Ortes, wie Familienväter und Sippenwächter von der abscheulichen Maßlosigkeit des Virginius, der seine Tochter für nichts und wieder nichts erstach, und des Ehrbarkeitstarrsinns des Vaters Montesi, der nicht gegen die Mörder, sondern für die Erklärung der körperlichen Unberührtheit seines Kindes klagt. Wie überall, so ist auch in Rom der Teufel der Nachbar des Engels und borgt sich zum Ausgang das Flügelkleid. Fromme Hirten der Christenheit, durch Berufung und Machtlust an ihr Amt geschmiedet, wurden zu gemeinsten Handlungen gezwungen oder hingerissen, wie auch zu erhabenen Beispielen der Demut und des Opfers. Der Bettler beschenkt den Reichen am Portal jeder Kirche, denn Christus, der das Wort vom Nadelöhr sprach, ist sein König, der auch in Petrus' Stadt stündlich verraten wird, und der Taschendieb aus Hermes' Geschlecht erweist dir, von fernher gekommenem Barbaren, im überfüllten Omnibus vom Postplatz San Silvestro zu den Schätzen des Vatikans oder zur Flitterpracht der Via Veneto die Ehre, dich zu bestehlen. Was sonst hat dich nach Rom geführt? Rom ist die Poesie des Urbanismus; der blendendste Triumph des Menschen über seine nackte Geburt; es ist die Erzstadt, Stadt von alters her und nichts als Stadt, und die Welt war immer nur die Peripherie dieser Stadt, in Besitz genommen durch das Siegel S.P.Q.R. Senatus Populusque Romanus, heute noch das Wappen Roms und Petschaft seiner Behörden, zu sehen auf allen obrigkeitlichen Verordnungen, Kundmachungen an den Anschlagmauern und Schreiben an den Bürger, geprägt auf die Türen des Capitols, auf die Altertumsfunde, auf alle Kloakendeckel und Pissoirwände.

Wer zu Fuß oder in der Kalesche oder gar auf einem Elefanten kam, Hannibal, Luther, Goethe, staubbedeckt, durchgerüttelt,

Gefahren entronnen, rief wohl beim Anblick der ersehnten Stätte vom nahen Hügel beeindruckt, erlöst, glücklich, dankbar, fragend, fordernd, gierig sein »Ecco Roma«. Der Reisende in der Eisenbahn sieht sich unversehens in die Stadt getragen; bei Orte, eine Stunde vorher, wechselte das Licht, im Winter hob sich der Nebel, urplötzlich war die Sonne da, auf einmal war man im Süden, und im Sommer brach das Gestirn aus Gewitterwolken hervor, entzündete den Dunst in einem Kessel, geformt aus schwarzblauem Himmel und der lilablauen Silhouette der Sabinerberge. Auch das Gras, die Pinien, die Zypressen, die Ölbäume schimmern blau, fremd und unheimlich. Dem Reisenden ist bang zumute. Dann kommen schon die Hütten der Armut, Beute der Straße aus Erde und Blech, aus dem Land hier Angespülte, Völkerwanderer in den Glanz der Kapitale, Kinderreichtum und Wohnungselend wie um jede europäische Siedlung und im Süden immer ausgebreitet, dargeboten, öffentlich, und aus den Wagenburgen, den Autofriedhöfen, den Schuttplätzen dann schon die neuen Hochhäuser, Kasematten, Vorwerke gegen die Urfeindin, die immer raubgierige Natur, gleißend weiß, die Sonnenglut abwehrend, geschaffen, die Menschenbrut unterzubringen, deren liebevoll blankgeputzte Fortbewegungsorgane, Fahrräder, Mopeds, Roller, Automobile schwungbereit vor den Türen stehen. Die Häuser sind von bemerkenswerter Modernität; ihre Balkone ähneln den Kanzeln schneller Flugzeuge. Auch Corbusier, der Rom nicht mag, der behauptete, es könne ihm nichts geben, ist durch die Stadt gegangen. Das Glücksgefühl, dort zu sein, überfällt aber einen nun erst auf dem Bahnhof. Es ist der schönste Bahnhof der Welt, aus Stahl, Beton und Glas und mattschimmerndem Aluminium, und wenn einst ein deutscher Professor, voll von Latein und Geschichtszahlen und voller Bewunderung so unmenschlicher Erscheinungen wie Mucius Scävola, des älteren Brutus, der Mutter der Gracchen, des Marcus Curtius, der sich eitel und töricht zu Pferd in den Abgrund stürzte, zum erstenmal nach Rom gekommen, in seinem schäbigen Hotelzimmer auf und ab ging und sich immer wieder staunend und stolz sagte

»ich bin in Rom, ich bin in Rom«, so darf sich der moderne Reisende in der auffallend rußfreien, so eigenartig belebenden Luft dieses wahrhaften Weltbahnhofs, auf leichtem Metallstuhl auf der Terrasse des Bahnsteig-Cafés den ersten Espresso trinkend, der, unvergleichlich jedem anderen Kaffee, für das Abenteuer Rom stärkt, staunend und stolz seines In-Rom-Seins bewußt werden.
Du bist gerettet. Kein Blitz wird dich erschlagen, kein Nebel dich ersticken, kein Sturm dich zu Boden werfen, du wirst in der Sonne Glut nicht verdursten. Rom, sein Bahnhof, die Zivilisation empfangen dich wie ihren schon verloren geglaubten Sohn. Wohl dir, wenn du nicht im Schlafwagen reistest, kein Reisebüro dich betreut, kein vorbestelltes Bett dich erwartet und dein Gepäck leicht ist. Du wirst versorgt, du wirst entschädigt werden. Mit Speisen und Trank lockt das Büfett, bauchige, mit Riedgras umflochtene Fiasci, giftgrüne, wundrote, milchsanfte Schnäpse, glühheiße Pfannkuchen mit einer Paste beschmiert, die nach Hahnenkämpfen und nach Meer riecht. Der Strega der Alkoholreklame über den Flaschen ist der Stifter eines bedeutenden italienischen Literaturpreises, des Strega-Preises. Kein Kotau wird vom Kandidaten gefordert, kein Bückling vor dem Konformismus der industriellen, der merkantilen, der politischen Gesellschaft. Cesare Pavese erhielt den Preis, ein Dichter, unabhängig, bitter, aufrührerisch und allein bis zur Stunde seines selbstgewählten Todes. Die Zeitungsstände sind ein reich beschickter bunter Markt der Gedankenfreiheit. Der Römer liebt das Geschriebene, das Gedruckte, die Texte und die Kommentare, die Pamphlete und die Persiflagen, Pasquino ist nie gestorben, d'Annunzios »Poema Paradisiaco« erschien als Leitartikel, und Moravia, Silone und Vittorini kämpfen, prophezeien, beschwören, warnen, lehren in allen Blättern, – eine selbstverständliche littérature engagée. Das Volk aber redet. Im Bahnhof spricht es mit bewegender Modulation, mit leidenschaftlicher Geste gegen die Wände der die Halle tragenden Pfeiler. An diesen Pfeilern warten, in keine Zelle gesperrt, die sie der Öffentlichkeit, dem Schauspiel des Augenblicks entrük-

ken könnte, die Telephonautomaten. Scharen von Römern hängen wie plappernde Marionetten, wie sich anklammernde zwitschernde Vögel in jeder Minute an den Schnüren, die sie mit unsichtbaren, geheimnisvollen Gesprächspartnern unterirdisch verbinden. Als ich zum erstenmal auf diesem Bahnhof weilte und in Rom keine Seele kannte, konnte ich der Versuchung, an dieser großen Kommunität der Ideen und der Gefühle teilzunehmen, nicht widerstehen und rief irgendeine Nummer an, um ihr törichte Sätze aus dem kleinen Reisesprachführer zuzurufen: »Mi permetta di farle i miei sincere auguri, le mie vive condoglianze. Dammi le mie calze e i legáccioli, le mie pantófole, la mia gonnella ricamata e la mia veste!« In ihren Rokoko-Uniformen – Dreispitz, Degen, Schärpe, eine elegante und grausame Tracht – patrouillieren zwei Carabinieri durch das zwanzigste Jahrhundert. In der Ewigen Stadt sind alle Geschichtsepochen und auch ihre Kostüme ewig und gegenwärtig.
Ist dies das geschäftige, quirlende Rom des Lichts, das durch die breiten Glastüren vom ausgebreiteten Bahnhofsplatz, weiter her vom Capitol, in den Raum flutet, so gibt es auch in Stazione Termini das dunkle Rom, die Unterwelt, unheimlich und behaglich im grünlichen Neonschein, das Albergo diurno. In Rom ist das Tages-, das Erfrischungshotel ein Ort von erhabenster Tradition. Du gehst vom Bahnsteig die Stufen wie in einen Keller hinunter und stößt auf eine Mauer, die zu den Thermen des Diokletian gehört. Der Bahnhof ist auf dem Gelände der kaiserlichen Bäder errichtet; der Spaten der Bauarbeiter grub in die Hinterlassenschaft der Cäsaren. Freundliche Mädchen, orkushaft bleich und schön im unterirdischen Leuchten, bereiten nun dir das Bad, und während du, an Petronius Lebenskunst, doch nicht an sein Ende denkend, im lauen Wasser der Wanne liegst, wird dein Anzug gedämpft und gebügelt, wird deinen Schuhen, die du nicht besonders achtetest, ein ungeahnter Glanz verliehen. Die Götter sind dir freundlich gesinnt; du fühlst dich neugeboren. Ein römischer Friseur bemächtigt sich deiner mit Haut und Haaren, massiert dich, schlägt dich, erhitzt

und kühlt dich mit Kompressen; wahrlich, er salbt und weiht dich für Rom. Tief zurückgelehnt in den gepolsterten Operationsstühlen der Kosmetiker ruhen Römer um dich herum. Ihre Gesichter sind würdig und ernst, sind hingegeben dem hier immer männlichen Beruf, schön zu sein. Das Fleisch der Wangen ist schwach, es wird gestrafft, das Haar wird gelockt, und die bleichen schönen Mädchen knien zu deiner Seite und polieren die Nägel deiner Hand in der wohlduftenden Luft des Hades.

Es ist der Augenblick, in das Thermenmuseum hinüberzugehen, nicht weil es ein Museum ist, sondern um den alten Göttern, die dort ihr Altersheim haben, die Referenz zu erweisen. Verweile nicht vor den Gipsköpfen, vor all den Cäsaren, Konsulen, Feldherren, Statthaltern, Landpflegern, Advokaten, Grammatikern. Du wirst sie überall in Rom wiederfinden, irgendwo im Hofe eines Mietshauses, bei einem Wasserleitungsbrunnen, neben einer Zimmerlinde, dort sind sie zu Laren, zu Hausgöttern verwandelt, der strenge Cato selbst blickt dich freundlich an, du kannst Cäsar streicheln und darfst mit Seneca und der grauen Katze, die neben ihm sitzt, von alten Zeiten und der gegenwärtigen Teuerung sprechen. Im Museum aber sind die Herrschaften streng und hochmütig und unnütz und albern wie im Geschichtsbuch eines Sextaners. Erschrick auch nicht vor den Sarkophagen, vor der Fülle der in Stein gehauenen Greuel. Gefesselte Germanen, geschlagene Parther, besiegte Gallier, im Triumphzug durch Rom geführt, gebeugt unter das Joch, gedemütigt durch die Peitschen der Sieger und getreten von den Hufen ihrer Pferde. Es lohnte sich nicht! Es lohnte sich nie. Auch heute nicht. Geh zu den Göttern, geh zu den Silenen, geh zu den Nymphen, betrachte das Haupt der Meduse, den Kopf der schlafenden Eumenide, freu dich am glatten Rücken des Hermaphroditen, freu dich der grandiosen Schamlosigkeit des praxiteleischen Faunes, du wirst ihn in der Gestalt der Hirten wiedersehen, die an Wintertagen in die Stadt kommen und auf ihrem Dudelsack wehmutsvolle Weisen spielen, als klagten sie in den Straßen prachtvoller Geschäfte verlorenen Paradiesen nach, bewundere den vollkommenen, den makellosen Leib der Venus von Cyrene, erkenne die magische Schönheit der Aphrodite ohne Haupt und finde sie in einem Filmstar wieder, dessen Gesicht gleichgültig läßt, doch all dies ist nicht ursprünglich römisch, es kam übers Meer, kam von Griechenland, siedelte hier, war fremd und wurde heimisch, verlor seine Seele und bekam eine neue, römische, aus dem Körper geborene, dem Mythos entfremdete, vernünftige, wache, irdische, großstädtische, ja eine journalistische Seele. Urrömisch und ganz ohne Seele ist das Mosaikbildnis eines Athleten, engstirnig, stiernackig, man begegnete ihm später im schwarzen Hemd unter dem faschistischen Banner, Lächerlichkeit tötet, aber auch in Rom tötet sie langsam, dagegen bewahrte sich durch die Jahrhunderte in der reichen römischen Gesellschaft jene dekadente Art, die es liebte, sich mit künstlichen Horizonten zu umgeben wie jene Livia, die sich mit den Wandmalereien, die ihr Zimmer schmückten, in einen Traum aus Märchenhainen, olympischen Vögeln und Asphodeloswiesen versetzte, den wir bewundern, wenn wir ihn hier in der Manier des Picasso im Salon einer neuen Livia sehen.

Der Platz Esedra ist ein nicht geschlossener Kreis, an dessen einer graden Seite die Thermenmauer in ruhiger Herausforderung gegenüber dem Rundbau stolzer Häuser aus der letzten Jahrhundertwende steht. In der Nähe schlägt Moses Wasser aus der Felsenkulisse eines Brunnens, und in der Großmutterpracht des Grand Hotels, in dem regierende Kaiser und Könige wohnten, die mächtig waren, bis sie einander die Gruben ihres Unterganges schaufelten, führt Otto von Habsburg einer zweiten Reportergarnitur das Traumspiel einer Neuordnung seiner verlorenen Reiche vor. Unter den Arkaden des Platzes sind die Kontore der großen Reisebüros. Fluggesellschaften verkünden die frohe Botschaft der Ferne. »Die Erde – ein Ball in deiner Hand.« Erleuchtete Aeroplane kreisen um einen illuminierten Globus. In vierundzwanzig Stunden erreichen wir Indien; aber wird unsere Seele mitgekommen sein, wenn sie nicht schon immer in Indien war? Stadtbesichtigungsautobusse bieten ihre Dienste an. Rom in drei Stunden, Rom in sechs Stunden, Rom

bei Nacht einschließlich eines spitzen Kelches Asti spumante, eines Schaumgummibusens aus Cine Città, dem römischen Hollywood an der alten Straße Tiburtina, und den exakten Beinschwüngen einer Girltruppe aus Augsburg, für erhöhten Preis die Ruhestätten der frühen Christen in den Katakomben, das wohlbegrabene römische Weltreich in der Villa Hadrian und die Totenstadt von Ostia antica. In vier oder fünf Sprachen werden die Jahrtausende angeboten und von Lautsprechern erklärt. Die üppigen Najaden des Brunnens in der Mitte der Piazza lächeln. Die schwarzen Geldwechsler umschwärmen den Fremden, der für reich und betrügenswert gilt, weil er eine so weite Reise unternommen hat, um sich hier zu zeigen.
Zu beiden Seiten des Bahnhofs, zu beiden Seiten des Schienenstranges liegt das Viertel der billigen Pensionen, der Vertragshotels der Massentouristik mit den traurigen kranken Palmen der Halle in altersschwachen Kübeln, deren Erde ausgedrückte Zigaretten düngen. Das alte Gewerbe der Bauernfängerei lebt hier in Erwartung des Mannes vom Lande und des Pilgers aus Köln oder Wisconsin. Selbst zur Sommerzeit merkwürdig kalte, klebrig-kalte, klebrig-schmutzige Eßlokale im Parterre und im Keller hoher Häuser bereiten zur Mittag- und Abendstunde die Abfütterungen vor; doch gemütlich und warm sind die kleinen Espressos der Taschendiebe und Koffertäuscher, die Weinschenken der Eisenbahnarbeiter und die Garküchen der Gepäckträger. Über offenem Feuer – vom Harz des Holzes beizt die Augen der Rauch – braten Lämmerleiber, Kälberrücken, aufgespießte Herzen und schlanke Fische. Ihre vom Rumpf getrennten Häupter stellt der Wirt im Fenster zur Schau. Die gebrochenen Augen der Kreatur blicken den Menschen an. Soldaten stehen herum. Hier sind die Kasernen. Hier waren sie immer. Ein niedriger, düsterer, stallartiger Gebäudekomplex, die Castra Prätoria, das befestigte Lager der kaiserlichen Leibgarde hinter der alten Stadtbegrenzung, der Servianischen Mauer, umschließt, Schildwachen vor den Toren, die Eingezogenen Italiens. Die Steine riechen nach Schweiß, nach versikkertem Urin geschundener Generationen, nach Unfreiheit,

nach Angst und Überheblichkeit, wozu sich ein Hauch von Desinfektion gesellt, ein Dunst von Leid und Sterben, die Ausstrahlungen der nahen Poliklinik. Jenseits der Schienen des Bahnhofs aber erhebt sich prächtig Santa Maria Maggiore, die größte aller Marienkirchen, nach der Legende auf Schnee gebaut, der sich im August hier fand, und in ihrer mächtigen, schön geschmückten, lichterfunkelnden Höhle sitzen auf zierlichen Strohflechtstühlen die Schutzflehenden, nicht in Reihen geordnet, doch wie zu munterer Konversation in kleine Zirkel geteilt, die Sicherheit der Glaubensburg, im Sommer vielleicht den Schatten, die Kühle genießend, das Schneewunder, auf dem fest die Mauern ruhen, und die Stille vor dem Lärm des Marktes draußen im volkreichen Park Vittorio Emanuele, den kaum ein Fremder kennt, mit dem Spielplatz armer Kinder, mit den Sonnenbänken armer Alter, den Fleisch-, Obst-, Gemüse- und Fischständen des armen Lebens und mit dem Freistaat der herrenlosen, stolzen Katzen, die hier unverletzlich sind wie die heiligen Kühe am Ufer des Ganges und mit bunten Fischen aus der Tyrrhenischen See gespeist werden, immer gedeckte Tische, denen die Katzen sich träge und mit einer betonten Überlegenheit über die Menschen nähern. Doch ist dies nicht die einzige freie Katzengemeinde in Rom. Auf dem verkehrsreichen Platz Argentina wohnen andere bei den Ausgrabungen unter einem riesigen Göttergesicht mit faszinierenden leeren Augen, wie sie sich überhaupt gern dem Alten gesellen, dem Urrömischen, auf dem Forum heimisch sind, am Theater des Marcellus, am Pantheon, wo Raffael begraben liegt, und sie in den freigelegten Gängen der Thermen des Agrippa hausen. Man trifft sie überall, die Katzen, oft in geehrten Stellungen; sie sind Roms älteste Bewohner, adlig und geheimnisvoll, und die gehsteiglosen, steingepflasterten Straßen der alten Quartiere gehören ihnen allein und den Fußgängern, während die Motorfahrzeuge sich hier gedrosselt wie in überfüllten Ballsälen bewegen, denn diese Gassen sind ein immerwährendes römisches Fest, und die Wohnungen und Läden sind allenfalls Logen des großen, allgemeinen Theaters, und für eine Weile mag man sich wohl, um wieder zu Atem zu kommen, dorthin zurückziehen. Der Menschenstrom in diesen Straßen, in allen Straßen, auch im Corso, den breiteren Avenuen und über den Plätzen gleicht dem Wasser der vielen Brunnen Roms, ist in unaufhörlicher Bewegung, glitzernd im Licht, wach in der Nacht, im ewigen Lauf von den reinen Quellen, von den Höhen der Aquädukte in den Schmutzgrund der großen Kloake.

Das Capitol ist für Schauspiele gebaut, dramaturgische Treppen wie auf der Jessner-Bühne, die Dioskuren agieren am Abend im Scheinwerferlicht, und immer ist es nur ein Schritt zum Abgrund, zu einem Tyrannensturz nach dem Herzen Schillers. Die Kulisse ist von Michelangelo. Vor dem edlen Prospekt des Senatorenpalastes reitet Marc Aurel auf seinem wakkeren Roß, dessen Stirnlocke nach der Sage ein Lied singen wird, wenn die Welt untergeht. Marc Aurel und sein Pferd sind das Vorbild unzähliger Reiterdenkmäler. Der Kaiser segnet die Stadt, ganz ein Vaterkönig, ein Schreckbild Kafkas. Im Hof des Konservatorenpalastes liegen die Gliedmaßen zerstückelter Riesen. Eine Schwurhand reckt sich aus der Erde, ein mächtiges Haupt erhebt sich, ein gewaltiger Fuß stampft auf. Wie des Platzes verwiesen flieht Cola di Rienzi, der Tribunus Augustus, größter Staatsmann, größter Feldherr, größter Ritter aller Zeiten, wie schon er sich nannte, ins Gelände, ein Bronzemann in mittelalterlicher Tracht, außerordentlich schäbig, hysterischen Gesichtes, geifernden Mundes, – über diese Stufen hier rollte sein zerrissener Leichnam. Photographen heben ihre Kameras, Blitzlichter flammen, goldene Stühle werden in das Haus des Magistrats getragen, – Rom empfängt täglich eine Berühmtheit. Ein aus den Illustrierten bekanntes Gesicht verzerrt sich zu einem Lächeln. Die Carabinieri salutieren. Wie oft schlug der Blitz in diese Mauern? Das Capitol zieht das Feuer des Himmels an. Ableiter, geflochten wie Faradaysche Käfige, umziehen nun ängstlich die historischen Steine. Vor der Pfarrei von Santa Maria in Aracoeli, der Kirche mit dem wundertätigen Bambino und den einstudierten altklugen Kinderpredigten des Advent, hat sich eine Vagabundin eingerichtet. Sie wohnt im

Portikus des Hauses. Pappschachteln, vollgestopft mit den Erinnerungsstücken ihres wohl siebzigjährigen Lebens, sind ihr letzter Besitz. Weißhaarig ruht sie in nicht anmutloser altjüngferlicher Würde auf alten Zeitungen wie auf einer Chaiselongue in dem Boudoir einer galanteren Vergangenheit. Wer ist sie? Vielleicht die letzte der Vestalinnen. Geld weist sie zurück und beschämt den, der es ihr geben wollte. Er verläßt sie, nachdem er sich tief vor ihr verbeugt, und ein geldgieriger Geschäftsmann spricht ihn auf deutsch, französisch und englisch an, um ihm das wundermilde Jesuskind zu Saisonpreisen zu verkaufen. Vom Felsen blickt man auf das Forum wie in den Grund eines Sees. Man schaut zweitausend Jahre weit oder zurück. Hier liegt nun das alte Rom, es liegt zu deinen Füßen, es ist kein Hirngespinst der Forschung. Das Forum bietet sich freundlich an, ein lieblicher Garten der Geschichte. Die Ruinen rühren. Genügend alte Ruinen rühren immer. Um die Säulenstümpfe baut sich die Phantasie ihre Paläste. Die Schüler des Germanischen Collegiums gleichen in ihren roten Gewändern vor dem Tempel des Saturn Priestern dieses heidnischen Heiligtums. Die Szene ist zeitlos und ewig. Über den gewaltigen Wohnungen der Kaiser wachsen Palmen, Stechpflanzen, Efeu. Wäre der Mensch nicht, die Natur hätte alle Erinnerungen an die Cäsaren verschlungen. Ihre Heime sind wie aufgedeckte Gräber. Der Park über ihnen riecht wie ein deutscher Friedhof im Hochsommer. Hinter Büschen verborgen rauscht ein Brunnen. Die Brunnenfigur ist eine nackte Dame mit einem Gesicht wie von Renoir gemalt, die überaus anmutig auf einem zierlichen Marmorstuhl sitzt. Eine rote Katze ruht zu ihren Füßen und spiegelt sich träge im Brunnenwasser. Eine mächtige Mauer vom Haus des Tiberius bricht hier jäh in einen Abgrund. Die Via sacra, die heilige Straße der Prozessionen, ist bis auf das Pflaster ausgegraben. Über diese Steine schritt der Triumph des Titus. Die gefangenen Juden trugen den Tisch mit den Schaubroten und den siebenarmigen Leuchter. Weit war der Weg nach Treblinka; weiter noch der Weg nach Israel; für immer verschüttet ist der Weg zurück zu dem Tempel des Alten Bundes. Die Tou-

risten eilen in den Fußstapfen der Legionen den Sternen ihrer Reiseführer nach. Die Gattin läßt sich vor dem Altar der Venus auf einem Filmband der Nachwelt bewahren.
Das Colosseum leidet unter seinem Ruhm. Es wurde zu oft gemalt, zu viel photographiert, um noch Erwartungen zu wecken. Vielleicht ist es auch zu unwirklich, um ganz begriffen zu werden. Alte Maler, die holländischen Primitiven, spürten noch das Unheimliche, das hier vermauert wurde, und nahmen den Bau voll frommer Scheu als Modell für ihre Darstellung des Turms zu Babel. Heute verrichtet fast jedermann seine Notdurft an diesem Ort. Ein Priester erläutert einer geistlichen Reisegesellschaft die Leiden der Märtyrer. Japaner knipsen das Kreuz in der Arena. Deutsche, amerikanische, skandinavische, englische, holländische, französische Reisegruppen mit ihren durch Megaphone schreienden Sehenswürdigkeitserklärern, die russischen und chinesischen Gäste des kommunistischen Parteitages, schwarze Soldaten vom Mississippi aus ihrer Münchener Garnison gekommen, – ein Babel, ein Babel nach dem Einsturz des Turmes der Hoffnungen. Goethe berichtete von einem Eremiten, der hier wohnte. In Mondnächten erheben sich jetzt die Stimmen kleiner Radioapparate in den Gewölben, und manchmal tanzt ein Paar und freut sich seines überlebensgroßen Schattens. Doch lohnt es sich am Tag, die alten Ziegelstufen hinaufzuklettern, bis man ganz oben auf der obersten Mauer steht. Hier wird man Ehrfurcht vor dem Architekten empfinden, der diese Bühne in die Mitte der Welt legte, in die Mitte Roms, und noch heute sieht man von hier aus die Stadt in allen Richtungen nah und mächtig wie einen prächtigen geschlossenen Theaterhorizont, während unten in der Arena die Stimme eines Sängers, der sich in diesem Augenblick in Amerika mißmutig vom Schlaf erhebt, ein Cowboy-Lied singt.
Am Ende der verdorrten Grasnarbe der öden Bahn des Circus Maximus steht ein Gebäude, an dem sich das fröhliche Rotgelb der alten römischen Häuser in eine Schwefelfarbe höllischen Anstrichs gewandelt hat. Das Gebäude ist alt, aber es ist nicht sehr alt. Es riecht nach Akten, nach Verwaltung und nach ge-

waltsamem Tod. Es ist das Amt, das zum Soldatendienst einberuft. Vor der Tür stehen Männer, die peinliche Vorladung in der Hand, dem militärischen Prozeß des Wartens ausgeliefert. Schon frißt die Daseinsleere ihre Gesichter an. Eine Frau ist unter ihnen, eine Schwangere; sie deutet auf ihren Leib, als könne sie mit dem Hinweis auf ein neues Leben der Behörde ein Opfer abhandeln. In einem bis auf den Schanktisch völlig kahlen Raum, der wie eine zweckentfremdete Garage aussieht, wird Kaffee und Limonade verkauft, – eine Schenke ohne Wein und ohne Freude. Zigarettenstummel und die Schalen gerösteter Erdnüsse bedecken den zementenen Boden. Die Straße hinüber im kleinen Tempel der Vesta hat ein alter Mann ein Holzfeuer angefacht. Er ist dem Amt entkommen; er hat zwei große Kriege überstanden und die nutzlosen Feldzüge der kolonialen Eroberungen. Er hält seine Hände über die Flamme, ein Römer, die Göttin wärmt ihn. Hinter dem Tempel der Vesta entleert sich die Cloaca Maxima schwarzgrau in den Tiber. Die Tiberinsel ist in Bootsform ummauert, und wie ein in Schlamm gesunkenes Schiff liegt sie im Strom. Hier war ein Heiligtum des Äskulap, und noch heute versucht an selber Stätte ein Krankenhaus mit Röntgenstrahlen und Penicillin zu heilen. Die Insel zieht auch die Lebensmüden an, für deren Schmerz es keine Heilung gab, die ins Wasser gingen; die meisten sind junge Frauen, und am Morgen hängen sie hier im Wehr unter der Brücke. Ein melancholischer Ort. Aber am Tag hebt die Sonne, nachts der römische Mond, das Inselschiff aus dem Schlamm, und es ist ein romantischer und schöner Anblick für den Fremden.

Im alten jüdischen Viertel erinnern Straßen und Plätze an einen berühmten Mord und eine junge Hingerichtete: Via Beatrice Cenci, Piazza Cenci, Via del Arco dei Cenci, Vicolo dei Cenci. Die Piazza Cenci ist die Endhaltestelle einer Autobuslinie, die den Namen Cenci durch Rom trägt. Das Geschlecht wäre vergessen: allein das geflossene Blut hält es wie ein großes Verdienst im Gedächtnis. Es ist eine düstere Gegend, eng, winklig, übervölkert. Unter dem Cencibogen hausen ein Händler mit

Katzenfellen und ein knurrender Hund. Gestank von den Fellen und Gestank eines offenen Pissoirs. Ein spielendes kleines Mädchen hüpft aus dem Kreis des Himmels in den Kreis der Hölle. Im Palast wohnen Mietsparteien. Die Treppe ist schäbig, schmal, hinterhältig. In den Türen sind Risse; längst hat das Holz jede Farbe verloren. Es riecht nach Mord, wenn auch der Mord nicht hier geschehen ist. Der Mord wuchs in diesem Haus wie ein Baum auf gut gedüngtem Boden. Aus den Fenstern, die wie Gefängnisluken sind, blickt man in dunkle Höfe. Shelleys geschändete und verurteilte Beatrice sinnt: wenn kein Gott, kein Himmel, keine Erde nun wär in dieser weiten, öden, der sternenlosen, unbewohnten Welt! Guido Reni malte die Sechzehnjährige vor ihrer Hinrichtung sanft und schön und mit goldenen Locken. Heute würde man ihre Geschichte im Kino zeigen. Stendhal sah sie historisch und existentiell: er sah Geld- und Machtverhältnisse, er sah Kardinäle und sah den Papst, der ein Amt in der Welt hatte, die Familie und den erhaltenden Schein zu verteidigen, und keiner war ein Schurke. Auch der ermordete und beschuldigte Vater war wahrscheinlich kein Schurke. Aber für Beatrice gab es keinen Ausweg aus diesem Palast, sie war umstellt, das Leben hatte sie umstellt, und diese Treppe führte nur auf das Schafott. Dem Cenci-Haus gegenüber kann man Artischocken nach jüdischer Zubereitung essen. Sie sind in Fett gebacken, öltriefend, die Blätter brechen wie dürres Laub strohfad auf der Zunge, doch der weiche säuerliche Geschmack des Bodens überrascht dann den Gaumen. Zwölf Tische sind hier gedeckt, aber ich bin zu dieser Stunde der einzige Gast des Lokals. Ein Kellner legt Holz in den alten Kachelofen und blickt mich an, als heize er allein für mich. Der Ofen wird den Kellner wärmen, wenn ich gegangen bin. An den Wänden hängen die Photographien von Leuten, die hier vor mir Carciofi alla Giudea gegessen haben. Merkwürdigerweise sehen alle diese Feinschmecker wie Mitglieder einer reisenden Operettengesellschaft aus, und ich habe das Gefühl, daß sie lange schon verstorben sind. Der Wein, den mir der Kellner empfohlen hatte, ist zu kalt. Aber er funkelt rot im Schein des

Ofenfeuers. Beatrice Cenci freuten nicht Speisen noch Wein. Der Mordgedanke faszinierte sie. Der Vatermord hatte sich in ihr festgesetzt wie eine tödliche Krankheit. In der schmalen Straße zum Campo dei Fiori wird man von Läden bedrängt. Der Mensch ist nackt, und er ist hungrig. Was ihm angeboten wird, ist Ware. Er soll Geld hergeben: jetzt, hier, in diesem Geschäft. Der Ladenbesitzer läuft vor die Tür. Er versucht, den Vorübergehenden zu überreden. Die Konkurrenz ist groß, aber die Preise sind hoch. Ein alter Mann ruft die Schlagzeilen der »Unità« aus, der kommunistischen Zeitung; eine neue Eschatologie in einer Stadt, die so oft schon den Menschen die Erde und den Himmel versprach. Der Blumenmarkt entzückt Maler und Poeten. Der Platz ist städtisch, mittelalterlich, potenziert städtisch, baumlos, grünlos, von hohen Häusern umzogen. Das gibt den Blumen den Auftritt, hebt sie hervor, verfremdet sie, wie die *eine* Blume verfremdet ist, die der Japaner in sein Haus nimmt. Hier stehen sie in Wassereimern für den Traum von der Schönheit der Natur. Auch die Fische sind seltsam. Ihrem Element entzogen, vor aller Augen auf den Tischen der Händler liegend, sind sie doch wie etwas, das der Mensch nicht sehen sollte. Frauen empfinden das, besonders beim Anblick der sich windenden Saugnäpfe der Tintenfische, bei allem Gallertartigen, selbst bei den Schalentieren. Es ist ein Schauen in die See, in die Tiefe, in das Verborgene, vielleicht ein Blick in uns. Gegen Mittag wird der Markt geschlossen. Abfall und Unrat werden zusammengekehrt. Ein Komposthaufen liegt vor dem Denkmal des Giordano Bruno, dort, wo sein Scheiterhaufen brannte. Als Standbild sieht der Philosoph, eine Art Sartre seiner Zeit, schüchtern aus. Die Kurie empfand die Errichtung seines Monumentes als eine Schmach. Die Feuer der Inquisition, die nicht nur für Bruno hier brannten, wurden als weniger schmachvoll empfunden. Das mittelalterliche Rom ist düster. Die Cäsaren mordeten im Licht, Päpste und Prinzen bei Nacht oder im Schatten hoher Mauern. Nun wohnt armes Volk in der Gegend, aber die Paläste sind noch geblieben, das Haus der Farnese und andere Burgen, die meisten sind Ämtern überlassen, aber einige werden noch bewohnt, und manchmal zeigt sich hinter vergittertem Fenster mit hochgebundener Pferdeschwanzfrisur das junge verbitterte Gesicht einer neuen Beatrice.

Ich liebe den Corso, die lange enge Straße, die vom weißen Zuckerbäckerfelsen des Nationaldenkmals am Venezianischen Platz zur schönen Piazza del Popolo, zur alten Porta Flaminia führt. Bei den historischen Römern hieß sie die Via Lata. Man konnte sie in einer Sänfte durchmessen; manchmal endete der Weg in einer Schlacht, und noch in unserem Jahrhundert brachte die Straße fremde Truppen in die Stadt. Der Corso ist Goethes Rom und ist Stendhals Rom, wenn auch Equipagen ihn nicht mehr befahren und Liebe und Leidenschaft in andere Quartiere gezogen sind. Ich liebe die aufgeputzten Läden, die festungsgleichen Banken, die glitzernden Espressos des Corso, ich liebe seine Bettelväter und Bettelkinder, seine Ausrufer, seine Schwindler und seine Polizisten, ich liebe die Menschenflut, die sich von den schmalen Gehsteigen in die Fahrbahn stürzt, den schweren Autobussen mutig entgegen. Einmal weitet sich die Straße zu einem Platz, zur selbstherrlichen Piazza Colonna. Automobile aus aller Welt parken unter der Säule, auf der Marc Aurel alle Welt besiegt. Der Apostel Paulus, den Sixtus v. hoch auf den Stamm setzte, um ihn nun die Welt beherrschen zu lassen, kämpft mit freundlichem Funkeln gegen das Neonlicht der Reklamen. Ionische Säulen aus Veja bilden den Portikus eines Restaurants für Millionäre und Hochstapler. Gleich daneben wird eine Zeitung für den Boulevard gedruckt. Es riecht nach den Pressen, nach Rotation und aufregenden Nachrichten. Kursstürze und Kriegsgerüchte werden noch warm zur Languste serviert. Am prächtigsten aber ist die häßliche Galleria, die überlebende Schwester der Friedrichstraßenpassage, dieses Großstadt- und Großvätermärchenwaldes mit seinem Zauberkönigladen, den entblößten Busen der Wiener Damenkapelle, den preußischen Pubertätsträumen des Hofmalers Fischer, dem Weltpanorama, das mittels geographischer Stereoskope die gelbe Gefahr, den Sieg über die Hereros und

immer »The Germans to the front« zeigte und dazu das Wachsfigurenkabinett mit dem Schuster Voigt. Versunken ist die Zeit, versunken diese Welt, die Passage in Berlin liegt in Trümmern, eine Ruine, zu jung, um ein Stern im Baedeker zu sein, und von allen Fronten blieb unter den Linden nur die Russische Botschaft stehen, kein Sujet für den Hofmaler, kein vaterländisches Panorama, und ein Volkspolizist kontrolliert gelangweilt eine Geisterstraße ohne Menschen und ohne Verkehr. Rom aber bewahrte auch diese Epoche. Im Café rechts geigt man die »Donauwellen«, im Café links wird die »Czardasfürstin« gezupft, während vom Bildschirm des öffentliches Fernsehstandes der »Rock and Roll« sich dem dröhnenden Echo der Galleria vermischt und zusammen mit den Lautsprechern des Wettbüros, den Volksekstasen vor den Annahmestellen des Fußballtotos und des Lottos, den Stimmen der Zeitungsausrufer, den politischen Diskussionen, die hier immer zur Commedia dell'arte werden und ihr Publikum entzücken, und dem festen Tritt der Carabinieri, die in der Passage gern mit Sporen, in hohen Reitstiefeln und mit schwerem Schleppsäbel erscheinen, und Säbel und Sporen und feste Tritte klingen so schön auf dem Marmor des Bodens, der in der Nacht mit Sägemehl bestreut und mittels großer Schleifmaschinen gebohnert wird, so daß er am Tag wie ein Spiegel glänzt, ein Spiegel, der das gedrängte Leben in der Galleria mit den Augen eines Frosches sieht und es nicht unlüstern bestätigt.
Ein paar Schritte hinter der Passage, inmitten kleinster und engster Gassen plätschert das Wasser des Trevibrunnens. Für viele ist er die größte Sehenswürdigkeit Roms und das Glanzstück ihrer Erinnerungen an Italien. Keine Reisegesellschaft, die ihn nicht besichtigt, keine Stadtrundfahrt, die nicht vor seinem Becken hält. Der Brunnen ist alt. Einst wurde sein reines Wasser Aqua Virgine genannt nach einer Jungfrau, die mit diesem Trunk erschöpfte Soldaten gelabt hatte. Seine jetzige Gestalt einer barocken Oper, einer Säulen- und Triumphbogenkulisse, vor der ein enormes Ballett von Meergöttern und Seeungeheuern agiert, gab ihm erst Bernini im 18. Jahrhundert.

Nachts wird die Szene angestrahlt, und wenn sich in das grünliche Licht der Scheinwerfer die aufflammenden Blitze unzähliger Photographierbesessener mischen, ist es ein herrliches Spektakel, das sich kein Rom-Film entgehen läßt, und gern wirft man die drei vorgeschriebenen Münzen in den Brunnen, im unbewältigten Augenblick schon von zukünftiger Wiederkehr träumend, denn hier mit dem rissedurchzogenen Becken aus Basalt, dem fließenden, feuchten, sagenverbundenen Element, den großgliedrigen, heidnischen Göttern, dem christlichen Kreuz in der segnenden Hand wehend gewandeter Engel in der Höhe, dem von Häusern und Gassen umschlossenen römischen Platz, der das Leben zusammendrängt und entfacht wie ein Ofen die Flamme, den Gotteshäusern am Rande mit Priesterscharen und von Gott Glück erbittenden Frommen gleich steigenden und sinkenden Wellen auf den Stufen und all der Kinder nackte Schenkel und braune Haut und Rabenhaar und dem Malerischen, das Polizisten und Bettlern eigen, die über Marmor schreiten, auf Marmorbänken ruhen, in all dem offenbart sich Italien, das liebenswerte Volk, der Süden, das Land der Sehnsucht, wie es die Fremdenwerbung versprach. Aber gern gedenkt man in so emotionaler Stunde auch der Heimat. Deutsche Reisevereine singen nun »Am Brunnen vor dem Tore«, und Amerikaner stimmen die Hymne ihres Colleges an oder das Lied vom wilden Mustang in der blauen Weite der Prärie. Allein die Gotteshäuser bieten hinter mit roten Wolldecken verhangenen Eingängen in wohlig-dunkelen Räumen mit verschwiegenen Beichtstühlen ein wenig Schutz vor all dem Lärm, den echten und falschen Gefühlen, dem natürlichen und künstlichen Licht. Die Trattorien gewähren keinen Schutz; sie sind Dekorationen für Filmaufnahmen, zur Straße hin geöffnet, und den Fremden lassen sie für teures Geld den Komparsen in einer Monsterinszenierung römischer Folklore spielen. Das wirkliche Volksleben ist gar nicht weit. Man findet es in der nüchternen Via del Lavatore mit ihren kleinen Läden, ihren Handwerkern, ihrem kleinen Markt, mit ihren Alten, die am Abend vor der Haustür sitzen, und in den Kneipen der abzweigenden Sackgassen. Es ist ein einfaches Leben, bei den Alten ein Gespräch zur Nacht, bei den Jüngeren ein geselliges Über-das-Pflaster-Brausen in der Gassen Tiefe und Kurven im Sattel kleiner heißgeliebter Motorfahrzeuge. In den Schenken gibt es billigen Wein für jeden. Das zu Hause bereitete Essen bringt man sich mit und verzehrt es gleich aus dem Kochtopf. Aus einer Zwiebel, Zitrone und Öl wird schnell ein Salat bereitet. Und aus dem Lautsprecher schmettert der beliebte Tenor seine hochbezahlten hohen Töne. Der Corso führt weiter zur Via Frattina, der Straße der Juweliere und der Spitzenhändler, zur Via Condotti, der Straße der Mode für die schönen Damen und Herren des Spanischen Platzes, gegenüber aber zu neuen Ausgrabungen, zu dem erstaunlichen Ort, an dem es Mussolini gelungen ist, mit unendlich vielen Mühen, Kosten und Zerstörungen um den mit krankem Grün bewachsenen Stumpf des Mausoleums des Augustus, der wie ein Kastrationssymbol Freudscher Träume wirkt, in Rom einen Platz zu schaffen, der häßlich ist. An hohen Häusern im Baustil des Nationalsozialismus und der Stalinallee preisen Tafeln in hysterisch überzogener Schrift eines verwunderlichen und doch wirklich unangebrachten Minderwertigkeitskomplexes die Größe und die Unsterblichkeit Roms und Italiens. Ein gewisser Alfredo paßt sich dem an. In einem der Häuser unterhält er ein Restaurant und nennt sich mit Leuchtschrift und goldbetreßtem Portier den König der Fettucini, den König der breiten Nudeln. Ich glaube ihm seine Majestät nicht. Hinter dem Colosseum weiß ich in einer Nebenstraße ein unansehnliches Kellerlokal, zu dem ein paar schmutzige Stufen hinunterführen; Dampf füllt das Gewölbe, schwebt über seinen rohgezimmerten Tischen; dort kocht man, ohne Leuchtschrift und Aufsehen, köstliche Nudeln. Und ein rechter Koch, von Berufs wegen ein Mann von Geschmack, hätte sich nie an diesem verstimmenden Platz des mißhandelten Mausoleums niedergelassen, hätte sich nie großbürgerlich eingerichtet und noch dazu – man bedenke: für Leute, die friedlich breite Nudeln essen wollen – einen goldbetreßten Portier vor seine Tür gestellt. Alfredo mag der Duce der

Fettucini sein, ihr König ist er nicht. Augustus aber – sollte er wirklich unter dem merkwürdigen Stumpf begraben liegen – wird um Mitternacht Alfredo und dem Architekten dieser Anlage als beleidigter Römer und Fettucini-Esser in schweren Alpträumen erscheinen.

Das alte Café Greco, äußerlich unscheinbar in der leuchtenden Schaufensterfront der Via Condotti, einmal der Treffpunkt der Deutschen, der romverfallenen Maler und Dichter, noch immer so eingerichtet, wie Goethe und all die Romantiker und Klassizisten, die nach ihm kamen, es sahen, ein langer Schlauch mit Lederbänken und mit hohen Wänden, bilderbedeckt, Arbeiten der Gäste, Mementos ihrer meist traurigen Lebensläufe, die oft auf dem deutschen Friedhof hinter der Porta San Paolo endeten, das Café Greco ist jetzt am Nachmittag ein Lokal verschüchterter alter Damen, traurigen Dauergästen der kleinen Pensionen um den Spanischen Platz, am Mittag aber der Rendezvous-Ort einer Gesellschaft, die aus den Romanen Marcel Prousts stammen könnte, wenn auch ein wenig kühn getragener Stendhal dabei ist und d'Annunzio und Oscar Wilde, in Rom hält sich eben alles, und natürlich haben auch Ezra Pound und Hemingway den Damen und Herren Farbe gegeben, doch ist aus der internationalen Literaturpalette, aus der Mischung der nachempfundenen Gefühle und Haltungen, der die deutschen und russischen Töne im Augenblick gänzlich fehlen, ein unverkennbar römisches Bild entstanden: diese Gesellschaft könnte nicht an der Seine wohnen. Keine Midinetten und keine Girls; hier zeigt man sich als Dame, und selbst die jungen Mädchen sitzen wie künstliche Blumen, wie ätherische, weltfremde und überaus behütete Wesen auf den unbequemen Bänken. Die Damen sind nicht hübsch. Sie sind schön. Sie sind schön wie Gemälde und schön wie ein Mittag in Rom. Diesen Damen gesellen sich noch Kavaliere, der gepflegte Mann, der Herr, das römische Profil, das so vieles vortäuscht, die Miene des Bewunderers, die zu lügen versteht, der Jüngling aus einer Tradition, die zurück bis Alkibiades reicht, und auch der Offizier, der seine Montur des gräßlichen Maschinenkrieges durch Glanz und Zutaten in die bunte Rokoko-Uniform zurückverwandelt, die dem Tod noch als einer Figur in einem lustvollen Schäferspiel begegnete. Am Rande des Bildes sitzen merkwürdig einsam die englischen und amerikanischen Poeten, junge Männer mit kurzhaarigen Frisuren nach Brecht, in engen umschlaglosen Hosen, die Liebe mit Plato suchend, und eifrig schreiben sie in kleine Hefte ihr römisches Tagebuch, die Bilanz ihrer verlorenen Illusionen. Der Film, die Filmgefühle, die Filmmoden sind im Café Greco verpönt. Die schönen Damen und die schönen Herren begeben sich, wenn sie ihren Apéritif getrunken haben, auf den Spanischen Platz, auf die Spanische Treppe. Sie posieren vor der Barke aus Stein, die auf dem Platz gestrandet ist, sie posieren auf den Stufen der schönsten Treppe der Welt, sie posieren vor der Kirche oben, vor den kleinen Mädchen des Stiftes Sacré Cœur, vor den alten Bettlern, vor den Blumenfrauen, und an frommen Feiertagen verneigen sie sich vor der Säule der Immaculata, während aus Lautsprechern in den Fenstern des Collegio di Propaganda Fide ein heller Tenor das »Ave Maria« jubelt. Sie spielen Vergangenheit, diese stolzen Herren und schönen Damen, aber da Stolz und Schönheit, Kleider und Automobile Geld kosten, sind sie alle durch das Geld mit der großen Kloake verbunden, mit dem Fluß und dem Meer, das manchmal tote Mädchen ans Ufer spült. Behütet wird die Jugend, die kleinen Schulmädchen der von geistlichen Schwestern geleiteten Anstalt werden zu dieser Mittagsstunde von den Vätern und Müttern im Wagen abgeholt, oder man schickt den livrierten Chauffeur, der den Schlag öffnet und tief die Mütze zieht, wenn die kleine Dame mit ihrer Schulmappe in den Fond steigt. Ihre zukünftigen Kavaliere verlassen gegenüber das Gymnasium der geistlichen Herren. Auch diese Knaben versucht man zu behüten. Keine Verführung, vielleicht auch keine Wahrheit soll an sie herantreten. Der Laden, in dem die Knaben ihre Bücher und Hefte kaufen, wird von Geistlichen verwaltet, Priester stehen hinter den Verkaufstischen; Priester wählen die Bücher aus; doch die Jungen haben die Gesichter der »Falschmünzer« von André Gide. Um zwei Uhr rasseln die

Rolläden vor die Schaufenster der Juweliere und der Moden. Die englischen und die amerikanischen Dichter verzehren ein Sandwich in der Rosteria, stehen fremd unter den Commis, fremd unter den Arbeitern, sie erschrecken vor dem Lachen der Ladenmädchen und eilen in ihre Hotelzimmer, die in enge Höfe blicken. Dort träumen sie von Kaiser Hadrian und von Antinous, dem Geliebten und Schönen, der schon lange tot ist. Für alle, die zur Filmwelt gehören und, so sie Geld haben oder sich für fähig halten, Geld vorzutäuschen oder Geld zu erschwindeln, auch für die Bewunderer des Schattenreiches, die ihre Lebensvorstellungen im Kino kaufen, ist die Via Veneto die Straße des Glanzes. Sie ist eine Traumkulisse, fast ein Stück Amerika in Rom, und noch ihre Bäume und Hunde sehen aus, wie aus Hollywood ausgeliehen, um römische Atmosphäre zu schaffen. Die amerikanische Botschaft trägt zu den römischen Wasserspielen mit einem abends merkwürdig grün beleuchteten Brunnen bei. Der Brunnen ist wie eine Aufnahme in Technicolor und ein Stück Heimat für die Filmmagnaten, die angeblich in den Hotelpalästen dieser Straße absteigen, und für die alten amerikanischen Damen mit violett gepudertem Haar, die in den pompösen Fremdenheimen wohnen, die ihnen für sehr viel Geld ein schlechtes amerikanisches Frühstück servieren. Für die andern, für die Italiener, für die Filmmädchen und die Filmmädchenanwärterinnen, für die Kellner und für die Hochstapler ist der Brunnen ein Stück Hoffnung, ein milder Schein schon vom ersehnten Lande Kalifornien. Die Prostituierten beiderlei Geschlechts dagegen schweifen nicht in die Ferne, sondern halten sich mit nüchternem römischem Sinn an die Realität des Dollars. Im übrigen ist die Straße nicht exterritorial. Italien hat seine Ansprüche nicht aufgegeben. Zwischen Einheimischen und Fremden findet ein immerwährender Kampf statt. Oft sind die Fremden unter amerikanischer Führung die Sieger. Wenn aber ein neuer Weltkrieg droht, besetzen die Italiener wieder die von den Fremden aufgegebenen Stühle. Bemerkenswert sind die Zeitungskioske. Keine Sprache ist ihnen fremd. Selbst die avantgardistische Literatur ist hier mit

Zeitschriften in mindestens zwölf Idiomen vertreten. Eine Weile meint man, daß sich die ganze Via Veneto mit Samuel Beckett beschäftigt, aber Harpers Magazine, Good Housekeeping, Film Fun und die Comic-Streifen des neuen weltweiten Analphabetentums sind doch in der Überzahl. Die letzten Literaten treffen sich in der Bar »Rosati«, wo ein ausgegrabener Gott, schön und aus Stein, an der Theke steht, als sei er begierig auf milden Pernod und ein Gespräch über Untergänge. In dem hinteren Teeraum vertritt Hermann Kesten mit hochgezogenen Augenbrauen die deutsche Literatur. Mit Eifer dementiert er die Nachricht von ihrem Tode, eine Meinung, die hier leider sehr verbreitet ist. Junge hübsche Mädchen sitzen an kleinen Marmortischen in einsames Schreiben vertieft. Sind es Dichterinnen, sind es Liebende, verfassen sie vulgäre Erpresserbriefe? Man weiß es nicht. Sie kommen allein, sie gehen allein, sie sind teuer angezogen, wohlgeschminkt, haben einen hübschen, bitteren Mund, etwas traurige oder sehr kalte Augen, und der Gott und die Männer des »Rosati« kümmern sich nicht um sie. Die Via Veneto endet an der Porta Pinciana. Man geht durch die Porta, und an der alten Stadtmauer, der Mauer des Kaisers Aurelian, haben fromme Leute Danktafeln für erhörte Gebete angebracht. Kerzen brennen hier am Abend, und eine alte Frau bewacht mit Hexenhand und Hexenblick das christliche Licht. Gegenüber am Tor zum Park Borghese stellen sich Dirnen in die Flut der Autoscheinwerfer. Ein Mädchen hatte viel von der Arroganz eines schönen Tieres. Sie stand lässig gegen einen Pfeiler des Tores gelehnt, rauchte und wies die Kavaliere am Steuer einen nach dem andern ab. Ich weiß nicht, ob die Kavaliere oder ob deren Angebot oder ob einfach die Automarke der Herren den Erwartungen des Mädchens nicht entsprach. Hinter ihr lag der dunkle Park, hier und da von einer Laterne erhellt, lag die verlassene Reitbahn, lagen Gefahr und Glück und die Schätze der Villa Borghese mit den Bildern von Caravaggio. Er war ein Peintre maudit, wurde im Streit erstochen, die Kunstgeschichte strafte ihn lange mit Nichtachtung, und heute ist seine »Enthauptung des Johannes« aus der Kathedrale

von Malta, ein Riesengemälde, fünfeinhalb mal vier Meter, ein englisches Kriegsschiff brachte es ehrenhalber nach Italien, die Sensation der römischen Ausstellung »Europäisches XVII. Jahrhundert«, und es ist ein Bild, in dem viel Leere ist, in dem die Farbe des leeren Raumes tragische und künstlerische Größe ausstrahlt, doch Caravaggios Knaben und Jünglinge in der Galeria Borghese haben die Gesichter der Strichjungen, die nun durch die abseitigen dunklen Alleen des Parkes streifen und den Fremden in mindestens drei gängigen Sprachen zum nächtlichen Besuch des Pincio einladen. Aber öfter noch findet man das Lieblingsgesicht des viel verfolgten Malers Caravaggio, schön und gemein, unschuldig und wissend, jenseits des Tibers in den alten, den engen, den volkreichen Gassen von Trastevere.
In Trastevere wohnen die Armen, aber mancher ist hier schon reich geworden, und seit Neros Tagen wuchert in diesen Straßen und auf diesen Plätzen ein unbändiger Lokalpatriotismus. Im Trasteveraner hat sich nach seiner Meinung das alte römische Blut reiner erhalten. Leider ist das Viertel inzwischen von den Kunsthistorikern, von der Fremdenindustrie, von den Snobs und von den Gewerben eines künstlichen Nachtlebens entdeckt worden. Große ausländische Automobile, oft mit dem Diplomatenzeichen, fahren am Abend über den Tiber. Man speist in Frack und Abendkleid, wo früher die Ärmsten ihren Hunger stillten. Die Wirte haben sich angepaßt. Ihre Rechnungen sind gigantisch. Die Kellner sind in alte Räubertrachten gesteckt, um die Preise einigermaßen zu rechtfertigen, und die Volkssänger beleben das Mahl, indem sie diesem Publikum, das ihren Dialekt nicht versteht, Gesänge von ziemlicher Unverschämtheit vortragen. Der Platz vor Santa Maria Trastevere ist auf seine Art so schön wie der Spanische Platz, und auch hier finden Begegnungen der Liebe statt. In der Kirche sammeln junge Priester die Kinder des Viertels um sich. In dem dämmrigen Raum scheinen sie sich in kleinen Gruppen in munteren Spielen zu üben. Der Geistliche hat kindliche Augen, und die Kinder haben manchmal alte Gesichter. Was wird ihnen blei-

ben von dieser Stunde, welche Erinnerung an das Dämmerlicht der Kirche, an die frohen Augen des Priesters, wenn sie Polizisten oder Diebe, Arbeiter oder Gastwirte geworden sind, oder wenn sie sich bald in ihrem Trastevere mit den Fremden einlassen, die hier das römische Abenteuer und die Schönheit suchen, die Caravaggio gemalt hat? Die Gassen Trasteveres sind verwinkelt, verschachtelt, sind aus Erdbeben und Feuersbrünsten geflickt, und überall hängt von Haus zu Haus die Wäsche, ganz Trastevere scheint immerfort eine einzige Waschanstalt zu sein und gibt so einen bedeutenden Einblick in das intime Leben seiner Bewohner. Hier wachsen Kinder heran, denen nichts verborgen ist, und das Bett steht immer neben der Straße, ein gewichtiges Bett. Nur ein Vorhang trennt das Lager im Sommer vom öffentlichen Platz. Trastevere ist weiterhin das Bett und Revier der Proletarier, nach der Volkseinteilung des Servius Tullius, der Bürger der untersten Klasse, die dem Staate nur mit ihrer Nachkommenschaft, nicht mit ihrem Vermögen dienen können. Aber die Vermögenden aus aller Welt treffen sich in der Trattoria an der nächsten Ecke, Neonlicht leuchtet, Chrom blitzt auf, Chauffeure warten, und hier in der Gasse sitzt, wie durch Jahrtausende von jener Welt der Reichen getrennt, auf schmutzigen Steinstufen eine alte Frau in zerlumpter Kleidung und hofft, daß Kinder in Lumpen ihr ein Stück von dem schwarzen dreckigen Zucker abkaufen werden, den sie irgendwo gesammelt hat und nun feilhält. Aus dem Gewirr der Häuser führen Stufen auf den Gianicolo-Hügel. Vor der einen Seite des Hügels liegt Rom prächtig gebreitet, mit goldenen Kuppeln, mit zum Himmel strebenden Türmen, mit weißem Marmor und nahe mit dem Dach des Justizpalastes, der wie ein Justizpalast in aller Welt aussieht, ein karyatidenbewehrtes schlechtes bürgerliches Gewissen, und dem Rundbau des Mustergefängnisses Regina Coeli, benachbart den alten grauenhaften Verliesen der Päpste, der Hadriansburg, während auf der anderen Seite des Hügels das Bild überraschend ländlich wirkt, stadtfern, mit kleinen Gärten und kleinen Laubenhäuschen, wie für Philemon und Baucis gebaut. Auf dem Hügel selbst steht ein prächtiger

Brunnen, den ein Heiliger Vater errichtete, um das Wasser zu ehren, das Wasser, herangebracht von den Aquädukten, das überall hinfließende, das reine Wasser Roms, und dann paradiert hier die Siegesallee des Risorgimentos mit Garibaldis Bart und feurigen Augen und all seinen stolzen Mitstreitern in schönem Gips.

Die Peterskirche kann enttäuschen. Das mag an dem Weg liegen, der zu ihr führt. Die Via della Conciliazone – von Marcello Piacentini, einem Architekten Mussolinis, wie eine Schmähung Berninis erbaut – läßt mit ihren Pylonen an eine Aufmarschallee auf dem Nürnberger Reichsparteigelände denken, und flankiert ist die Straße von Häusern, die wie Verwaltungsgebäude großer Versicherungsgesellschaften aussehen. In den Erdgeschossen dieser Assekuranzpaläste verkauft man Postkarten und andere römische Andenken und speist und tränkt die Scharen der Pilger mit beträchtlichem Gewinn. Tritt man dagegen wie von ungefähr aus dem kühnen Schwung von Berninis Colonnaden auf den Platz, so steht man plötzlich in einem Fest- und Tanzsaal schönen Maßes und edler Pracht. Die Heiligen auf den Zinnen predigen dann mit beschwörender Geste in den Saal hinunter. Das Portal von St. Peter aber ist aus der Nähe gesehen der Eingang zu einer Hypotheken- und Wechselbank. Die Säulen sind kalt, die Stufen sind hart. Aus irgendeinem Grunde hatte man innerhalb der Kirche Absperrungen errichtet, Holzwände mit einem billigen rötlichen Anstrich. Sie erinnerten in fataler Weise an schnell gezimmerte Pferche in einem Viehhof. Dazu kamen mit rotem Rupfen umkleidete Podeste, die wie Bühnendekorationen zu einer Szene mit vielen Statisten aussahen, die Kulisse einer Haupt- und Staatsaktion, der es an gezogenen Schwertern und abgeschlagenen Köpfen nicht fehlen darf. Freundlicher stellt sich der Glaube im kleinen vatikanischen Postamt vor. Der Papst und ein Kreuz segnen den Schalterkunden, und der himmelblau angestrichene öffentliche Telephonapparat trägt einen goldenen Heiligenschein. Der Weg zu den vatikanischen Museen führt an der langen vatikanischen Mauer entlang. Diese Mauer ist hoch, mißtrauisch, feindlich. Von ihrer Umwelt erwartet sie das Schlimmste. Man sagt, daß dieser Stadtteil von Freimaurern erbaut sei. Es scheint zu stimmen, denn die Häuser sind von großer, wie beabsichtigter Häßlichkeit und blicken äußerst feindlich auf die feindliche Mauer des Papstes. Man geht an dieser Mauer entlang wie durch ein Feld unangenehmer Spannungen. Ein Andenkenladen gegenüber dem endlich erreichten Tor zu den Sammlungen hat eine Kleiderpuppe in der mittelalterlichen Tracht eines Soldaten der Schweizer Garde vor seine Tür gestellt. Es wirkt, als habe der Geschäftsmann einen Streiter des Papstes gefangengenommen und ihn gefesselt zur Schau gebracht. Die Sammlungen verwirren. Eine Flut von Leibern, eine ungeheure Orgie steinernen Fleisches, und Götter und Göttinnen, Heroen, Knaben, Mädchen, Geraubte, Satyren und Nymphen, und alle ihres Geschlechtes entkleidet, in peinlichster Weise mit dem Feigenblatt einer schmutzigen Gesinnung geschändet; dazu heilige Krokodile vom Nil, eine Mumie mit spöttischem Lächeln und den schönsten Händen, auch Ungeheuer, Schreckbilder, die der Mensch sich setzte, um sie zu bannen, und die nun gestaltlos in der Seele wohnen und ein Heer von Psychiatern ernähren. Goethe hat diese Sammlungen bei Fackelschein gesehen. Das war damals Mode, und Goethe irritierte das Unheimliche, das Flamme und Rauch zum Leben brachten. In den Kellern des Vatikans kann man ein Totenreich besichtigen: Glieder, Glieder aus Marmor, Hände, Arme, Füße, Köpfe, Brüste, Bäuche und feste Hintern, Scherben, einmal geehrt, einmal geliebt, einmal angebetet, in der Erde gefunden, von einer Pflugschar auferweckt, zum Vatikan geschickt und in ein Leichenschauhaus der Geschichte gelegt. In langen endlosen Gängen, was gibt es da nicht zu sehen? Nachbildungen von Kirchen, Himmelsgloben, über die große Bären schreiten und um die Schlangen sich winden, Vasen, die französische Präsidenten und Kaiser Wilhelm II. hierher schickten, Gewänder der Heiligen, Kleider und Schmuck der Mächtigen und ein bürgerlicher Bücherschrank mit Andenken an Ludwig von Pastor, der »Die Geschichte der Päpste« schrieb, und hier liegen nun wohlverwahrt seine Schulhefte, seine Collegbücher, alle Rezensionen seiner Bücher und das Werk selbst. Etwas weiter erschreckt ein Gobelin mit einem grausamen Kindermord in naturalistischster Darstellung. Diese Fülle wirkt surreal. Sie lähmt den Atem. Was wird einmal aus diesen Schätzen werden? Ich sehe den letzten Papst, wenn die Raketen über Ozeanen, Wüsten und Gebirgen sich dem Ziele nähern, auf Rollschuhen durch diese Gänge gleiten: vom Thron des Amon Re zum verlorenen Laokoon, durch Borgias Räume zu Michelangelos düster gewaltigem Himmel, zu Raffaels lobsingenden Stanzen und dem schönen Apoll, der die Geige spielt, zu den Karten des Himmels und der Erde und aller verlorenen Reiche, zu den Geschenken der Präsidenten und eremitierten Könige, zu des trockenen Ludwig von Pastor braven Schulheften und zurück zu den Reliquien der Märtyrer, zum Splitter vom heiligen Kreuz, zum heiligen Krokodil vom Nil, zur nackten Aphrodite, zum keusch verhüllten Eros und endlich nach soviel Jahrtausenden heimkehrend zum Haupt der Meduse.

Mussolini stellte Statuen von kolossaler Männlichkeit, die das Feigenblatt des Vatikans provozierend verschmähten, aber mit der Übergröße ihrer Glieder wie das Traumbild eines Schwächlings wirken, um das Stadion, das er jenseits des Tibers hinter der alten Milvischen Brücke errichtet hat. Der Tiber ist hier schon ländlich, wenn auch einige Hochhäuser in seinem dunklen Wasser sich spiegeln, und die Brücke und das Milvische Tor mögen genauso hier gestanden haben, als Konstantin seine Schlacht gegen Maxentius schlug, im Zeichen des christlichen Kreuzes siegte und Rom dann dem Papst Silvester als Erbteil Petri schenkte. Die alten Romreisenden aus dem Norden kamen über diese Brücke, und immer war es ihnen, als ob sie nun in das Altertum mit all seinem Zauber eintraten. Auch heute noch liegt über dieser Brücke Glanz. Dem Stadion, dem Forum Mussolinis, verleiht seine schöne Lage – man blickt in die Weite, man blickt zu nahen lieblichen Bergen hin – unzweifelhaft Größe. Aus der Nähe gesehen wirkt dann aber alles gernegroß-pompös und macht, obwohl es auch an gewöhnlichen Wochentagen ein nicht unbesuchter Ort ist, den Eindruck von Verlassenheit. Hinter einem ungeheuer hohen und breiten Stacheldraht steht ein nur in seiner Fassade vollendeter Säulenbau diktatoralen Stils, der einer langsam vermodernden Kulisse eines abgespielten Films, der nur noch in Dorfkinos läuft, gleicht. Davor scharren Hühner in unfruchtbarer Erde. Im Eingang des Stadions bedeckt den Boden ein riesiges Mosaik, in das in unendlicher Wiederholung der Titel Duce Duce Duce gelegt wurde. Auf Granittafeln stehen ungelöscht die Gedenkdaten des Faschismus: Marsch auf Rom, Gründung der Ballila, Beginn des abessinischen Krieges, – der Tag der Ermordung Mateottis steht auf keiner Tafel, die Namen und Taten der Verbannten sind nicht verzeichnet. Die Anlage der Tafeln ähnelt der des russischen Ehrenmals im Treptower Park. Um das Oval des Stadions stehen stumpf die mächtigen, ausdruckslosen Athletengestalten, behauene Steine wie aus einer Fabrik für Riesenspielzeug und ganz ohne Leben. Auch sind sie Besiegte. Die christlich-demokratische Regierung hat einen Jubeljahrswunsch des Vatikans entsprochen und die betonte Männlichkeit der Figuren unter einer Kunststoffhülle verborgen. Auf die wülstigen Waden und Schenkel kritzeln die Besucher ihre Signaturen. »Das Denkmal des Duce«, hat da einer in Deutsch hingeschrieben. Aber sonst liest man nur Namen, Namen aus Europa, Namen aus allen Erdteilen. Im Stadion jagt ein Turnlehrer Knaben um die Arena. Dann üben sie den Bersaglierilauf. Welche Niederlagen liegen vor ihnen? Ein Jüngling läuft einsam Runde um Runde. Zuweilen blickt er auf die Uhr. Will er nach Marathon? Welchen Sieg will er melden? Ein Brunnen ist wieder von einem Mosaik umschlossen. »Duce anoi«, heißt die Schrift, dazu kunstvoll verschlungene Ms, das Beil mit den Ruten und Nachahmungen griechischer Vasenbilder. Vor leeren Tennisplätzen steht das überlebensgroße Standbild eines Soldaten. Wieder eine Überbetonung des Männlich-Geschlechtlichen durch sehr kurze Hosen. Der Helm hängt dem Soldaten an einem Riemen im Nacken; das Gewehr über, schreitet er sieghaft und erschöpft zugleich gegen Rom. Aus seiner Brusttasche windet sich der Schlauch einer Gasmaske. Mussolini oder sein Bildhauer wußten anscheinend noch nicht, daß Gas zum Töten schon unmodern war oder erst im dritten Weltkrieg wieder en vogue sein wird. Ein Rondell schmückt ein Apoll mit einer Leier. Er ist aber bestenfalls ein Kellner der Via Veneto, der alte Damen zähmt. Der Ausgang bringt die zweite Reihe der Ehrentafeln mit den faschistischen Gedenktagen. Einige Tafeln sind unbeschrieben. Waren sie für die Siege des Krieges bestimmt? Die Milvio-Brücke versöhnt wieder mit römischem Maß, mit römischem Charme, mit römischer Bescheidenheit. Auf dem Platz vor der Brücke gibt es Garagen, Benzinpumpen, Tavernen und die Endhaltestellen der Autobusse und Straßenbahnen. Eine freundliche, eine liebenswerte Bevölkerung zeigt sich einfach und geschäftig in menschlicher Größe und in Frieden.

Eine Autobusfahrt über die Via Appia, durch die verwitterte Porta San Sebastiano, einem schmalen Weg zwischen vergreisten Mauern, ist eine Reise in Andersens Galoschen des Glücks: man kann sich in jede Vergangenheit zurückversetzen. Die Cäsaren, die Legionen sind diese Straße gegangen, Vergil und Augustus und dann die Apostel, grau in der grauen Mauer die Stätte, wo Christus Petrus erschienen ist. »Domine quo vadis«, ein Bestseller um 1900, ein ewiges Kolossalgemälde des Kinematographen, »venio iterum crucifigi«, der Mensch wurde gekreuzigt, in Jerusalem, im Colosseum in Rom und überall auf Erden, er wurde den Löwen vorgeworfen, immer den Menschen. Ein Landmann reitet auf seinem geduldigen Esel. Soldaten lungern vor einer Schenke, Soldaten der Kohorten, Soldaten der NATO. Ein breites amerikanisches Automobil versperrt dem Autobus den Weg. Auf schönen Apfelschimmeln preschen zwei Carabinieri vor, als wären sie päpstliche Sbirren, die einen Ketzer noch vor der Grenze des Kirchenstaates erreichen wollen. Und Hügel, Bäume und von Wildwuchs umrankte Trümmer der Geschichte sind genau wie zu Goethes Tagen, wie ein heiteres und doch seltsam trauriges Bild seiner Malerfreunde. Die Via Appia führt zu den Katakomben. Sie sind ein lieblicher

Garten. Die Luft ist klar und rein. Rom ist von hier wie ein Bühnenprospekt zu sehen, und seine Silhouette wird von hohen Betonhäusern gezeichnet. Die berühmten Gräber finden sich in unterirdischen Schächten; doch sind sie nicht, wie viele meinen, die Gräber von Märtyrern, von verfolgten Christen, die sich hier unter der Erde vor den heidnischen Häschern verbargen. Die Katakomben sind ein konfessioneller Friedhof, wie es viele um Rom gab, und da dieser nicht allzu groß und die Bodenpreise schon damals hoch waren, grub man Grab unter Grab immer tiefer in die Erde. Für hundert Lire wird man in Gruppen hinabgeführt. Schilder locken zu Sammelplätzen, daß jede Sprache ihren Ciceronen finde. Unter den Füßen der Wartenden knirscht der frisch gesprengte Kies. Die Stufen hinunter riecht es eigenartig nach Altersheim und Stift. Es ist ein alter, ein müder Tod, der hier unten schläft. Das Blitzlicht der aufdringlichen Besucher, die sein spinnwebtrockenes Heim photographieren, erschreckt ihn. Terracotta- und Marmortafeln künden vergessene Namen. Ein vom Fisch ausgespiener Jonas symbolisiert die Unsterblichkeit. Aber sagt das Symbol nicht auch, daß der Fisch Jonas verworfen hat? Man kann sich in der Geschichte, man kann sich in den Legenden, man kann sich in diesen Schächten verirren wie oben im Licht. Der Katakombengarten hat einen Hinterausgang zur Via Ardeatina, einer Landstraße, die ans Meer führt. Eine Schenke hinter den Katakomben nennt sich »Villa der Cäsaren«. In englischer Sprache sagt ein Plakat, daß man am Abend hier tanzen kann. In Sommernächten spielt die Band im Freien, Lampions leuchten bunt, das Leben, die Nacht ist schön, und eine internationale Jeunesse Dorée parkt ihre blanken Sportwagen fröhlich zwischen zwei Friedhöfen, dem alten der Christen und dem neuen der Opfer der Ardeatinischen Höhlen. Man kann den Ort besichtigen. Er erinnert wieder an Piranesi; an die Fallen seines Phantastischen Gefängnisses und auch an Dantes Hölle. Dreihundertfünfunddreißig Menschen wurden hier im März 1945, nachdem man sie wahllos bei ihren Beschäftigungen, bei ihren Vergnügungen in den Straßen Roms aufgegriffen hatte, durch

Genickschüsse getötet; die Vergeltung für ein Attentat auf einen deutschen Militärlastwagen. Die Höhlen waren düster zur Zeit der Tat. Jetzt liegen sie unheimlich im Himmelslicht. Die Sprengungen, gedacht, die Opfer zu begraben, haben das Erddach von der Blutstätte hinweggerissen. Neben der Höhle hat man ein Mahnmal für die Toten errichtet; es ist das schrecklichste, das bedrückendste und überzeugendste Denkmal des Krieges. Eine schwere Betonplatte lastet auf einem niedrigen Raum, in dem in graden Reihen die granitenen Sarkophage der Ermordeten stehen. Auf manchem Sarkophag liegen frische Blumen, auf anderen verwelken sie. Und unter Glas sieht man auf jeder Grabplatte, inmitten eines bronzenen Lorbeerzweiges eine Photographie des Erschossenen, darunter steht sein Name, sein Beruf, sein Alter geschrieben: Ilario Canacci, 17 Jahre alt, ein freimütiges Jungengesicht über einem offenen Schillerkragen; Alessandro Portilieri, 19 Jahre alt, Student, vielleicht beschäftigte er sich mit deutscher Philosophie; daneben ein Professore, dann ein Maestro di Musica, ein Pittore, ein Chirurg, ein Apotheker, ein Filmvorführer, Schlosser, Arbeiter, und wieder einer, der noch ein Kind war, und dann statt der Photographie ein kleines Heiligenbild, »Ignoto«, »Unbekannter«, steht auf dem Grab. Keine Blumen, ein Fisch, aus dem Meer der Großstadt gefischt, – vermißte ihn niemand? Geht Herr Kesselring manchmal durch diesen Raum des Schweigens, bringt er den bekannten, den unbekannten Opfern Blumen der Reue? Theodor Heuss besuchte die Stätte. Der Bundespräsident riskierte die Verwirrung des Protokolls und gewann die Herzen der Römer. Eine Welt, eine verhängnisvolle Entwicklung trennt diesen furchtbaren Ort von dem freundlichen deutschen Friedhof hinter der modisch-altmodischen kleinen Pyramide an der Porta Ostiense, die sich ein reicher Römer als Grabmal setzte. Eine hohe Mauer wie aus einer romantischen deutschen Spukgeschichte umschließt das Totenfeld. Das alte Tor ist verschlossen. Man läutet an einem großväterlichen Glockenzug. Nach langem Warten kommt eine alte Frau. Zwei schwarze Katzen begleiten sie. Das Bild ist liebenswürdig, verwunschen und von beschwingter Melancholie. Modernder Efeu, steife Hecken, knisterndes Immergrün, moosbewachsene Genien und Engel, poetische, oft lateinische Grabschriften, – die hier ruhen, kamen und starben als Freunde. Sie liebten Rom. Sie versuchten, Rom mit der Seele zu erobern. Gelang es ihnen? Eroberte Rom nicht sie? Zu den Deutschen zählte man einmal alle, die aus dem Norden kamen. So sind hier neben Goethes Sohn und Waiblinger, dem deutschen Jüngling, auch Shelley begraben, der im Meer ertrank, und John Keats, dem Shelley das Trauergedicht »Adonais« schrieb: »Rome's azure sky, flowers, ruins, statues, music, words ...« Die römischen Katzen sind die treuen Gefährten auch dieser Toten. Die Katzen schlafen auf dem Marmor der Epitaphe in Efeubetten, und im Graben hinter der bizarren Pyramide nährt sie das römische Volk.

Der glücklichere Goethe kam auf der Piazza del Popolo an, und noch immer ist sie herrlich, schon am Anfang der Stadt ein Mittelpunkt, und nichts hat sich seitdem hier geändert bis auf die kreuz und quer flitzenden oder parkenden Automobile, die überfüllten Autobusse und die verschwundenen Kutschen. Aber das ist belanglos. Der Platz bleibt ein schöner Halbmond, manchmal von Flugbättern politischer Versammlungen überschwemmt, der alten Vox Romana. Im Café Canova bespricht man die neueste Literatur, und zwischen Marmor und majestätisch roten Vorhängen ruht Pauline Borghese, Napoleons sinnliche Schwester, nackt und üppig auf des Bildhauers steinernem Bett und lauscht gleichgültig dem Spott der Rezensenten und den Schwüren der obdachlosen Liebe. Die Via Babuino führt zu den kleinen Galerien, den Ausstellungen neuer Kunst und weiter zu Jugend und Bohème der Via Margutta. Der Weg Gabriele d'Annunzio geht fröhlich zum Pincio hinauf mit seinen Mittagsfreuden, mit der berühmtesten Aussicht auf Rom, und die Römer genießen sie, indem sie mit ihren Wagen auf den Hügel fahren, sich in Reihen gegen das große Panorama stellen und ihre Zeitungen lesen. Der Pincio ist das alte Kinderparadies. Grellfarbene Säulen aus bunten Ballons überragen die höchsten Bäume. Kleine Luftschiffe steigen in einen Himmel

ohne Trübung. Im Freilicht-Puppentheater siegt Kasper über das Krokodil und den Tod. Scharen von Priestern, Priester aus aller Welt, afrikanische und chinesische Gesichter und Gestalten von den Erdpolen; Soutanen wehen im milden Wind. Mädchenpensionate kommen wie Vogelschwärme, blaue, graue, schwarze Hüte einer Sittsamkeit, die sie vergessen werden. Die Hauben und Umhänge der Schulschwestern wippen ahnungsvoll und traurig. Die Hirten spielen den Dudelsack, Drehorgeln kreischen, Caruso singt immer noch. Die Sonne brennt das Grün des Abhangs und spiegelt sich unten in den Atelierdächern der Via Margutta.
Sie ist die Straße der Hinterausgänge der Via Babuino. Hier standen Kutscherhäuser und waren Pferdeställe. Nun gibt es in gedrängter Enge die Akademie der Künste, die Künstler, die Kunsthandwerker, das »Café der Artisten«, eine internationale Bohème, Antiquitätenbuden, private Pressen für die »Römischen Elegien« der Graduierten von Yale und Harvard, kleine Ausstellungen in kalten Remisen und die Legende der Via Margutta, das Märchen von römischer Avantgarde und lateinischem Existentialismus. Die Straße ist eine Sackgasse und endet in einer Garage, in der verbeulte Automobile zurechtgeklopft werden. Im Hof der Akademie findet sich noch einmal aller Zauber Roms: die römische Sonne eine alte Sonne, das römische Licht ein altes Licht, verstreute, liegende, gehängte, aufgestellte schöne Trümmer der Antike, Torsen, ein Leib, ein Gesicht, ein Profil, eine Hand, ein Gott, ein Ungeheuer und dazu ein plätschernder Brunnen, eine Katze, Weinlaub und Palmen. Im »Café der Artisten« hocken auf langer Bank die Bohemiens, und ich kenne sie alle, Gefährten meiner Jugend, kenne ihr Leben von morgens bis mitternachts bei einer Tasse Kaffee und dem endlosen Gespräch und Warten auf den Zufall und Warten auf Geld und Warten auf ein Mädchen und Warten auf den Tag, an dem man alt wird. Die Jugend wartet nun hier, wie sie in Berlin in der »Lunte« wartete, und die »Lunte« wurde entzweigeschlagen, erst von der SA Tisch und Stuhl, dann von den Bomben das Haus, die Gäste hatten den Schrecken gemalt,

sie hatten dem Schrecken Verse gewidmet, aber sie hatten an die Wirklichkeit des Schreckens nicht geglaubt, sie starben in den Kellern der Emigration, oder sie krochen unter das gebogene Kreuz und endeten auf Schlachtfeldern, sie warten hier, wie sie im »Romanischen Café« warteten, bis das »Romanische« verödete und schließlich wie eine Fackel brannte, zusammen mit allen Tanzpalästen und Kinos und reichen Läden um die Gedächtniskirche herum, ein einziger Scheiterhaufen wie einstens Rom, und hier singt nun auch Lotte Lenya, singt von dem Schiff mit den acht Segeln und fünfzig Kanonen, singt aus einer US-Musicbox, singt wie am Schiffbauerdamm, Züge fahren in den Bahnhof Friedrichstraße »Sie verlassen den demokratischen Sektor«, »und Sie wissen immer noch nicht, wer ich bin«; sie führen die Gespräche von einst, Gespräche in allen Sprachen, Gespräche in Schwyzer Dütsch und in einigen Negerdialekten, und ihre Gesichter gleichen den Gesichtern vor der Katastrophe, so sah Brecht als Jüngling aus, wie sähe Brecht heute als Jüngling aus, ein Grab in der Dorotheenstadt und ringsherum sorgsam aufgeräumte Trümmer, Nachfahren, Epigonen, ewige Wiederkehr, hier gibt es noch die enttäuschten Kinder der Bürger, Lesbos faßte hier Fuß, ein Klüngel aus Zürich, Boston und Nancy, eine kostspielige Verwahrlosung, kunstvoll ungepflegtes, bübisch geschnittenes Haar, die Uniform enger Jeans, Knabenhemden, bleichgepuderte Gesichter und Streit um die römischen Modellmädchen mit den Lollobrigida-Brüsten und ihrer alle Kunst und Unnatur verachtenden, aller Kunst, Unnatur und Verrücktheit willfährigen berechnenden Kälte. In den kleinen Ausstellungen sind alle Ismen versammelt. Man kopiert, man wiederholt, man ahmt nach, man ist verwirrt. Man begegnet dem deutschen Expressionismus, Marinettis futuristischen Manifestationen, allen Lebensaltern Picassos und den Ausstrahlungen des Tachismus neben einer Porträtkunst, die um Aufträge wirbt, und einem Weltabklatsch in Öl, der sich dem Geschmack des Publikums anbietet. Der Lithograph nebenan arbeitet sicher in der Tradition seines Handwerks. Die jungen Garagisten freuen sich der erkämpften Vierzigstundenwoche und fühlen sich ihres Lohnes wert.

Ich wurde in einen literarischen Salon geladen. Der Herr und die Dame des Hauses waren wie von Proust, der Sohn und die Tochter wie von Cocteau geschrieben. Man verwaltete eigenen und fremden Ruhm, man erhob und demütigte an jedem Sonntag und in einer schönen Wohnung am Park Borghese. Der Hausherr war Professor, er war Ehrendoktor, er war Kritiker, er war ein gefürchteter Verteiler von Preisen und hatte selbst alle Preise errungen. Er stand wie seine eigene Akademie vor den Bücherreihen seiner Bibliothek, und die Gattin brachte ihn wie eine Hohepriesterin seiner Bedeutung in Kommunikation. Der Sohn malte. Ein räudiger Adler zerriß den Leib eines armen Prometheus und lag in Streit mit den Renaissancemöbeln des Raumes. Der Maler war aber ein Weltkind, kein Träumer, kein verlorener Sohn; er war grade aus Australien zurückgekommen, wohin er in Filmgeschäften gereist war, und Amerika war sein nächstes Ziel. Auch die Tochter war irgend etwas beim Film; in Italien nährt er die Intelligenz. Man setzte sich nicht, man stand. Es gab Tee oder Wermuth und scharfgeschnittene Weißbrotdreiecke, hauchdünn belegt. Man sprach gebildet, man sprach italienisch, französisch und englisch, und ein Lyriker sprach auch deutsch, ein sehr feines Deutsch, und er sagte, er spreche das Deutsch Hölderlins, und außer Hölderlin lese er nichts Deutsches. Ein Mann mit einem Modebart äußerte streng, er sei Kommunist und lese Hegel; er lese ihn deutsch, aber er spreche und verstehe nicht deutsch. Eine Dame in einem Kleid der Haute Couture kam grade aus Indien zurück und hatte Nehru besucht. Sie schwärmte von Ghandi und hatte Nehru als Mitarbeiter für ihre illustre Zeitschrift verpflichtet. Moravia wurde erwartet, und Moravia kam nicht. Drei Herren fielen mir auf, weil sie wie leibhaftige Märtyrer aussahen. Man sagte mir, die Herren seien bedeutende Verleger, und wahrscheinlich blickten sie so traurig, weil sie an ihren Autoren zusetzten und doch entschlossen waren, dies bis zum fünfzigjährigen Verlagsjubiläum zu tun, – und da fühlte ich mich gerührt

und wie zu Hause. Und ich schrieb meinen Namen in das Gästebuch, und ich ging in die Via Mario de'Fiori hinter dem Spanischen Platz, in der am Abend viel Volk zwischen den hohen Häusern wandelt. Ich sah Männer sich durch eine enge Pforte zwängen, und ich drängte mich auch durch die Tür, und eine weißhaarige alte Dame wies mich in einen Raum, in dem all die Männer wie zu einer Predigt versammelt standen und erwartungsvoll auf eine andere alte Dame blickten, die hinter einem Schreibtisch saß und mich mit ihrem geschäftigen Gebaren lebhaft an eine bekannte Münchener Kinobesitzerin erinnerte. Die Dame mahnte unermüdlich zur Eile und zur Entschließung. Die Männer aber starrten unentschlossen und stumm, ein jeder für sich, ein jeder mit sich allein. Es waren junge Männer, viele Soldaten, zwei hübsche Matrosen, die überall mit Dank eine Freundin gefunden hätten, nur nicht im sittlichen Rom ihrer Kreise, und sie warteten alle, daß auf einem kleinen Podium hinter dem Schreibtisch der alten Dame die Mädchen erschienen, die älter waren als die meisten der Männer im Saal. Die Mädchen standen dann in durchsichtiger Wäsche bewegungslos wie etwas zu üppige Statuen da, und in ihren Gesichtern war eine solche Ausdruckslosigkeit, als seien sie die Göttinnen der Dummheit. Sie wurden als »bella Ragazza« angepriesen, eine als »bella Ragazza tedesca«, was eine besondere Empfehlung zu sein schien, und schnell drängte sich auch einer aus der Menge, trat zum Tisch der alten Dame, zahlte den Preis, ging auf das Podium und verschwand mit der blondesten der Göttinnen hinter einem geblümten Vorhang, der das älteste Geheimnis verbarg, das alle hier wieder ergründen wollten.
Draußen vor der Stadt, den Albaner Bergen zu, hinter den Aufnahmehallen der Träume von Cine Città, hinter den Ziegelhütten der Schwefelbäder, wo Cäsaren sich reinigten und nun Schauspieler ruhen, um eine schöne Haut zu bekommen und sie teuer zu Markt zu tragen, spiegelt sich vor dem erhabenen Verfall der Hadriansvilla Antinous im Wasser eines verschüttet und ganz und gar vergessen gewesenen, wieder

ausgegrabenen und von Reisegesellschaften bewunderten und photographierten künstlichen Nils. In des Jünglings schönem Gesicht ist Schmerz. Der Schmerz der Vergänglichkeit und der Ewigkeit, der Schmerz in der Schönheit Roms. Regen fällt auf den Kurfürstendamm. Künstliche Sonnen strahlen über wiederentstandene Caféterrassen. Mädchen prüfen in blanken Spiegeln das Lächeln, das sie verschenken wollen. Sight-seeing-tour in den Ostsektor, vom Brandenburger Tor über das verschwundene Schloß zum russischen Ehrenmal, Menschen aus Japan, aus Indien, den beiden Amerika, Reisende aus afrikanischen Städten, kamerabewehrt, für sieben Mark fünfzig ein sicheres Geleit durch die deutsche Geschichte, eine Lautsprecherstimme zweimal am Tag »hier stand hier stand hier war hier war«, Gesichter, Größe, Hybris, der gezwungene Zwang, Blindheit und Heldentum, der Steinbruch der Gedächtniskirche, ein Baugerüst in der Regenwasserpfütze auf geborstenem Asphalt, Geschichte, Aufstieg und Fall und immer Ewigkeit. Ich stand auf dem Mauerrest, dem bröckelnden hohen Fels, dem unkrautverfallenen Palast, ich blickte hinunter auf dorische Säulen, blickte in das Schattenreich der Unterwelt, das der weise Kaiser Hadrian, sich in Trauer darin zu ergehen, den alten Schriften nachgebildet hatte. Dem Botschafter der Union der Sozialistischen Sowjetrepubliken wurde von einem unterrichteten Mann das Maritime Theater erklärt. Der Botschafter war von einem Meister gekleidet, der auf der Höhe des Pincio wohnte. Seine schwarzen Schuhe waren aus körnigem Leder und nach der Weise indianischer Mokassins geschnitten. Im Goldenen Hof picknickten amerikanische Flieger im Gras. Sie waren bei Sonnenaufgang in der Wüste aufgestiegen und wollten gegen Abend im grönländischen Eis sein. Ihr römischer Führer bot ihnen große rosa Scheiben fettiger Mortadella an. Ein streunender Hund wedelte und wurde verjagt. Vor diesem sanften Horizont von Tivoli hatte Hadrian die Rauchfahnen eingebildeter Vulkane gesehen. Nun wandeln Goethe, Winckelmann und Gregorovius in der milden Luft. Goethe hat Weimar vergessen, Winckelmann Stendal in der Altmark, den

Schusterschemel und das traurige Triest. Gregorovius aus Neidenburg in Masuren denkt, was schert mich Königsberg, die reformierte Religion und der König von Preußen.

Landung in Eden

Und Gott der Herr pflanzte einen Garten in Eden gegen Morgen und setzte den Menschen hinein, den er gemacht hatte.

Keinem hat je die Welt so gehört wie mir. Ich sah die Sonne über Wüsten und Meeren, ich sah sie am Mittag über Urwäldern und weiten Savannen, am Abend sah ich sie im Polareis versinken und im Dunstschleier der Tropen untergehen. Ich sah dies alles oft in wenigen Stunden und zusammengedrängt wie in den Bildern eines Films; manchmal flog ich mit der Morgenröte, und ihr rosiger Schein schien mich herrlich zu tragen. Kein Gott hat es vor mir vermocht. In Minuten überbrücke ich Ozeane. Der Elbrus, der Gaurisankar, der Fudschijama, der Pik von Orizaba, die Sierra Nevada, der Ätna, der Berg Sinai und der Olymp, sie waren nicht einmal mehr Wegmarken für meinen Flug. In dreißigtausend Meter Höhe schwebe ich über dem Land des Feindes. Ich sehe aus meinem Himmel seine Städte nicht. Ich will sie nicht sehen. Ich will nicht wissen, ob es Menschen sind, die in ihnen wohnen. Mein Vater sagt, wenn wir sie doch vernichten könnten, wenn wir sie doch mit einem einzigen Schlag endlich vernichten könnten. Mein Vater ist stolz auf mich. Er hat mir die beste Rüstung der Welt gegeben. Sie nennen mich sein Schwert.

Ich diene und reise in einer engen Kammer. Ich sitze angeschnallt auf einem Stuhl, der mir kaum erlaubt, mich zu rühren. Gewaltige Flammenstöße reißen mich rasender als der Schall durch den Raum. Mein Anzug und mein Helm bewahren mein Leben. Ich atme in einem von Wissenschaftlern erfundenen Klima. Keiner war schneller als ich. Niemand erreichte so viele Ziele.

Mein Mund ist stumm. Ich habe nichts zu erzählen. Mein Auge hat die Erde nicht gesehen, die ich vielfach umkreiste. Ich fliege blind. Den Kurs flüstert man mir ins Ohr. Blind folge ich den Weisungen der fernen Stimme. Ich schalte. Ich drücke Knöpfe. Ich halte stumme Zwiesprache mit den Leuchtzeichen der Instrumententafel vor meinen Knien. Ich bin Wächter; aber noch ist Frieden. Erst wenn der Kommandant meines Horstes das Wort Zebaoth in mein Ohr spricht, wird Krieg sein. Zebaoth, ein geheimnisvolles Wort, eine Erinnerung an Kindestage und schon vergessen, was kümmert es mich, so seltsam und so fremd? Mir genügt es, daß Zebaoth das Zeichen ist. Meine Hände werden dann tun, was sie in der Instruktionsstunde geübt haben. Unter dem Gehäuse, das mich jagend trägt, hängt ein blankes Projektil. Wenn das Wort Zebaoth in meinen Ohren erklungen ist, werden meine Hände das Projektil von meinem Gehäuse lösen, wie ein Muttertier sein Junges ausstößt, und es wird Krieg sein. Ich fliege heute meine hundertste Patrouille. Der Dienstplan nennt es einen Routineflug. Zum hundertstenmal bin ich abgesprungen von meiner Herkunft; ein Sack künstlicher Luft verbindet mich mit dem Leben und das Warten auf das Wort Zebaoth mit meinem Land. Mein Kommandant spricht das Wort wieder nicht. Mein Vater würde das Wort schreien.

Meine Hände haben es getan. Sie haben das Projektil scharf gemacht, sie haben es vom Mutterleib gelöst und auf eigene Bahn gesetzt. In Sekunden wird es sein: eine verwandelte Welt, unter mir ein Erdball künstlicher Sonnen. Ich bin ihr Schöpfer. Ich habe das Wort Zebaoth gesprochen. Ich habe das Wort Zebaoth allein für mich gesprochen. Der Feind wird mir mit seinem Wort Zebaoth antworten, und mein Kommandant wird Zebaoth Zebaoth über Kontinente, Meere und Wolken in mein Ohr brüllen.

Wo ich nun lande, ist Eden. Niemand spricht mehr von Zebaoth. Im Paradies wohnen keine Menschen.

Wolfgang Koeppen
im Suhrkamp Verlag und Insel Verlag

Gesammelte Werke in sechs Bänden. Herausgegeben von Marcel Reich-Ranicki in Zusammenarbeit mit Dagmar von Briel und Hans-Ulrich Treichel. Leinen, Leder und st 1774

Band 1: Romane I: Eine unglückliche Liebe. Die Mauer schwankt
Band 2: Romane II: Tauben im Gras. Das Treibhaus. Der Tod in Rom
Band 3: Erzählende Prosa
Band 4: Berichte und Skizzen I
Band 5: Berichte und Skizzen II
Band 6: Essays und Rezensionen

Einzelausgaben

Amerikafahrt. st 802
Angst. Erzählende Prosa. st 1459
Die elenden Skribenten. Aufsätze. Herausgegeben von Marcel Reich-Ranicki. st 1008
Es war einmal in Masuren. Ein Filmbuch. Eingerichtet von Peter Goedel. Bütten-Broschur
Jakob Littners Aufzeichnungen aus einem Erdloch. Roman. Mit einem Vorwort des Autors. Gebunden und st 2267
Jugend. BS 500
Die Mauer schwankt. Roman. st 1249
Morgenrot. es 1454
Nach Rußland und anderswohin. Empfindsame Reisen. st 115
Reisen nach Frankreich. st 530
Romanisches Café. Erzählende Prosa. st 71
Tauben im Gras. Roman. BS 393 und st 601
Der Tod in Rom. Roman. BS 914 und st 241
Das Treibhaus. BS 659 und st 78
Eine unglückliche Liebe. Roman. BS 1085 und st 392

Vorworte, Nachworte

Deutsche Märchen vom 18. Jahrhundert bis zur Gegenwart. Zwei Bände. Ausgewählt von Elisabeth Borchers und eingeleitet von Wolfgang Koeppen. Gebunden
Philipp Otto Runge / Wolfgang Koeppen: Von dem Machandelboom. Ein Märchen nach Philipp Otto Runge. Mit einer Nacherzählung und einem Nachwort von Wolfgang Koeppen. Mit zwei Bildern von Anita Albus. IB 1036

Zu Wolfgang Koeppen

Wolfgang Koeppen. Herausgegeben von Eckart Oehlenschläger. stm. st 2079

29/1/9.93

Reise um den Tag in 13 Welten

Miguel Barnet
Alle träumten von Cuba

Die Lebensgeschichte eines
galicischen Auswanderers
Roman
Aus dem Spanischen von Anneliese Botond
st 2435. 224 Seiten

Die Lebensgeschichte des galicischen Auswanderers Manuel Ruiz, der das mondäne Cuba vor der Revolution aus Heimweh wieder verläßt, in den Bürgerkrieg in Spanien verstrickt wird und von Frankreich aus wieder nach Havanna gelangt. Ein dokumentarischer Roman voller Sehnsucht, Wehmut und Poesie.

Guillermo Cabrera Infante
Drei traurige Tiger

Roman
Aus dem kubanischen Spanisch von Wilfried Böhringer
st 2436. 542 Seiten

Nacht in der Karibik, großstädtische Amüsierwelt, Havanna im Jahr 1958, vor der Revolution: Drei traurige Tiger (oder sind es vier?) tigern durch den Dschungel aus nächtlichen Straßen, Bars, Nachtclubs, Absteigen. Ein Roman voll erzählerischer Erfindungskraft, Erotik und Humor.

Marguerite Duras
Der Matrose von Gibraltar

Roman
Aus dem Französischen von Maria Dessauer
st 2437. 360 Seiten

Marguerite Duras sucht im Mittelmeer mit Anna, der schönen und reichen Besitzerin einer Luxusjacht, deren verlorenen Liebhaber, den Matrosen von Gibraltar. Ein Roman über die Liebe, die absolute Liebe, diesem höchsten Gut, das unerreichbar scheint.

Reise um den Tag in 13 Welten

Bodo Kirchhoff
Mexikanische Novelle

st 2438. 176 Seiten

Ein deutscher Journalist reist nach Mexiko, um das Porträt eines Soldaten zu schreiben. Eine Mexikanerin verliebt sich in ihn. Als sie von ihrem Bruder in ihre Heimatstadt zurückgeschickt wird, reist der Erzähler ihr nach ... Bodo Kirchhoff, so ein Kritiker, »erzählt eine ›unerhörte Begebenheit‹ mit solcher Spannungsperfektion, daß man als Leser atemlos folgt und nach Mehr verlangt«.

Wolfgang Koeppen
Nach Rußland und anderswohin

Empfindsame Reisen
st 2439. 268 Seiten

Mit Wolfgang Koeppen reisen wir quer durch Europa. In seinen Reiseberichten erweist er sich als minuziöser Beobachter, dessen sprachliche Potenz hinter der Schärfe des Wahrgenommenen nicht zurückbleibt. Koeppen hält sich offen für das Erlebnis, für die Zufälle des Augenblicks und sieht gerade das, was wahrzunehmen das präparierte Reiseabenteuer verhindert.

Milan Kundera
Das Leben ist anderswo

Roman
Mit einem Nachwort des Autors
Aus dem Tschechischen von Susanna Roth
st 2440. 344 Seiten

Milan Kunderas *Das Leben ist anderswo* ist die ironische Geschichte einer Jugend. Denn Jaromil, der junge Mann aus Prag, ist ein Dichter oder besser, seine Mutter hat ihn zum Dichter gemacht und fordert ihn damit sein Leben lang heraus.

Reise um den Tag in 13 Welten

William Least Heat Moon
Blue Highways

Eine Reise in Amerika
Aus dem Amerikanischen von Dieter Hildebrandt
st 2441. 584 Seiten

Das Faszinierende an Amerika: Es ist immer wieder neu zu entdecken. *Blue Highways* ist ein Entdeckungsbuch besonderer Art, denn – so scheint es – hier ist Kolumbus noch heute unterwegs. Wir befahren die Highways, direkt über die Wege und Abwege der amerikanischen Wirklichkeit.

Angeles Mastretta
Mexikanischer Tango

Roman
Aus dem Spanischen von Monika López
st 2442. 328 Seiten

Mexikanischer Tango – ein lateinamerikanischer Emanzipationsroman voller Liebe und Leidenschaft, eine »Sensation und Entdeckung« (*FAZ*). Catalina entdeckt ihre eigenen Stärken und prallt so mit der Denk- und Gefühlsweise einer ganzen Gesellschaft zusammen.

Eduardo Mendoza
Die Stadt der Wunder

Roman
Aus dem Spanischen von Peter Schwaar
st 2443. 504 Seiten

Eduardo Mendoza erzählt von der abenteuerlichen Karriere des Onofre Bouvila, seinem Aufstieg zum mächtigsten Mann einer europäischen Metropole und damit von der spannenden Geschichte Barcelonas, einer der schönsten Städte der Welt: *Die Stadt der Wunder.*

Reise um den Tag in 13 Welten

Mario Vargas Llosa
Der Geschichtenerzähler

Roman
Aus dem Spanischen von Elke Wehr
st 2444. 287 Seiten

Mario Vargas Llosa erschließt in der spannend entfalteten Handlung seines Romans *Geschichtenerzähler* ein brennendes und hochaktuelles Thema Lateinamerikas: die Kultur der Indios im Amazonasgebiet. Welchen Platz lassen wir dem ganz Anderen, wie es sich in der Welt der »Primitiven« zeigt und entzieht, in unserer »modernen« Gesellschaft?

Martin Walser
Brandung

Roman
st 2445. 320 Seiten

Helmut Halm nimmt das Angebot einer Gastdozentur in Amerika an. Er macht sich auf, endlich seiner Persönlichkeit Gewicht und Bedeutung zu gewinnen. Doch auch an der kalifornischen Pazifikküste kommt alles anders als er denkt. Mit *Brandung* ist Martin Walser ein ebenso intelligenter wie witziger Roman über die Sehnsucht nach mehr Leben gelungen, ein großes Buch, das – so die Kritik – »lesesüchtig macht«.

Neuere deutschsprachige Literatur in den suhrkamp taschenbüchern

Baur, Margrit: Ausfallzeit. Eine Erzählung. st 1617
– Überleben. Eine unsystematische Ermittlung gegen die Not aller Tage. st 1098
Berkéwicz, Ulla: Adam. st 1664
– Engel sind schwarz und weiß. Roman. st 2296
– Josef stirbt. Erzählung. st 2296
– Maria, Maria. Drei Erzählungen. st 1809
– Michel, sag ich. st 1530
Blatter, Silvio: Avenue America. Roman. st 2388
– Das blaue Haus. Roman. st 2141
– Kein schöner Land. Roman. st 1250
– Das sanfte Gesetz. Roman. st 1794
– Schaltfehler. Erzählungen. st 743
– Die Schneefalle. Roman. st 1170
– Tage im Freiamt. Zunehmendes Heimweh. Kein schöner Land. Das sanfte Gesetz. 3 Bände in Kassette. st 649, st 1250, st 1794
– Wassermann. Roman. st 1597
– Zunehmendes Heimweh. Roman. st 649
Buch, Hans Christoph: Haïti Chérie. Roman. st 1956
– Die Hochzeit von Port-au-Prince. Roman. st 1260
– Tropische Früchte. Afro-amerikanische Impressionen. Erstausgabe. st 2231
Burger, Hermann: Brenner. Band 1: Brunsleben. Roman. st 1941
– Der Schuß auf die Kanzel. Eine Erzählung. st 1823
Cailloux, Bernd: Der gelernte Berliner. Erstausgabe. st 1843
Endres, Ria: Werde, was du bist. Dreizehn literarische Frauenportraits. st 1942
Federspiel, Jürg: Die Ballade von der Typhoid Mary. st 1983
– Böses. Wahn und Müll. st 1729
– Geographie der Lust. Roman. st 1895
– Die Liebe ist eine Himmelsmacht. Zwölf Fabeln. st 1529
– Die Märchentante. st 1234
– Der Mann, der das Glück brachte. Erzählungen. st 891
– Massaker im Mond. Roman. st 1286
– Orangen und Tode. Erzählungen. st 1155
Felder, Franz Michael: Aus meinem Leben. Mit einer Vorbemerkung von Peter Handke und einem Nachwort von Walter Methlagl. st 1353
Gall, Herbert: Deleatur. Notizen aus einem Betrieb. st 639
Genzmer, Herbert: Cockroach Hotel. Ängste. st 1243
– Freitagabend. st 1540

250/1/11.94

Neuere deutschsprachige Literatur in den suhrkamp taschenbüchern

Genzmer, Herbert: Manhattan Bridge. Geschichte einer Nacht. st 1396
Goetz, Rainald: Irre. Roman. st 1224
– Kontrolliert. Roman. st 1836
Gstrein, Norbert: Das Register. Roman. st 2298
– O2. Novelle. st 2476
Hänny, Reto: Am Boden des Kopfes. Verwirrungen eines Mitteleuropäers in Mitteleuropa. st 2210
– Flug. st 1649
Happel, Lioba: Ein Hut wie Saturn. Erzählung. st 2217
Heimpel, Hermann: Die halbe Violine. Eine Jugend in der Haupt- und Residenzstadt München. st 1090
Hessel, Franz: Heimliches Berlin. Roman. Nachwort von Bernd Witte. st 2269
Hohl, Ludwig: Die Notizen oder Von der unvoreiligen Versöhnung. st 1000
Horstmann, Ulrich: Das Untier. Konturen einer Philosophie der Menschenflucht. st 1172
Hürlimann, Thomas: Die Tessinerin. Geschichten. st 985
Kirchhoff, Bodo: Dame und Schwein. Geschichten. st 1549
– Die Einsamkeit der Haut. Prosa. st 919
– Ferne Frauen. Erzählungen. st 1691
– Gegen die Laufrichtung. Novelle. st 2467
– Infanta. Roman. st 1872
– Mexikanische Novelle. st 1367
– Ohne Eifer, ohne Zorn. Novelle. st 1301
– Der Sandmann. Roman. st 2330
– Zwiefalten. Roman. st 1225
Kiss, Ady Henry: Manhattan II. st 2416
Klix, Bettina: Tiefenrausch. Aufzeichnungen aus der Großstadt. st 1281
Koch, Werner: Jenseits des Sees. st 718
– See-Leben. 3 Bände in Kassette. st 783
– See-Leben I. st 132
– Wechseljahre oder See-Leben II. st 412
Laederach, Jürg: Flugelmeyers Wahn. Die letzten sieben Tage. st 1755
– Laederachs 69 Arten den Blues zu spielen. st 1446
Menasse, Robert: Phänomenologie der Entgeisterung. Geschichte vom verschwindenden Wissen. st 2389
– Selige Zeiten, brüchige Welt. Roman. st 2312
Meyer, E. Y.: Eine entfernte Ähnlichkeit. Erzählungen. st 242
– In Trubschachen. Roman. st 501

250/2/11.94

Neuere deutschsprachige Literatur in den suhrkamp taschenbüchern

Meyer-Hörstgen, Hans: Hirntod. Roman. st 1437
Mitscherlich, Alexander: Toleranz – Überprüfung eines Begriffs. Ermittlungen. st 213
Morshäuser, Bodo: Die Berliner Simulation. Erzählung. st 1293
– Blende. Erzählung. st 1585
Neuwirth, Barbara: Dunkler Fluß des Lebens. Erzählungen. st 2399
Offenbach, Judith: Sonja. Eine Melancholie für Fortgeschrittene. st 688
Pakleppa, Fabienne: Die Himmelsjäger. Roman. st 2214
Praetorius, Friedrich-Karl: Reisebuch für den Menschenfeind. Die Freuden der Misanthropie. Erstausgabe. st 2203
– Tod eines Schauspielers. Bekenntnisse. st 2463
Rakusa, Ilma: Die Insel. Erzählung. st 1964
Reinshagen, Gerlind: Drei Wünsche frei. Fünf Theaterstücke. Mit einem Nachwort von Anke Roeder. st 1817
Rothmann, Ralf: Kratzer und andere Gedichte. st 1824
– Messers Schneide. Erzählung. st 1633
– Stier. Roman. st 2255
Sanzara, Rahel: Das verlorene Kind. Roman. Mit einem Nachwort von Peter Engel. st 910
Schindel, Robert: Gebürtig. Roman. st 2273
Schleef, Einar: Gertrud. st 942
Sloterdijk, Peter: Der Zauberbaum. Die Entstehung der Psychoanalyse im Jahr 1785. Ein epischer Versuch zur Philosophie der Psychologie. st 1445
Winkler, Josef: Der Ackermann aus Kärnten. Roman. st 1043
– Friedhof der bitteren Orangen. Roman. st 2171
– Der Leibeigene. Roman. st 1731
– Muttersprache. Roman. st 1044
– Das wilde Kärnten. Drei Romane. st 2477
– Das Zöglingsheft des Jean Genet. st 2320

250/3/11.94